W0056155

Psychische Belastungen am Arbeitsplatz

Ursachen – Auswirkungen – Handlungsmöglichkeiten

Von

Dipl.-Psychologe Dr. Stefan Poppelreuter
und
Dipl.-Psychologin Prof. Dr. Katja Mierke

4., durchgesehene Auflage

ERICH SCHMIDT VERLAG

Bibliografische Information der Deutschen Nationalbibliothek
Die Deutsche Nationalbibliothek verzeichnet diese Publikation in der
Deutschen Nationalbibliografie; detaillierte bibliografische Daten
sind im Internet über http://dnb.d-nb.de abrufbar.

Weitere Informationen zu diesem Titel finden Sie im Internet unter
ESV.info/978 3 503 14123 4

1. Auflage 2001
2. Auflage 2005
3. Auflage 2008
4. Auflage 2012

ISBN 978 3 503 14123 4
eBook: ISBN 978 3 503 14126 5

Alle Rechte vorbehalten
© Erich Schmidt Verlag GmbH & Co., Berlin 2012
www.ESV.info

Dieses Papier erfüllt die Frankfurter Forderungen
der Deutschen Bibliothek und der Gesellschaft für das Buch
bezüglich der Alterungsbeständigkeit und entspricht sowohl den
strengen Bestimmungen der US Norm Ansi/Niso Z 39.48-1992
als auch der ISO Norm 9706.

Satz: multitext, Berlin
Druck: Difo-Druck, Bamberg

Vorwort zur vierten Auflage

Seit Erscheinen der dritten Auflage unseres Buches im Jahr 2008 sind psychische Belastungen und Erkrankungen am Arbeitsplatz noch stärker in den Fokus der Öffentlichkeit geraten. Inzwischen sind sie nicht nur für einen immer größer werdenden Anteil an Krankheitstagen und Fehlzeiten in den Belegschaften verantwortlich, fast ein Drittel aller Frühverrentungen wird heute auf Belastungsstörungen zurückgeführt. So verwundert es nicht, dass der Informationsbedarf zur Diagnose, Intervention und Prävention bei psychischen Belastungen in Arbeit und Beruf ungebrochen groß ist.

Es freut uns außerordentlich, dass der Verlag daher mit der Bitte nach einer weiteren Auflage unseres Handbuches an uns herangetreten ist. Diese vierte Auflage wurde von uns – wo nötig – aktualisiert, kleinere Korrekturen und Ergänzungen wurden vorgenommen. Insgesamt wurde aber sowohl die inhaltliche als auch die konzeptionelle Struktur der dritten Auflage, für die wir sehr viel positives Feedback erhielten, beibehalten.

Das Buch kann sowohl „in einem Rutsch" als auch (unter-)kapitelweise gelesen werden. Manche Leserin und mancher Leser möchte sich einen umfassenden Überblick über das weite Feld der psychischen Belastungen am Arbeitsplatz, ihre Erkennung und Verminderung oder – im besten Fall – Vermeidung machen. Andere hingegen benötigen vertiefende Informationen zu speziellen Belastungsfaktoren. Beiden Erwartungen möchte das Buch in bestmöglichem Maße gerecht werden.

Wir hoffen, dass die Leserinnen und Leser auch die neue Auflage des Werkes als wissenschaftlich fundiert, aber praxisnah und hilfreich für die alltägliche Arbeit erleben. Über entsprechende Rückmeldungen und Anregungen würden wir uns sehr freuen.

Bonn und Köln, im September 2012
Dr. Stefan Poppelreuter
Prof. Dr. Katja Mierke

Inhaltsverzeichnis

1 Einleitung

Es ist eine weithin geteilte Beobachtung in den Arbeitswissenschaften, dass die *1* psychischen Belastungsfaktoren in der Arbeitswelt zunehmen. Ursächlich für diese Entwicklung ist einerseits der Wandel von der Industrie- zur Dienstleistungsgesellschaft. Veränderungen in den Arbeitsinhalten und Arbeitstätigkeiten rücken emotionale, kognitive und soziale Belastungen zunehmend in den Mittelpunkt der Betrachtung. Zum anderen folgt aus der Globalisierung ein verstärkter Wettbewerb zwischen den Unternehmen, mit der Folge, dass es auch zunehmend zu psychischen Belastungen bei den Arbeitnehmern kommt. Dabei ist der Erfolg eines Unternehmens nach wie vor wesentlich auf das Leistungsverhalten seiner Mitarbeiter zurückzuführen. Daran haben auch zunehmende Technologisierung und Automatisierung von Produktionsprozessen nichts ändern können. Im Gegenteil: Der Wandel zur Dienstleistungsgesellschaft betont und erfordert die Fähigkeiten und Motivationen der Mitarbeiter eines Unternehmens zum erfolgreichen Agieren am Markt mehr als je zuvor. Das Leistungsverhalten und die Anstrengungsbereitschaft der Mitarbeiter kann wiederum als eine Folge der jeweiligen Arbeitsbedingungen angesehen werden. Belastungen, insbesondere psychische Belastungen, können sich dabei in negativer Form auswirken. Das vorliegende Buch stellt in kompakter Form unterschiedliche Formen psychischer Belastungen am Arbeitsplatz dar. Sowohl die Entstehung als auch die Folgen von umgebungsbedingten Belastungen (z.B. Raumklima, Beleuchtung, Lärm) wie auch psychosozialen Belastungen (z.B. Mobbing, sexuelle Belästigung am Arbeitsplatz, Konflikte, Störungen der Work-Life-Balance) werden beleuchtet.

Alle Arten psychischer Belastungen haben eine Gemeinsamkeit: Sie können *2* sich in abträglicher Form auf die Leistungsfähigkeit, die Motivation, die Gesundheit und das Wohlbefinden der arbeitenden Person auswirken. Erhöhte krankheitsbedingte Fehlzeiten können eine Folge dieser Belastungen sein, die von den verbleibenden Kollegen nicht selten in Form von Mehrarbeit aufgefangen werden müssen. Neben einer phänomenologischen Betrachtung ausgewählter psychischer Belastungsfaktoren soll das Augenmerk nicht nur auf die Entstehungsbedingungen und Folgen, sondern auch auf die damit verbundenen Präventions- und Interventionsmöglichkeiten gelenkt werden.

Ein schwieriges Unterfangen stellt im Einzelfall die Erkennung und Diag- *3* nose psychischer Belastungen am Arbeitsplatz dar. Hier sind insbesondere Vorgesetzte und Führungskräfte als verantwortliche Umsetzer der allgemeinen Fürsorgepflicht des Arbeitgebers gefordert. Psychische Belastungen können die Arbeitsfähigkeit soweit herabsetzen, dass verhaltensbedingte Gefährdungspotenziale frei werden. Im Rahmen der Fürsorgepflicht muss daher reagiert werden. Nach dem Arbeitsschutzgesetz ist der Unternehmer verpflichtet, in der Arbeitsplatzgestaltung und Arbeitsplatzbeurteilung neben anderen Gefährdungen auch psychische Belastungen am Arbeitsplatz zu berücksichtigen. Darüber hinaus haben auch die Berufsgenossenschaften die Aufgabe, arbeitsbedingte Gesundheitsgefahren zu erkennen und zu verhüten. Hierzu gehören explizit auch psychische Belastungen.

4   Grundsätzliche Handlungsmöglichkeiten des Unternehmens zur Prävention im Sinne der Vermeidung von Risikofaktoren und des Aufbaus gesundheitsförderlicher Potenziale sind in vielfältiger Form gegeben. Zwei Ziele können damit gleichrangig verfolgt werden: Reduktion bzw. Vermeidung von Gefährdungen und Belastungen sowie Aufbau von leistungsförderlichen Arbeitsbedingungen. Das Ziel der Etablierung einer „Gesunden Leistungsfähigkeit" auf Seiten der Mitarbeiter steht dabei im Mittelpunkt.

2 Psychische Belastungen am Arbeitsplatz – Wie sie entstehen und was sie bewirken

2.1 Was sind psychische Belastungen und wie werden sie verursacht?

Erwerbsarbeit in ihren vielfältigen Formen unterliegt aufgrund sich verändern- 5
der technologischer, wirtschaftlicher und gesellschaftlicher Rahmenbedingungen
anhaltenden Wandlungsprozessen, in deren Folge auch veränderte Belastungssituationen auszumachen sind. Körperliche Belastungen haben an Bedeutung
verloren, während neue, – insbesondere psychische Belastungen – in viel stärkerem Maße wahrzunehmen sind. Dabei müssen sich Unternehmen den ge-
änderten Wettbewerbsbedingungen anpassen, um überlebensfähig zu bleiben.
Zum anderen müssen sich die Beschäftigten den veränderten Bedingungen innerhalb der Unternehmen anpassen, um beschäftigungsfähig zu bleiben.

Wie sehr wir alle von diesen Veränderungen betroffen sind, zeigt sich auch 6
im allgemeinen Sprachgebrauch. Begriffe wie Lean-Management, TQM, Out-
sourcing oder Benchmarking waren vor nicht allzu langer Zeit nur Fachleuten
vertraut. Heute zählen sie schon fast zur Umgangssprache. Veränderungen haben stattgefunden und werden weiterhin stattfinden.

Für die Beschäftigten sind diese Veränderungen mit Belastungen, – insbesondere mit psychischen Belastungen – verbunden. Die einst erworbenen
fachlichen Qualifikationen und Fertigkeiten reichen nicht mehr aus oder haben nicht mehr die Bedeutung, die sie einmal hatten. Psychische Belastungen,
deren Folgen und deren Bewältigungsmöglichkeiten werden daher zukünftig
stärker im Zentrum der Aufmerksamkeit stehen. Spätestens hier stellt sich die
Frage, was eigentlich unter psychischen Belastungen zu verstehen ist.

Herausfordernde und beanspruchende Situationen sind im Leben eines 7
jeden Menschen immer wiederkehrende Ereignisse. Mit vielen Anforderungen
kommt der Mensch gut zurecht, mit anderen hat er Schwierigkeiten – der
Mensch ist „überfordert", „fehlbeansprucht", „gestresst" (Udris & Frese,
1999). Das Belastungs- und Beanspruchungskonzept hat sich in den verschiedenen arbeitswissenschaftlichen Disziplinen durchgesetzt, um Arbeitsbedingungen insbesondere in ihren negativen physischen und psychischen Auswirkungen auf den Menschen zu untersuchen (Frieling, Sonntag & Stegmaier,
2012). Unter Belastungen werden objektive, von außen her auf den Menschen
einwirkende Größen und Faktoren verstanden, beispielsweise Lärm, Hitze
oder Informationsvielfalt. Beanspruchungen hingegen sind subjektive Folgen
derartiger Belastungen im Menschen und auf den Menschen, z.B. Stressreak-
tionen.

Es können prinzipiell also alle Anforderungen, d.h. auch körperliche Tätig- 8
keiten, als beanspruchend erlebt werden. So werden aus Belastungen Bean-

spruchungen. Nachfolgend sollen einige Beispiele für mögliche Einflussfaktoren, aus denen psychische Belastungen resultieren können, wiedergegeben werden:

- Anforderungen der Arbeitsaufgabe
  - fehlender Handlungs- und Entscheidungsspielraum
  - fehlende Informationen
  - kurze Taktzyklen, Zeitdruck, Gefahren
  - häufige, unvorhergesehene Abweichungen im Arbeitsablauf
  - Daueraufmerksamkeit, Schwere und Dauer der Tätigkeit
  - unzureichende Klarheit über den Arbeitsablauf
  - unklare Kompetenzen und Verantwortlichkeiten

- Arbeitsmittel und Arbeitsumwelt
  - Arbeiten unter Lärmbedingungen
  - unzureichende Beleuchtung
  - nicht angepasste ergonomische Gestaltung, z. B. Zwangshaltungen
  - unzureichende klimatische Bedingungen
  - nicht geeignete oder unzureichende Arbeitsmittel wie z. B. Werkzeuge

- Soziale und Organisationsfaktoren
  - Konflikte, Gruppenverhalten, Mobbing
  - unzureichende Qualifikationsangebote
  - unzureichende Kooperation, Kommunikation, Unterstützung
  - Nacht- und Schichtarbeit
  - häufige Überschreitung der vereinbarten Arbeitszeit
  - Führungsverhalten
  - Betriebsklima

- Gesellschaftliche Faktoren
  - Arbeitsplatzsicherheit, Arbeitsmarktsituation
  - gesellschaftliche Akzeptanz der Tätigkeit
  - Normen, Werte

Im Sinne der begrifflichen Klarheit dürfen die hier beispielhaft genannten Einflussfaktoren nicht zwangsläufig als schädliche Belastungen missverstanden werden. Arbeitsbedingte Einflüsse können in Abhängigkeit von ihrer Intensität, Dauer, Kombination und Vorhersehbarkeit als belastend empfunden werden. Ob sie es tatsächlich werden, ist nicht unwesentlich von den individuellen Leistungsmerkmalen der Mitarbeiter abhängig. Gleiche Anforderungen werden von dem einen Mitarbeiter als aktivierend und leistungsanregend empfunden, während ein anderer mit Überforderung und negativen Empfindungen reagiert.

2.2 Beanspruchung als individuelle Reaktion

Die individuelle Reaktion des Organismus auf eine Belastung wird als Beanspruchung bezeichnet. Nach der Europäischen Norm DIN EN ISO 10075-1 („Ergonomische Grundlagen bezüglich psychischer Arbeitsbelastungen") (2001) wird psychische Beanspruchung verstanden als die individuelle, zeitlich unmittelbare und kurzfristige Auswirkung der (psychischen) Belastung im Menschen in Abhängigkeit von seinen individuellen Voraussetzungen und seinem Zustand.

9

Die Unterscheidung zwischen Belastung und Beanspruchung ermöglicht eine differenziertere Betrachtungsweise. So wird deutlich gemacht, dass gleiche Belastungen, z.B. Zeitdruck, zu individuell unterschiedlichen Beanspruchungen mit positiven wie negativen Folgen führen können (vgl. Abbildung 2.2.1).

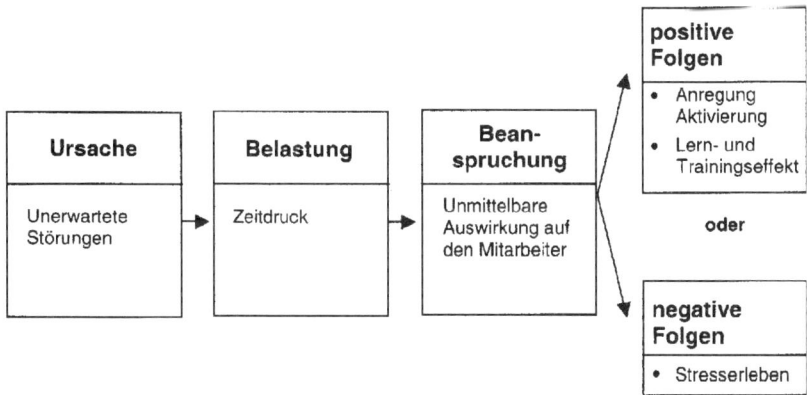

Abb. 2.2.1: Ursache – Belastung – Beanspruchung – Folgen

10 Danach gilt:

- Belastungen ergeben sich unter anderem aus den Tätigkeitsmerkmalen. Diese sind zunächst weder als schädlich noch als positiv zu betrachten. Sie wirken auf alle Mitarbeiter in gleicher Weise, z.B. klimatische Bedingungen in einem Arbeitsbereich.

- Beanspruchungen stehen für die unmittelbaren (also nicht langfristigen) individuellen Auswirkungen der Belastung auf den Mitarbeiter. Die persönlichen Leistungsmerkmale (das sind die individuellen überdauernden und augenblicklichen Voraussetzungen sowie Bewältigungsstrategien einer Person) spielen in diesem Zusammenhang eine entscheidende Rolle.

- Gleiche Belastungen können somit zu unterschiedlichen Beanspruchungen mit positiven oder negativen Folgen führen.

11 Nach DIN EN ISO 10075-1 (2001) wird derzeit von folgenden Beanspruchungsfolgen ausgegangen:

- Anregungseffekte, worunter so genannte Aktivierungs- und Aufwärmeffekte zu verstehen sind.

- Psychische Ermüdung als eine vorübergehende Beeinträchtigung der psychischen und körperlichen Funktionstüchtigkeit, die je nach Höhe, Dauer und Verlauf von vorangegangenen Beanspruchungen eintreten kann.

- Ermüdungsähnliche Zustände. Diese werden verstanden als Folge von Beanspruchungen bei abwechslungsarmer Tätigkeit. Bei einsetzender Abwechslung verfliegen sie sehr schnell. Zu den ermüdungsähnlichen Zuständen zählen Monotonie und psychische Sättigung.

- Übungseffekte sind dann gegeben, wenn durch sich wiederholende Beanspruchungen Lernprozesse in Gang gesetzt werden, z.B. bei schwierigen manuellen Montagetätigkeiten.

12 Abbildung 2.2.2 stellt den Zusammenhang zwischen Belastungen, Beanspruchungen und deren Folgen in einfacher Form dar.

Das in Anlehnung an Ulich (2011) hier dargestellte Belastungs-Beanspruchungs-Konzept kann auf alle Tätigkeiten, seien sie körperlicher, geistiger, sozialer oder sonstiger Art, angewendet werden. An zwei unterschiedlichen Beispielen werden nachfolgend ebenso unterschiedliche Belastungsprofile abgeleitet. Beide Beispiele liegen über 10 Jahre auseinander und belegen die eingangs erwähnte Veränderungsdynamik der Erwerbstätigkeit.

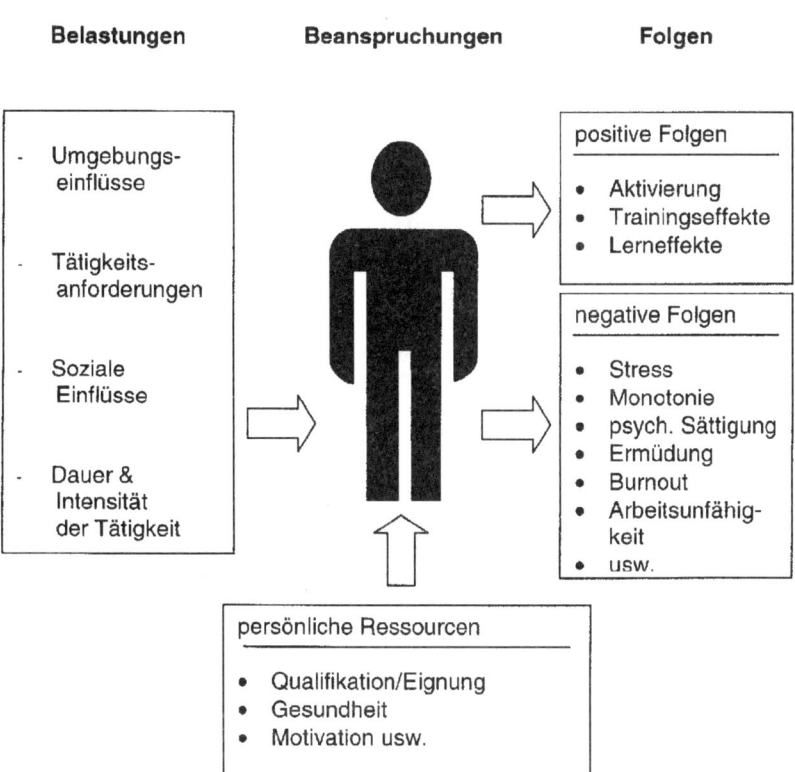

Abb. 2.2.2: Belastungen, Beanspruchungen und deren Folgen (1)

Fallbeispiel 1: Arbeitsbedingte Belastungen in einer Druckerei (1990)   13
   Das Arbeiten in einer Zeitungsdruckerei kann in mehrfacher Hinsicht
belastend auf Mitarbeiter wirken. Im folgenden Beispiel steht die Tätigkeit
eines Teilzeitmitarbeiters des Jahres 1990 im Mittelpunkt, die im Wesentlichen aus dem Palettieren von gebündelten Zeitschriften und dem
Bedienen von Einlegemaschinen besteht. Ein retrospektives Belastungs-
protokoll dieser Tätigkeiten ergibt eine ganze Reihe von Einzelbelas-
tungen, die in ihrer Gesamtheit als bedenklich einzustufen sind.

Zu nennen sind:

• Lärm > 90 dB

• Papierstaub und dadurch Irritationen der Atemwege sowie geringe
   Luftfeuchtigkeit

- Lösemittelgeruch
- Zeitdruck aufgrund kurzer Taktzeiten
- Wechselschicht
- Hohe Temperaturen, im Sommer bis 35°C
- Unzureichende Beleuchtung
- Körperliche Schwerarbeit

14   Diese Belastungen wirken während der ganzen Schicht und können nur durch eingestreute Kurzpausen unterbrochen werden. Es ist verständlich, dass diese Tätigkeiten zu einer hohen Fluktuation führen und dass sie trotz der guten Entlohnung nur von Teilzeitkräften ausgeführt werden, die selten mehr als zwei Schichten die Woche leisten. Kaum einer der Mitarbeiter ist älter als 30 Jahre.

Ergänzend ist zu erwähnen, dass keinerlei Maßnahmen zur Gesundheitsförderung ergriffen wurden. So ist immer wieder ein z.T. deutlicher Alkoholkonsum zu beobachten, der keine betrieblichen Maßnahmen zur Folge hat. Ebenso gibt es kein an die Tageszeit angepasstes Speisenangebot. Sauerbraten um Mitternacht mag gut schmecken, ist aber dennoch als eine zusätzliche Belastung des Mitarbeiters anzusehen. Selbst wenn ein hohes Maß an Motivation vorausgesetzt werden kann, wirken die Belastungen in ihrer Gesamtheit als leistungsmindernd und sind langfristig auch als gesundheitsschädlich anzusehen. Mittlerweile sind als Folge technischer Fortentwicklung Hilfstätigkeiten dieser Art nicht mehr notwendig. Die Belastungen spielen keine Rolle mehr, die Arbeitsplätze sind weggefallen.

15   *Fallbeispiel 2: Belastungen in Call Centern (2008)*

Callcenter-Arbeitsplätze sind zunächst einmal Bildschirmarbeitsplätze und unterliegen damit bei der Gestaltung den gleichen Auflagen. Aber viele spezifische Probleme bleiben, und angesichts der Arbeitsverdichtung treten sie zunehmend deutlicher hervor. Das Institut für Betriebliche Gesundheitsförderung BGF GmbH der AOK-Rheinland (2004) hat für das Jahr 2000 eine Arbeitsunfähigkeitsanalyse von AOK-Mitgliedern in Call Centern des Rheinlandes durchgeführt. Nicht nur diese Studie belegt die ausgesprochen hohen Belastungen, denen Arbeitnehmer an vermeintlich „einfachen" Arbeitsplätzen ausgesetzt sind. Die Untersuchung ergab folgende Auffälligkeiten:

16   Eine, auch vom Beschäftigtenalter her gesehen, sehr junge Branche weist eine erhöhte Anzahl von Fehlzeiten durch Erkrankungen mit kurzer Dauer auf. Sehr häufig waren einzelne Personen der Untersuchungs-

gruppe mehrfach im Untersuchungszeitraum erkrankt. Entfallen im Rheinland im Jahr 2000 auf jeden Versicherten im Schnitt 1,7 Erkrankungsfälle, so war das AOK-Mitglied in den untersuchten Call Centern im Jahr 2000 durchschnittlich 2,7 mal erkrankt. Ein Drittel der aufgetretenen Erkrankungsfälle betraf die Atemwege. Weitere Erkrankungsschwerpunkte waren Verdauungskrankheiten sowie die Muskel-Skeletterkrankungen mit einem Schwerpunkt bei den Rückenerkrankungen.

Die aufgetretenen überdurchschnittlichen Fallzahlen, verbunden mit einer 17 geringen Falldauer sowie zahlreiche Mehrfacherkrankungen einzelner Beschäftigter, können ihre Ursachen in den Arbeitsbedingungen und der Motivation der Mitarbeiter haben. Hohe Anforderungen, Leistungsverdichtung, Fremdsteuerung, Stress und Unzufriedenheit spiegeln sich in überdurchschnittlichen Erkrankungszahlen wider. Die Mitarbeiter nehmen sich über Arbeitsunfähigkeit und Fehlzeiten für sie subjektiv notwendige Pausen, um die Belastungen des Arbeitsplatzes Call Center bewältigen zu können. Folgende arbeitsspezifischen Belastungen prägen dabei die Tätigkeit im Call Center:

- ein hohes Maß an Fremdsteuerung, Fremdbestimmtheit und Unvorhersehbarkeit der in einem Dienst auftretenden Aufgaben. Der Anruf bestimmt den Ablauf.

- häufig monotone Tätigkeit mit geringem Handlungsspielraum.

- Leistungsverdichtung und eine hohe Konzentration über längere Zeiträume, bedingt durch eine hohe Anzahl von zu absolvierenden Telefonaten pro Arbeitstag.

- emotionale Belastungen durch hohe Dissonanz zwischen dem Auftreten nach außen am Telefon und der eigenen Gefühlslage, teilweise noch verstärkt durch das Auftreten der Kunden am Telefon (Sachebene und Beziehungsebene der Kommunikation, die Stimme darf die eigene Gefühlslage nicht widerspiegeln).

- nur sehr eingeschränkt stattfindender Austausch und Kontakt mit Kollegen.

Ergonomische Belastungen treten auf aufgrund von Anstrengung der Augen, 18 hervorgerufen durch Bildschirmarbeit, langem Sitzen verbunden mit wenig Bewegungsfreiraum, stressbedingter generalisierter muskulärer Anspannung, größerer Anstrengung beim Sprechen durch Beeinträchtigung der Bauchatmung, durch Körperhaltung, einer falschen Sitzposition sowie beengter Kleidung, Geräuschbelastung in Großraumbüros hervorgerufen durch viele telefonierende Mitarbeiter in einem Raum, Belastungen der Stimme durch Häufigkeit, Lautstärke und Dauer der Telefonate, starke Temperaturschwankungen und erhöhte Raumtemperatur durch die Wärmeabstrahlungen der Bildschirme in Großraumbüros.

19   Im Rahmen des Forschungsprojekts „Sicherheits- und gesundheitsgerechte Gestaltung von Callcentern" (Sust, Lorenz, Schleif, Schubert & Utsch, 2002) wurden insgesamt 144 Agents und 12 Teamleiter interviewt und systematische Arbeitsplatzanalysen durchgeführt. Auch diese Studie ergab, dass besondere Belastungen von Call Center-Mitarbeitern aus dem mangelnden Handlungsspielraum, fehlenden akustischen Maßnahmen und ungünstigen klimatischen Bedingungen resultieren. Der Bericht gibt umfassende Empfehlungen zur Gestaltung der Arbeitsorganisation, der Arbeitszeit, der Arbeitsmittel und der räumlichen Bedingungen.

20   Bei der in den verschiedenen Untersuchungen erhobenen Vielzahl von Belastungen, die in der neuen Arbeitsform Call Center auftreten, scheint es notwendig, frühzeitig und umfangreich die sich abzeichnenden Probleme anzugehen und Lösungsmöglichkeiten zu erarbeiten. Einzuleitende Maßnahmen sollten sich daher gleichermaßen mit den Verhältnissen der Einrichtung Call Center und dem Verhalten der Beschäftigten eines Call Centers befassen. Vorrangig sollten das Arbeitsumfeld und die Ablaufprozesse auf bekannte Belastungsschwerpunkte hin untersucht werden. Das betrifft sowohl die Einrichtung des Arbeitsplatzes als auch die Ablauforganisation. Handlungsbedarf besteht außerdem im Führungsverhalten und im Umgang mit den Mitarbeitern. Die spezifische Arbeitssituation der Mitarbeiter erfordert eine ausgeprägte soziale Kompetenz der Führungskräfte verbunden mit einem engen Kontakt zu den Mitarbeitern und Unterstützung bei ihrer Arbeit.

Einige Prognosen gehen von einer weiteren Expansion der Branche aus, wobei eine Zunahme der beratenden Tätigkeit erwartet wird. Die Call Center entwickeln sich immer mehr zu multimedialen Kundenbetreuungszentren, die komplexe Produktberatungen anbieten und sich dabei der ganzen Bandbreite der Informationstechnologie, wie z.B. Telefon, Internet, E-Mail bedienen. Hieraus erwachsen höhere Anforderungen an die Qualifikation der Beschäftigten. Bei höherer Qualifikation ist es dem Beschäftigten aber zugleich möglich, komplexe abwechslungsreichere Tätigkeiten, die über einfache standardisierte Bearbeitungsprozesse mit hoher Wiederholungsfrequenz hinausgehen, auszuführen. Die häufigen, gleichförmigen Arbeitsabläufe werden zunehmend von technologischen Entwicklungen, wie z.B. dem Sprachcomputer oder einem verstärkten Einsatz von IVR-Anlagen (integrated voice response) bei einfachen Telefondienstleistungen, ersetzt werden können.

Beide Beispiele haben trotz der unterschiedlichen Belastungskonstellation eine Gemeinsamkeit – sie können zur Überforderung und damit zu Überbeanspruchung der betroffenen Mitarbeiter führen.

2.3 Überforderung und Unterforderung

Die oben genannten Beispiele beschreiben Arbeitssituationen, deren jeweilige   *21*
Belastungen langfristig zur Überforderung führen können. Denkbar sind auch
Arbeitssituationen, die durch Unterforderung gekennzeichnet sind. Tabelle
2.3.1 gibt einen Überblick über Grundtypen der Unter- und Überforderung
(Udris, 1982).

Tab. 2.3.1: Grundtypen der qualitativen und quantitativen Über- und Unterforderung (Udris, 1982)

	Überforderung	Unterforderung
quantitativ	– Zeitdruck – Hetze – Akkord – zu viel zu tun	– zeitlich monoton (z.B. Überwachung) – zu wenig zu tun
qualitativ	– Schwierigkeit – Kompliziertheit – Unklarheit	– inhaltlich monoton – Nichtausnutzung von Fähigkeiten und Fertigkeiten
Kombinationen von Unter- und Überforderung in unterschiedlichen Bereichen der Arbeit sind ebenfalls möglich		

- Quantitative Überforderung ergibt sich aus Zeit- und Termindruck sowie
  aus der zu bewältigenden Arbeitsmenge. Die Folgen sind kompensato-
  risches Verhalten, das zu erhöhter Anstrengung mit entsprechendem Stresserleben führt. Weitere Beispiele sind zeitlich konkurrierende Arbeitsaufgaben, die in der vorgegebenen Zeit nicht oder nur mit Schwierigkeiten zu
  bewältigen sind oder plötzliche unerwartete Störungen, die ebenfalls zu
  Zeitdruck führen können.

- Qualitative Überforderung ergibt sich, wenn sich die zu bewältigende Arbeitsaufgabe als zu schwierig erweist. Widersprüchliche Anweisungen oder
  unzureichende Informationen können ebenfalls zu Überforderung führen.
  Weitere Beispiele sind Reizüberflutung durch zu komplexe oder zu viele Informationen, die die Wahrnehmungskapazitäten und kognitiven Fähigkeiten überfordern.

- Qualitative und quantitative Unterforderung ergibt sich, wenn Leistungs-
  vermögen und Qualifikation durch die Tätigkeit dauerhaft nicht gefordert
  werden. Es stellen sich Monotonie und Ermüdungserscheinungen sowie
  Gefühle der psychischen Sättigung ein.

Wenn sowohl Belastungen durch Überforderung als auch durch Unterforderung negative psychische Reaktionen bzw. Fehlbeanspruchungen bewirken, so sollten solche Arbeitsbedingungen generell vermieden werden. Menschengerechte (individuelle) Anforderung hingegen ermöglicht die Entwicklung des Leistungsvermögens durch Übung und Lernen – diese ist anzustreben (Oppolzer, 1999).

22   Das Ziel menschengerechter Arbeitsplatzgestaltung heißt demnach nicht Belastungsreduktion sondern Beanspruchungsoptimierung, d. h. die Schaffung von gesundheitsschonenden, beanspruchungsgünstigen Belastungen, die sich positiv auf Leistungsverhalten, Wohlbefinden und letzten Endes auch auf die Persönlichkeitsentwicklung und Motivation auswirken. Mit anderen Worten: Gesundheitsschädliche Belastungen, z.B. Gefahrstoffe oder unrealistische Zeitvorgaben, sind zu vermeiden oder zu reduzieren und Arbeitsbedingungen, die fordern ohne dauerhaft zu überfordern, sind zu schaffen.

2.4 Stress als Beanspruchungsfolge

23   Stress wird heutzutage gerne als die Epidemie der modernen Leistungsgesellschaft bezeichnet. Ergebnissen unterschiedlicher europäischer Studien zufolge ist fast jeder dritte Beschäftigte in Europa von arbeitsbedingtem Stress betroffen (Diamantopoulou, 2002). Darüber hinaus deuten Studien aus der EU und anderen Ländern darauf hin, dass zwischen 50 und 60 Prozent aller verlorenen Arbeitstage mit Stressproblemen in Zusammenhang stehen (Cox, Griffiths & Rial-Gonzalez, 2000).

24   Stress am Arbeitsplatz verursacht demnach hohe Kosten, denn abgesehen vom menschlichen Leid beeinträchtigt er auch die wirtschaftliche Leistungsfähigkeit in erheblichem Maße. Neben den schwerwiegenden Auswirkungen auf die mentale und physische Gesundheit der Beschäftigten manifestiert sich arbeitsbedingter Stress in einer mangelhaften Produktivitätsbilanz in Unternehmen und Verwaltungen. Hohe Fehlzeiten und Personalfluktuation, mangelhafte Betriebssicherheit, schlechte Arbeitsmoral der Beschäftigten, mangelnde Innovation und geringe Produktivität sind hier beispielhaft anzuführen. Infolgedessen hat arbeitsbedingter Stress in den Industrieländern zunehmend das Interesse der Medien und der Öffentlichkeit geweckt. Die Gesetzgeber auf EU-Ebene sowie auf nationaler Ebene bemühen sich seither um die Einleitung von Maßnahmen zum Schutz der Gesundheit der Beschäftigten und somit zur Erhaltung der Leistungsfähigkeit ihrer Organisationen. Die Richtlinie 89/391/EWG des Europäischen Rates (zuletzt geändert durch Richtlinie 2007/30/EG vom 20. 6. 2007) und die notwendigen Rechtsvorschriften auf der Ebene der Mitgliedstaaten verankern arbeitsbedingten Stress fest im Bereich des betrieblichen Arbeits- und Gesundheitsschutzes. Das

Thema Stress muss genauso logisch und systematisch angegangen werden wie andere Themen im Bereich Sicherheit und Gesundheitsschutz, und zwar durch Anwendung beispielsweise eines Risikomanagementmodells, dessen besonderer Schwerpunkt auf Präventionsmaßnahmen liegt.

Arbeitsbedingter Stress stellt eindeutig ein gravierendes Problem dar, doch mitunter wird der falsche Eindruck vermittelt, dass dieser „Stress" ein subjektives Phänomen sei, das schwierig zu definieren und zu kontrollieren ist (Cox, Griffiths & Riaz-Gonzalez, 2000). Dies wiederum kann sowohl bei Arbeitgebern als auch bei Arbeitnehmern ein Gefühl der Hilflosigkeit und Unsicherheit darüber hervorrufen, was sie tun können, um das Problem zu bekämpfen. Obgleich sich verschiedene Wissenschaftler dem Problem aus leicht unterschiedlichen Blickwinkeln genähert haben, herrscht bei den meisten Forschern dennoch Einigkeit über den konzeptionellen Rahmen für die Definition und das Management von Stress.

Was ist Stress?

Stress ist mittlerweile ein Alltagsbegriff, dem unterschiedliche Deutungen zugeschrieben werden. Eine Person empfindet Stress, wenn ein Ungleichgewicht zwischen den an sie gestellten Anforderungen und den persönlichen Möglichkeiten und Ressourcen in der Umgebung entsteht, um diese Anforderungen zu bewältigen. Diese Beziehung zwischen den Anforderungen und Ressourcen kann durch Faktoren wie soziale Unterstützung – sowohl während als auch außerhalb der Arbeit – und Kontrolle über die Arbeit stark beeinflusst werden.

Obwohl der Prozess der Bewertung der Anforderungen und Ressourcen („Beurteilung") psychologischer Art ist, sind die Stressfolgen keineswegs nur psychologischer Art, sondern können auch die körperliche und soziale Gesundheit und die Produktivität erheblich in Mitleidenschaft ziehen. Stress kann sich auch auf andere Aspekte des Arbeitsverhaltens, etwa auf die Sicherheit auswirken. Stress steht zudem auch in Zusammenhang mit dem Auftreten von arbeitsbedingten Muskel-Skelett-Erkrankungen.

Nicht alle psychischen Belastungen sind jedoch Stress. Die psychischen Belastungen, die Stress auslösen, werden als Stressoren bezeichnet. Diese sind quasi synonym mit dem Begriff Belastungen. In der Arbeitswissenschaft wird Stress als Folge von Überbeanspruchung oder aber auch Unterforderung verstanden, stellt also eher einen Zustand und keinen Prozess dar. Stress ist nicht zwangsläufig als schädlich anzusehen. Auch Anregungs- und Motivationseffekte sind als positive Reaktion zumindest bei einer mittleren Stressausprägung denkbar.

Arbeitsbezogener Stress, seine Ursachen und Folgen sind in den Mitgliedstaaten der Europäischen Union (vor dem Beitritt der „neuen" EU-Länder

2004; hinsichtlich der entsprechenden Situation in diesen Ländern liegen derzeit noch keine gesicherten Erkenntnisse vor) sehr verbreitet. Mehr als die Hälfte der 160 Millionen Arbeitskräfte, so Ergebnisse von repräsentativen Studien, geben an, mit hohem Tempo (56%) und unter Zeitdruck (60%) zu arbeiten. Mehr als ein Drittel haben keinen Einfluss auf den Arbeitsablauf, 40 Prozent berichten über monotone Arbeitsaufgaben.

Derartige arbeitsbezogene „Stressoren" dürften zum derzeitigen Spektrum von Gesundheitsstörungen beitragen: 15 Prozent der Arbeitskräfte klagen über Kopfschmerzen, 23 Prozent über Schulter- und Nackenschmerzen, 23 Prozent über Müdigkeit, 28 Prozent über „Stress" und 3 Prozent über Rückenschmerzen. Sie haben außerdem Auswirkungen auf viele andere, sogar potenziell lebensbedrohende Krankheiten (Europäische Stiftung, 2001).

28   Anhaltender Stress am Arbeitsplatz ist ein wesentlicher Faktor für das Auftreten von depressiver Verstimmung. Diese Störungen stehen bei der weltweiten Krankheitsbelastung (global disease burden) an vierter Stelle. Bis 2020 rechnet man damit, dass sie nach den ischämischen Herzerkrankungen vor allen anderen Krankheiten auf dem zweiten Platz stehen werden (Weltgesundheitsorganisation, 2001).

Zudem berichten viele Arbeitnehmer über zunehmende Belastungen durch Stress am Arbeitsplatz. Die Zunahme der Probleme, die mit Stress im Zusammenhang stehen, sind in doppelter Hinsicht als bedenklich einzustufen, da sowohl die Anfälligkeit für stresstypische Erkrankungen als auch die Unfallgefährdung als erhöht anzusehen ist.

29   Die folgenden Beispiele beschreiben zwei typische Unfälle, die auf Stress infolge von Zeitdruck zurückzuführen sind. Solche stressbedingten Ereignisketten können zu schweren und schwersten Unfällen führen.

Unfall eines Kundenbetreuers

Der Kundenbetreuer eines Unternehmens für Solartechnik hat an einem Tag zwei Termine auf Baustellen. Nach dem ersten Termin fährt er ca. 70 km zur zweiten Baustelle. Um 14.00 Uhr ist ein Treffen vereinbart worden. Aufgrund der Verkehrssituation kann er nicht pünktlich erscheinen, Kommunikation über Mobiltelefon ist nicht möglich. Um die Verspätung möglichst gering zu halten – schließlich geht es um einen nicht unbedeutenden Auftrag – versucht der Kundenbetreuer den Zeitverlust durch riskantes Fahren zu kompensieren. Dabei kommt es zu einem Verkehrsunfall, bei dem er schwere Verletzungen davonträgt. Er fällt für ca. sechs Wochen aus, in denen keine Termine wahrgenommen und damit keine Aufträge entgegengenommen werden können.

Unfall auf einer Baustelle

Ein Stahlbauunternehmen ist spezialisiert auf die Errichtung von Hallen. Die Stahlkonstruktionen dazu werden soweit als möglich vorgefertigt und dann vor Ort aufgebaut. Im konkreten Fall mussten an einer bestehenden Konstruktion Trapezbleche verlegt werden, eine Routinetätigkeit. Für die Montage ist ein strikter aber realistischer Zeitplan vorgesehen. Infolge des ungünstigen Wetters und infolge der Behinderung durch andere Gewerke entsteht Zeitdruck. Ein Folgetermin auf einer anderen Baustelle muss unbedingt eingehalten werden. So wird abends unter spärlicher Beleuchtung bis in die Dunkelheit gearbeitet. Unter diesen Bedingungen kommt es zu einem Absturzunfall mit schweren Verletzungen. Der Mitarbeiter fällt für Monate aus, der Betrieb auf der Baustelle wird unterbrochen, der Übergabetermin kann nicht eingehalten werden.

In beiden Beispielen führt Stress als Reaktion auf Zeitdruck zu Unfällen. Diese Art von Stress ist als potentiell schädigend einzustufen und zumindest bei hohen kognitiven Anforderungen verbunden mit hoher Verantwortung zu vermeiden.

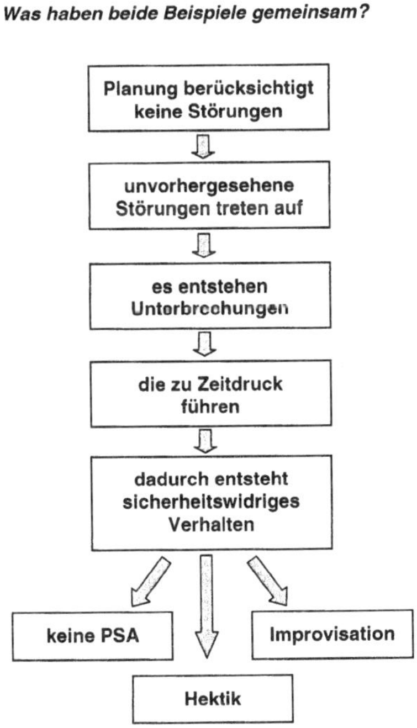

Was haben beide Beispiele gemeinsam?

Planung berücksichtigt
keine Störungen

⇩

unvorhergesehene
Störungen treten auf

⇩

es entstehen
Unterbrechungen

⇩

die zu Zeitdruck
führen

⇩

dadurch entsteht
sicherheitswidriges
Verhalten

keine PSA   Hektik   Improvisation

Abb. 2.4.1: Sicherheitswidriges Verhalten als Folge unrealistischer Planung

Wie in Abbildung 2.4.1 angedeutet, werden denkbare Störungen in der Planungsphase nicht berücksichtigt oder es werden Verhaltensanforderungen in Störsituationen nicht vorab geklärt. Beide Beispiele zeichnen sich durch diese Gemeinsamkeit aus.

2.5 Monotonie, psychische Ermüdung, psychische Sättigung

30 Im Gegensatz zum Stresserleben wird unter Monotonie ein Zustand herabgesetzter Aktivität verstanden, der bei länger dauernden, einförmigen Wiederholungstätigkeiten auftreten kann und der mit Müdigkeit, Leistungsabnahme und einer Verminderung der Reaktionsfähigkeit verbunden ist. Das Müdigkeitsgefühl entspricht dabei eher einer Schläfrigkeit oder einem Dösen, das bei einem Tätigkeitswechsel sofort zu einer gesteigerten Aktivität mit entsprechender Wachheit übergeht. Reizarme, abwechslungsarme Tätigkeiten können Monotonieerleben auslösen. Es kommt zu einer Unterforderung, auf die der Mitarbeiter mit Interesselosigkeit reagiert (Frieling, Sonntag & Stegmaier, 2012).

Die Folgen des Monotoniezustandes sind als negativ zu bewertende körper-, leistungs- und verhaltensbezogene Veränderungen. So nimmt etwa die Kreislaufaktivität ab und die gesamte Körpermuskulatur erschlafft. Reaktionszeiten verlängern sich. Langfristig sind Unzufriedenheit und Demotivierung sowie verringerte geistige Leistungsfähigkeit die Folgen, die mit gehäuften psychosomatischen Beschwerden und einem erhöhten Krankenstand einhergehen.

Stress und Monotonie sind zwei Beispiele kurzfristiger Beanspruchungsfolgen, die als arbeitsbedingt anzusehen sind. Psychische Sättigung und psychische Ermüdung sind weitere Beispiele von Folgen arbeitsbedingter Beanspruchungen (Frieling, Sonntag & Stegmaier, 2012).

31 Unter psychischer Ermüdung wird eine vorübergehende Beeinträchtigung der psychischen und körperlichen Funktionstüchtigkeit verstanden, die von Intensität, Dauer und Verlauf der vorangegangenen psychischen Beanspruchung abhängt. Die Erholung von psychischer Ermüdung kann eher durch eine zeitliche Unterbrechung der Tätigkeit als durch deren Änderung erreicht werden.

32 Psychische Sättigung meint einen Zustand der nervös-unruhevollen, stark affektbetonten Ablehnung einer sich wiederholenden Tätigkeit oder Situation, bei der das Erleben des Auf-der-Stelle-Tretens oder des Nicht-weiter-Kommens besteht. Zusätzliche Symptome psychischer Sättigung sind Ärger, Leistungsabfall und/oder Müdigkeitsempfinden und die Tendenz, sich von der Aufgabe zurückzuziehen. Die psychische Sättigung ist im Gegensatz zum Monotoniezustand und zur herabgesetzten Wachsamkeit durch ein unverändertes oder sogar gesteigertes Niveau der Aktivierung, verbunden mit negativer Erlebnisqualität, gekennzeichnet.

2.6 Klassifikation der möglichen Folgen von Stress

Die möglichen Folgen von Stress können nach zeitlichen Wirkungen unter- *33*
schieden werden. Neben den o.g. kurzfristigen Stressfolgen sind gerade die
mittel- bis langfristigen Folgen von Bedeutung. Eine diesbezüglich hilfreiche
Klassifikation stammt von Kaufmann, Pornschlegel und Udris (1982)
(Tabelle 2.6.1).

Tab. 2.6.1: Klassifikation möglicher Stressfolgen (Kaufmann, Pornschlegel &
Udris, 1982, S. 24)

			Kurzfristige, aktuelle Reaktionen	mittel- bis langfristige chronische Reaktionen
physiologisch, somatisch			– erhöhte Herzfrequenz – Blutdrucksteigerung – Adrenalinausschüttung („Stresshormone")	– allgemeine psycho-somatische Beschwerden und Erkrankungen – Unzufriedenheit, Resignation, Depression
psychisch (Erleben)			– Anspannung – Frustration – Ärger – Ermüdungs-, Monotonie-, Sättigungsgefühle	
verhaltens-mäßig	individuell		– Leistungsschwankung – Nachlassen der Konzentration – Fehler – schlechte sensumotorische Koordination	– vermehrter Nikotin-, Alkohol-, Tablettenkonsum – Fehlzeiten (Krankheitstage)
	sozial		– Konflikte – Streit – Aggression gegen andere – Rückzug (Isolierung) innerhalb und außerhalb der Arbeit	

Die Schlussfolgerung, dass psychische Belastungen zu rein psychischen Fol- *34*
gen und körperliche Belastungen zu rein körperlichen Folgen führen, ist
unzulässig. Alle denkbaren Belastungen können zu Beanspruchungen mit körperlichen und/oder psychischen Auswirkungen führen. Die Folgen der Beanspruchung sind unter Umständen sogar irreversibel. Bekannte Beispiele sind
Lärmschwerhörigkeit und Wirbelsäulenerkrankungen, die als Berufskrankheiten anerkannt werden können. Psychische Erkrankungen als Folge lang-

fristiger psychischer und physischer Beanspruchungen können sich in Form von Depressionen oder Suchterkrankungen zeigen.

2.7 Rechtsgrundlagen zu psychischen Belastungen

35 Mit Wirkung vom 21. 8.1996 hat der Gesetzgeber im SGB VII den Berufsgenossenschaften einen „erweiterten Präventionsauftrag" erteilt. Sie sind damit nicht nur verpflichtet, mit allen geeigneten Mitteln Arbeitsunfälle und Berufskrankheiten zu verhüten, sondern darüber hinaus auch den „arbeitsbedingten Gesundheitsgefahren" (§§ 1, 14 SGB VII) vorzubeugen. Zu diesen arbeitsbedingten Gesundheitsgefahren können auch die psychischen Belastungen gerechnet werden.

Die Berufsgenossenschaften haben gem. § 17 Abs. 1 SGB VII u.a. die Durchführung von Maßnahmen zur Verhütung von arbeitsbedingten Gesundheitsgefahren zu überwachen sowie die Unternehmer und die Versicherten zu beraten. Diese Aufgaben werden von den Aufsichtspersonen wahrgenommen (§ 18 SGB VII).

36 Nicht nur die Berufsgenossenschaft, sondern auch der Unternehmer und der Beschäftigte selbst werden durch Vorschriften und Regeln dazu angehalten, neben Unfällen und Berufskrankheiten auch die arbeitsbedingten Gesundheitsgefahren wirksam zu verhüten. So richten sich die von den Berufsgenossenschaften als autonomes Recht erlassenen Unfallverhütungsvorschriften (§ 15 SGB VII) sowohl an den Unternehmer als auch an den Versicherten.

37 Vergleichbares gilt im staatlichen Arbeitsschutzrecht: 1989 wurde die „Rahmenrichtlinie der EG zur Verbesserung der Sicherheit und des Gesundheitsschutzes der Arbeitnehmer bei der Arbeit" erlassen. Diese fordert in Artikel 6, dass der Arbeitgeber die zur Verhütung berufsbedingter Gefahren erforderlichen Maßnahmen trifft (Abs. 1). Hierbei ist insbesondere der Faktor „Mensch" bei der Arbeit zu berücksichtigen, vor allem bezüglich der Arbeitsplatzgestaltung sowie der Auswahl der Arbeitsmittel und der Arbeits- und Fertigungsverfahren (Abs. 2).

38 Diese Rahmenrichtlinie, die ihrerseits auf dem EG-Vertrag von 1957 beruht, wurde mit dem Arbeitsschutzgesetz vom 7. August 1996 (ArbSchG) in deutsches Recht umgesetzt. Damit gilt sie unmittelbar für den Arbeitgeber. Sie verpflichtet aber auch den Beschäftigten selbst dazu, für seine Sicherheit und Gesundheit bei der Arbeit Sorge zu tragen (§ 15 ff. ArbSchG). Der Arbeitgeber ist gem. § 3 Abs. 1 ArbSchG verpflichtet, Maßnahmen des Arbeitsschutzes zu treffen und dabei diejenigen Umstände zu berücksichtigen, die die Sicherheit

und Gesundheit der Beschäftigten bei der Arbeit beeinflussen. In einem ganzheitlichen Ansatz sollen die Maßnahmen so geplant werden, dass Technik, Arbeitsorganisation, soziale Beziehungen und Umwelteinflüsse sachgerecht verknüpft werden, wobei arbeitswissenschaftliche Erkenntnisse einzubeziehen sind (§ 4 ArbSchG). Ausdrücklich erwähnt der Gesetzgeber in § 2 ArbSchG die „arbeitsbedingten Gesundheitsgefahren" und zählt Maßnahmen der menschengerechten Gestaltung der Arbeit zu den Maßnahmen des Arbeitsschutzes.

Bei der Gefährdungsbeurteilung ist auch zu ermitteln, wie sich die Gestaltung von Verfahren, Arbeitsabläufen und Arbeitszeit auf die Gefährdung auswirkt (§ 5 Abs. 1, Abs. 3 ArbSchG). Bei der Verhütung arbeitsbedingter Gesundheitsgefahren arbeiten die Berufsgenossenschaften mit den Krankenkassen zusammen (§ 14 Abs. 2 SGB VII), in der Überwachung mit den staatlichen Stellen für Arbeitsschutz (§ 20 SGB VII). Sowohl der Beratungsauftrag als auch der Überwachungsauftrag der Berufsgenossenschaften bezieht sich u.a. auf die arbeitsbedingten Gesundheitsgefahren. Es ist den berufsgenossenschaftlichen Aufsichtspersonen also nicht freigestellt, ob sie bei ihrer Tätigkeit auf psychische Belastungen als arbeitsbedingte Gesundheitsgefahren achten und ihnen entgegenwirken. Vielmehr zählt die Berücksichtigung dieser Gefahren zu den Pflichten, die sich aus dem im Gesetz verankerten erweiterten Präventionsauftrag ergeben. Ein Anwendungsbereich sind z.B. Bildschirmarbeitsplätze, wo die Bildschirmarbeitsverordnung (BildSchArbV) explizit auf psychische Belastungen eingeht. *39*

Weitere Gesetze, die in diesem Zusammenhang zu nennen sind, sind unter anderem: *40*

- Arbeitszeitgesetz,
- Gewerbeordnung,
- Arbeitsstättenverordnung,
- Jugendarbeitsschutzgesetz,
- Mutterschutzgesetz,
- Betriebsverfassungsgesetz,
- Schwerbehindertengesetz,
- Arbeitssicherheitsgesetz,
- Allgemeines Gleichbehandlungsgesetz,
- Sozialgesetzbuch VII – Gesetzliche Unfallversicherung,
- Gefahrstoffverordung und
- die Unfallverhütungsvorschriften.

Zur vertiefenden und weiterführenden Information empfehlen wir die Sammlung relevanter Rechtsgrundlagen und Vorschriften auf der Internetseite der

Bundesanstalt für Arbeitsschutz und Arbeitsmedizin (www.baua.de) in der Rubrik „Informationen für die Praxis".

2.8 Prävention und Intervention

41 Bislang wurden arbeitsbedingte Belastungen sowie deren individuelle Beanspruchungen und Folgen dargestellt. Darüber hinaus gibt es psychische Belastungen, die nicht arbeitsbedingt sind, sondern die sich als Folgen sonstiger Lebenseinflüsse ergeben. Nicht selten kommt es dadurch jedoch zu Einschränkungen der Arbeitsfähigkeit. Für den Arbeitgeber besteht zwar keine Präventionsverpflichtung für Belastungen außerhalb des Arbeitsbereiches, aber sehr wohl eine Interventionsverpflichtung, wenn es dadurch zu einer erheblichen Einschränkung der Arbeitsfähigkeit kommen kann. Bekanntes Beispiel ist das Vorliegen von Alkoholabhängigkeit, deren Ursachen nicht zwingend arbeitsbedingt, deren Auswirkungen jedoch am Arbeitsplatz als riskant einzustufen sind. In diesen Fällen muss je nach Maßgabe der Dringlichkeit gehandelt werden, bis hin zur vorübergehenden Verwehrung der Tätigkeit. Nach § 38 der Berufsgenossenschaftlichen Vorschriften BGV A 1 gilt bei Alkohol-, Drogen- und Medikamentenmissbrauch für den Arbeitgeber respektive für die verantwortlichen Führungskräfte eine Verpflichtung zum Handeln.

42 Diese Verpflichtung gilt bei jeglicher Form der Selbst- oder Fremdgefährdung.

- Arbeitgeber haben eine Präventionsverpflichtung bei arbeitsbedingten Gesundheitsgefahren, wozu Unfallgefahren ebenso zu zählen sind wie psychische Belastungen, die zur dauerhaften Überforderung führen.

- Arbeitgeber haben unabhängig von den Ursachen eines Fehlverhaltens Interventionsverpflichtung, wenn das Mitarbeiterverhalten zu einer gesundheitlichen Gefährdung führt.

- Die Pflichten der Arbeitgeber machen letztlich nur Sinn, wenn auch die Arbeitnehmer ihren Pflichten nachkommen, indem sie durch ihr Verhalten zur Abwehr schädlicher Belastungen bzw. Gefährdungen beitragen (§§ 15–17 ArbSchG).

2.9 Begriffliche Abgrenzung

43 Wurden bislang Beanspruchungsfolgen in ihrer zeitlichen Dimension differenziert, erscheint eine weitere Abgrenzung als sinnvoll. Es darf nämlich nicht der Eindruck erweckt werden, dass beispielsweise psychiatrische Erkrankun-

gen, die bei einem Arbeitnehmer auftreten, zwingend ursächlich auf Arbeitsbedingungen zurückzuführen sind. Sie sind vielmehr die Folge des Zusammenwirkens unterschiedlicher Einflüsse der individuellen Lebensbedingungen inklusive der Arbeitsbedingungen vor dem Hintergrund gesundheitlicher Dispositionen. Danach können sich lang anhaltende psychische Belastungen, ob arbeitsbedingt oder nicht, zu Erkrankungen des psychiatrischen Formenkreises manifestieren. Mobbing etwa kann sich zu einer chronischen Störung entwickeln, die mitunter zum vorzeitigen Ausscheiden aus dem Erwerbsleben zwingt.

Im Sinne einer notwendigen Abgrenzung werden wichtige Begriffe nachfolgend gegenübergestellt.

Psychische Erkrankungen 44

sind deutlich von psychischen Belastungen zu trennen. Letztere können allerdings als verursachende Bedingungen für psychische Erkrankungen in Frage kommen. Psychische Erkrankungen bedürfen der Behandlung durch Fachleute. Am Arbeitsplatz ist ein Eingreifen dann notwendig, wenn die Arbeitsfähigkeit nicht mehr gegeben ist oder Selbst- bzw. Fremdgefährdung vorliegt.

Psychische Belastungen 45

sind Einflussfaktoren, die von außen auf den Mitarbeiter zukommen und auf seine Psyche einwirken. Somit kann jede Tätigkeit – auch die vorwiegend körperliche – unter gewissen Umständen als psychisch belastend empfunden werden. Psychische Belastungen können, müssen aber nicht schädlich sein. Sie können ebenso aktivierenden und herausfordernden Charakter haben. Sie wären in diesem Falle eher gesundheitsförderlich.

Psychosomatische Erkrankungen 46

sind körperliche Erkrankungen oder Störungen, die auf psychischen Ursachen beruhen. Unbewältigte Probleme können beispielsweise in körperlichen Beschwerden zum Ausdruck kommen. Körperliche Erkrankungen, deren Auftreten in hohem Maße mit psychischen Faktoren in Zusammenhang gebracht werden, sind z.B. Migräne, Asthma, Colitis ulcerosa oder koronare Herzerkrankungen. Allerdings können diese Erkrankungen auch auf andere Ursachen zurückzuführen sein. Voreilige Schlussfolgerungen auf psychische Ursachen sollten daher vermieden werden.

Psychische Behinderung 47

liegt vor, wenn Erkrankungen mit irreversiblen Schädigungen der Psyche vorausgegangen sind oder wenn von Geburt an Einschränkungen der psychischen Lebensfähigkeit gegeben sind. Psychische Behinderungen können auch als Folge schwerwiegender Verletzungen auftreten.

48 Arbeitsbedingte Erkrankungen

Mit dem Arbeitssicherheitsgesetz aus dem Jahr 1973 ist dieser Begriff eingeführt worden. Er ist im Gegensatz zu den Berufskrankheiten nicht gesetzlich definiert. Allgemein versteht man unter arbeitsbedingten Erkrankungen Gesundheitsstörungen, die ganz oder teilweise durch die Arbeitsbedingungen verursacht werden.

49 Berufskrankheit

meint eine während der Erwerbsarbeit zugezogene, arbeitsbedingte Erkrankung, die nach den Erkenntnissen der Wissenschaft durch bestimmte am Arbeitsplatz bzw. im Rahmen der Arbeitstätigkeit gegebene Einwirkungen eindeutig (und nur durch sie) verursacht worden ist.

3 Psychische Belastungsfaktoren

Im folgenden Kapitel werden beispielhaft zentrale umgebungsbedingte, zwischenmenschliche und persönlichkeitsbezogene Belastungen am Arbeitsplatz näher besprochen. Unter dem Begriff der umgebungsbedingten, apersonalen Belastungen behandeln wir dabei Einflüsse, die ihren Ursprung im äußeren Arbeitsumfeld haben. Sie können zu einer Beanspruchung führen, ohne dass bei den Betroffenen selbst noch in deren sozialem Umfeld bestimmte Voraussetzungen erfüllt sein müssten. Neben den Faktoren Raumklima, Beleuchtung und Lärm wird in diesem ersten Abschnitt auch auf das kontrovers diskutierte Phänomen des „Sick-Building-Syndrom" eingegangen. *50*

Der zweite Abschnitt ist einschlägigen psychosozialen Belastungen gewidmet, die aus dem sozialen Miteinander am Arbeitsplatz resultieren, also „interpersonal" bedingt sind. Hierunter fallen soziale Konflikte mit den Sonderformen Mobbing und sexuelle Belästigung. Interpersonale Belastungsfaktoren sind aufgrund ihrer Vielschichtigkeit und Komplexität häufig besonders schwer zu erfassen und auch für die Betroffenen besonders schwer zu bewältigen. *51*

Abschließend werden Belastungen besprochen, bei denen die Wechselwirkung von Belastungen mit bestimmten Persönlichkeitsmerkmalen eine besondere Rolle spielt, und die wir daher unter dem Begriff „personale Belastungen" zusammengefasst haben. Hierzu gehören besondere emotionale Belastungen innerhalb und außerhalb der Arbeit ebenso wie das Phänomen des Burnout, auf das vertiefend eingegangen wird. Gerade personale Belastungsfaktoren lassen sich oft durch ein gesundes Gleichgewicht zwischen Arbeit und Freizeit erfolgreich reduzieren, weshalb der letzte Abschnitt des Kapitels umfassend auf den Problembereich Arbeitssucht und „Work-Life-Balance" eingeht. *52*

3.1 Apersonale Belastungsfaktoren

Viele äußere Faktoren spielen eine Rolle, wenn es darum geht, wie wohl und damit leistungsfähig man sich an einem Arbeitsplatz fühlt. Ist es zu heiß, zu kalt, die Luft schlecht oder zu trocken, kann dies nachhaltig nicht nur das allgemeine Wohlbefinden und die allgemeine Leistungsfähigkeit beeinträchtigen. Es muss davon ausgegangen werden, dass ungünstige apersonale Rahmenbedingungen auch die Schwelle für anderweitige Belastungen senken, also die soziale Stressempfindlichkeit erhöhen. Umgekehrt können günstige äußere Bedingungen die wahrgenommene Beanspruchung durch andere Stressoren deutlich abmildern. Es fällt leichter, gelassen mit sozialen Konflikten umzugehen, wenn man nicht schon ohnehin durch Lärm, Hitze und stickige Luft *53* gereizt ist. Insofern stehen auch apersonale Belastungsfaktoren in engem Zusammenhang mit psychischen Belastungen im engeren Sinne.

3.1.1 Sick-Building-Syndrom (SBS) – Eine neue Krankheit?

3.1.1.1 Charakteristik des SBS

54 In der heutigen Zeit arbeiten Millionen von Deutschen in modernen Bürogebäuden. Viele von ihnen klagen über Beschwerden, die gewissermaßen diffus sind und keine eindeutige medizinische Diagnose erlauben. Unter dem Begriff „Sick-Building-Syndrom" (SBS) sind diese Beschwerden in den letzten Jahren ins Zentrum der öffentlichen Aufmerksamkeit gerückt.

55 Dabei sind beim SBS die krankheitsbedingten Fehlzeiten, die sich über mehr als eine Woche erstrecken, eher selten. In den meisten Fällen handelt es sich um Befindlichkeitsstörungen, die nur während des Aufenthaltes im Gebäude auftreten. Die Beschwerden verschwinden wieder, wenn die Beschäftigten das Gebäude verlassen. In der Regel kann allerdings kein Zusammenhang nachgewiesen werden zwischen den Beschwerden und dem Ausmaß, in dem die Betroffenen Schadstoffen ausgesetzt sind. Damit bleibt unklar, ob wirklich Gebäudeeinflüsse zu den Befindlichkeitsstörungen führen und falls ja, welche (vgl. Bundesumweltamt, 2007). Das Sick-Building-Syndrom muss entsprechend von der Building Related Illness (BRI) abgegrenzt werden, bei der sich zum Beispiel durch Messungen nachweisen lässt, dass tatsächlich negative Gebäudeeinflüsse vorliegen.

56 Die Symptome sind sehr unspezifisch und Ursachen oder Auslöser entsprechend nur schwer zu finden. Um eine Abgrenzung von individuellen Krankheitsbildern zu ermöglichen, sollte erst dann von SBS gesprochen werden, wenn der Anteil der Personen mit entsprechenden Beschwerden über dem Durchschnitt der sonst üblichen gesundheitlichen Beeinträchtigungen liegt. Diese liegen nach einer von Gebbers und Glück (2003) zitierten schwedischen Studie in der Normalbevölkerung für einige im Rahmen von SBS typische Beschwerden bei

- 11–16 % für Schleimhautirritationen im Augenbereich,
- 16–19 % für Schleimhautirritationen im Nasen-Rachenraum,
- 10–19 % für Kopfschmerzen, und bei
- 25–30 % für Ermüdung.

Weitere typische Symptome sind Konzentrationsschwächen, trockene, gerötete, juckende oder brennende Haut sowie Grippe-Symptome und Brustenge.

Die folgende Abbildung 3.1.1.1.1 stellt typische Ursachen und Symptome des SBS noch einmal zusammenfassend dar.

Sick-Building-Syndrom

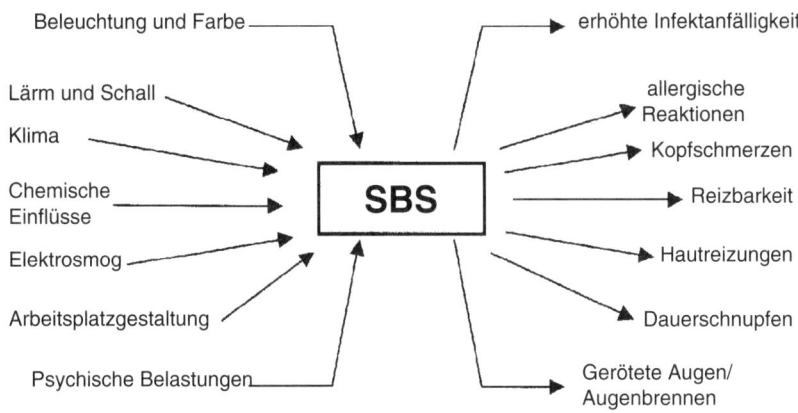

Abb. 3.1.1.1.1: Ursachen und Auswirkungen des SBS

Bei der Betrachtung der möglichen Ursachen von SBS zeigt sich, dass jeder Risikofaktor für sich genommen eher unkritisch erscheint, also alleine nicht für die Auslösung der Beschwerden ausreicht. Es ist vielmehr die Kombinationswirkung verschiedener Risikofaktoren, die für die genannten Befindlichkeitsstörungen ausschlaggebend zu sein scheint.

Lüftungsprobleme scheinen dabei den größten Einfluss zu haben. Am verminderten Luftaustausch haben gerade auch die in jüngster Zeit verstärkten Wärmeschutzmaßnahmen zur Energieeinsparung einen wesentlichen Anteil. Ausdünstungen aus Lacken, Farben, behandeltem Holz, kunststoffbeschichteten Möbeln, Auslegeware etc. sammeln sich in der Raumluft an und beeinträchtigen das Wohlbefinden der in diesen Räumen tätigen Arbeitnehmer. Dabei sind zahlreiche Substanzen nicht wirklich gesundheitsschädlich, stellen aber dennoch eine erhebliche Geruchsbelästigung dar. Insbesondere kann man davon ausgehen, dass Beeinträchtigungen des subjektiven Wohlbefindens auch aus der Angst herrühren, dass diese unangenehmen, „chemischen" Gerüche gesundheitliche Gefahren bergen. Dass persönliche Faktoren und Empfindungen der Betroffenen, ihre Tätigkeit und die Benutzerfreundlichkeit ihres Arbeitsplatzes oft entscheidender sind für das Auftreten des Sick-Building-Syndroms als die Einflüsse des Bürogebäudes, ist das zentrale Ergebnis mehrerer

57

Studien (Bundesumweltamt, 2007). Auch die umfassende ProKlimA-Studie der Universität Jena (Bischof et al., 2004) ergab, dass die Beschwerden nur in Einzelfällen mit dem Ausmaß der Schadstoffbelastung oder dem Befall mit Mikroorganismen in Zusammenhang gebracht werden können. Büros mit raumlufttechnischen Anlagen (Klimaanlagen) waren nicht stärker mit Schadstoffen belastet als solche ohne, oft sogar weniger. Dennoch wurden die meisten SBS-Beschwerden aus Räumen mit Klimaanlagen geäußert.

3.1.1.2 Was kann bei Verdacht auf Sick-Building-Beschwerden getan werden?

58 Zunächst gilt es, einen Überblick über Art und Umfang der Beschwerden zu erlangen. Wenn sich also unspezifische Klagen aus der Belegschaft häufen, ist – sofern keine direkten und wahrnehmbaren Einflussfaktoren auszumachen sind – der zuständige Arbeitsmediziner zu verständigen, der eine umweltmedizinische Anamnese (z.B. durch Gespräche oder Fragebögen) einleiten kann. Eine analytische Abklärung der Ursachen umfasst dabei eine Inspektion der Gebäude durch Baufachleute, eine Erfassung der Schadstoff- und Klimaparameter durch Umwelttoxikologen sowie des Gesundheitszustandes der Beschäftigten seitens des Betriebs- oder Hausarztes. Dies klingt aufwändig und teuer, insbesondere, wenn man bedenkt, welche Kosten zusätzlich bei einer entsprechenden Sanierung der Gebäude anfallen. Hochrechnungen über Aufwand und Nutzen zeigen jedoch, dass sich die Investitionen binnen kürzester Zeit durch verminderte Ausfallzeiten und erhöhte Produktivität der Beschäftigten (sowie gesamtgesellschaftlich betrachtet auch in Form verminderter Kosten für das Gesundheitssystem) amortisieren (Gebbers & Glück, 2003).

59 Präventive Maßnahmen beginnen bereits beim Neubau, beim Umbau, bei Sanierungsarbeiten und bei Einrichtungsmaßnahmen. Dabei ist auf folgende Punkte zu achten:

- Es sollten schadstoffarme Baustoffe ausgewählt werden.
- Es sollte auf PCB-haltige Materialien verzichtet werden.
- Es sollte, wenn möglich, auf die Verwendung von lösemittelhaltigen Klebern, Lacken, behandeltem Holz und Teppichböden mit starken Ausdünstungen verzichtet werden.
- Wenn natürliche Belüftung möglich ist, sollte auf den Einbau von Klimaanlagen verzichtet werden.
- Fensterlose Räume sollten vermieden werden.
- Es sollten öffnungsfähige Fenster vorgesehen werden.
- Vor Bezug sollte eine gründliche Reinigung und eine ausgiebige Lüftung der Räume vorgenommen werden.

Eine zentrale Präventionsmaßnahme gegen SBS ist nicht zuletzt die Information und Aufklärung von Mitarbeitern. Fehlende Information führt sehr schnell zu Fehleinschätzungen der Gesamtsituation und zu einer einseitigen Ursachenzuschreibung, wie folgendes Fallbeispiel zeigt.

Fallbeispiel: SBS in einem Verwaltungsgebäude mit ca. 40 Mitarbeitern

Endlich war es soweit. Das neue Bürogebäude wurde bezogen und alle hatten mehr Platz. Der Umzug ging nach Plan vonstatten und alle waren zufrieden, zumindest zu Beginn. Sehr schnell kamen allerdings Fragen auf, Fragen nach der Bedeutung der Gerüche, die überall wahrzunehmen sind. Gerüche, die sich aus allen möglichen Baumaterialien beziehungsweise deren Ausdünstungen zusammensetzen. Die Reaktion des Betriebsarztes und der Fachkraft für Arbeitssicherheit reduzierte sich auf die Aussage, dass derlei Gerüche in einem neuen Gebäude normal sind und man sich deswegen keine Gedanken machen müsse. Die Mitarbeiter nahmen die Antwort zur Kenntnis und akzeptierten die neue Situation als eine ungefährliche und vorübergehende Beeinträchtigung.

Eine wesentliche Neuerung bestand in der Klimatisierung des gesamten Gebäudes mit einer Klimaanlage. Die Fenster der Büroräume waren nicht oder nur mit einem Spezialschlüssel zu öffnen. Auch diese Einschränkung stieß bei einigen Kollegen auf Unverständnis, im alten Gebäude war es ja auch möglich gewesen, zu lüften. Nach etwa 3 Monaten gab es erneut kritische Fragen. Eine Mitarbeiterin, die in dieser Zeit mehrfach kurzzeitig erkrankte, schob die Ursachen den Raumluftverhältnissen zu. Damit war sie nicht allein.

Erneut beauftragt, mussten sich der Betriebsarzt und die Fachkraft für Arbeitssicherheit nun der Sache annehmen. Von einem beauftragten Institut für Umwelttoxikologie wurden Schadstoffmessungen vorgenommen und im Labor ausgewertet. Die Ergebnisse waren für die Mitarbeiter überraschend, denn es zeigte sich, dass die gemessenen Konzentrationen an so genannten flüchtigen Verbindungen sehr gering und als gesundheitlich unbedenklich einzustufen waren. Allein die Rückmeldung dieser Information brachte eine Verbesserung der Befindlichkeit bei den betroffenen Personen, was sich nach einiger Zeit auch in einem Rückgang der Kurzzeiterkrankungen bemerkbar machte.

Zur Situation im Großraumbüro gab es aus einer Gruppe von 10–20 Prozent der Mitarbeiter weiterhin Klagen bezüglich der Klimaanlage. Die überwiegende Mehrheit war jedoch mit den neuen Umweltbedingungen zufrieden, und nach einigen Monaten hatten sich alle Mitarbeiter an die neue Situation gewöhnen können.

3.1.2 Klima

60 Die klimatischen Arbeitsbedingungen stellen eine der wichtigsten Voraussetzungen des Gesundheits- und Leistungsverhaltens der Mitarbeiter dar. Hierbei geht es nicht nur um die Besonderheiten, die extreme Arbeitsumgebungen (z.B. an Hochöfen oder in Tiefkühllagerhallen) mit sich bringen. Auch Bildschirme, Rechner und andere Geräte beeinflussen das Raumklima: Sie sondern Wärme ab, vermindern die Luftfeuchtigkeit und können zu elektrostatischen Aufladungen führen. Ungünstige Klimata wirken sich negativ auf Leistungsfähigkeit, Wohlbefinden und Gesundheit der Beschäftigten aus.

Für die Qualität des Raumklimas sind im Wesentlichen drei Größen bestimmend:

- Lufttemperatur,
- Luftfeuchtigkeit und
- Luftbewegung.

61 Für jede einzelne dieser Größen existiert ein so genannter Behaglichkeitsbereich, innerhalb dessen sich der überwiegende Teil der Mitarbeiter wohl fühlt. Unterschiede in der Schwere der Arbeit, der Isolationswirkung der Kleidung sowie in den persönlichen Klimapräferenzen führen zwar dazu, dass auch die genaue Einhaltung noch so guter Normen für eine verbleibende Minderheit von Mitarbeitern eine klimatische „Rest-Belastung" mit sich bringen kann. Das größere Problem stellen jedoch von Normwerten abweichende Klimabedingungen dar, die alle Mitarbeiter eines Arbeitsbereiches gleichermaßen negativ betreffen.

3.1.2.1 Temperatur

62 Für Bürotätigkeiten gilt eine empfohlene Raumtemperatur von 21–22° C, mindestens aber von 20° C. Auch bei hohen Außentemperaturen sollten 26° C im Sommer nicht überschritten werden. Eine zu hohe Raumtemperatur führt zu Schläfrigkeit, Konzentrationsschwierigkeiten und Bewegungsträgheit, im Extremfall auch zu Gefäßschädigungen und Hitzschlag. Auch direkte Sonneneinstrahlung kann zu einer erheblichen Wärmebelastung führen, insbesondere dann, wenn Sonnenschutz wie etwa Außenjalousien fehlen. Häufig wird Bildschirmarbeit dadurch erschwert oder sogar unmöglich gemacht. Weiterhin wird auch der thermische Effekt von EDV-Geräten vielfach unterschätzt. Beim Kauf sollte unbedingt auf Energieeffizienz, bei der Aufstellung auf eine gute Belüftung geachtet werden, um Wärmestaus zu vermeiden.

Zu niedrige Temperaturen bewirken einen erhöhten Bewegungsdrang, wobei ebenfalls die Aufmerksamkeit abnimmt. Weiterhin kommt es gehäuft zu Erkältungen, im Extremfall bis hin zu Rheuma und Erfrierungen. Insbesondere in Verbindung mit Feuchtigkeit und Zugluft ergeben sich hier erhebliche Gesundheitsgefahren, die wiederum auch auf psychischer Ebene belastend wirken. Allgemein gilt, dass die Raumtemperatur für jeden Raum separat einregelbar sein sollte und natürlich von der Art der Tätigkeit abhängt. Tabelle 3.1.2.1.1 gibt einen Überblick über die vorzusehende Lufttemperatur in Arbeitsräumen in Abhängigkeit von der Arbeitshaltung und der Arbeitsschwere:

Tab. 3.1.2.1.1: Lufttemperatur in Abhängigkeit von der Arbeitshaltung und der Schwere der Arbeit

	Leichte Arbeit	Mittelschwere Arbeit	Schwere Arbeit
Sitzend	20° C	19° C	–
Stehend/gehend	19° C	17° C	12° C

Quelle: GAA Baden-Württemberg (2008, S.2).

3.1.2.2 Luftfeuchtigkeit

Zu geringe Luftfeuchte (unter 30% relative Feuchte) führt zu trockenen Nasenschleimhäuten, Austrocknung von Mund und Rachenraum sowie der Augen. Insbesondere bei Bildschirmarbeit konnte eine verringerte Lidschlussfrequenz nachgewiesen werden, die in Verbindung mit geringer Luftfeuchtigkeit zu einer Abnahme der Augenfeuchtigkeit führt. Die Folgen sind Augenbrennen und Augenrötung. Zu hohe Luftfeuchtigkeit (über 70% relative Feuchte) wird ebenfalls als unbehaglich empfunden und verhindert die Schweißverdunstung, weshalb bei gleichzeitiger Hitze die Gefahr schneller Überwärmung besteht.

Insgesamt sollte die relative Luftfeuchtigkeit mit steigender Temperatur abnehmen. Tabelle 3.1.2.2.1 gibt einen Überblick über die Höchstwerte für die Luftfeuchtigkeit in Abhängigkeit von der Raumtemperatur, die nicht überschritten werden sollen:

Tab. 3.1.2.2.1: Temperaturabhängige Höchstwerte für die relative Luftfeuchtigkeit

Lufttemperatur	Relative Luftfeuchtigkeit
° C	%
20	80
22	70
24	62
26	55

Quelle: Bundesministerium für Arbeit und Soziales (BMA) (1984).

3.1.2.3 Luftbewegung

64 Mangelnde Durchlüftung ruft durch Sauerstoffmangel Übermüdung und Konzentrationseinbußen hervor. Weiterhin kann sie in Neubauten (oder in frisch renovierten beziehungsweise neu möblierten Räumen) wesentlich zum Sick-Building-Syndrom (s. Abschnitt 3.1) beitragen. Empfohlen werden 30m³ Frischluft pro Person und Stunde. Aber auch Zugluft ruft Unbehagen hervor. Sie entsteht vor allem durch falsch eingestellte Klimaanlagen, undichte Fenster und Türen sowie Kühlgebläse von Arbeitsgeräten. Eine Luftgeschwindigkeit von 0,1 bis 0,15 m/s gilt als angenehm, Werte über 0,2 m/s sind zu vermeiden.

Umfassende wissenschaftliche Untersuchungen (z. B. Grandjean, 1991; Hettinger & Wobbe, 1993) haben die Zumutbarkeit bestimmter klimatischer Rahmenbedingungen sowie einhergehende Leistungseinbußen untersucht. Auf diesem Wege ermittelte Grenzwerte für Temperaturen, Luftfeuchte und zahlreiche andere klimatische Rahmenbedingungen in Abhängigkeit von der Art der Tätigkeit haben Eingang in die DIN 33403 gefunden und sind dort nachzulesen.

Alle hier genannten Erscheinungen ungünstiger Klimabedingungen führen, insbesondere in kombinierter Form, zu zum Teil erheblichen Einschränkungen der Leistungsfähigkeit. In Verbindung mit Zeitdruck kann es dadurch leicht zu Fehlhandlungen und vermehrten Arbeitsunfällen kommen.

3.1.2.4 Schutzmaßnahmen

Wenn möglich sollten stets solche Schutzmaßnahmen ergriffen werden, die die eigentliche Ursache der Beanspruchung beseitigen. Wo solche technischen Maßnahmen nicht oder nur verzögert umgesetzt werden können, sind persönliche und organisatorische Schutzmaßnahmen als Ergänzung sinnvoll.

65 Technische Schutzmaßnahmen umfassen

- die Klimatisierung der Räume mit Lüftungssystemen oder Wärmeschirmen,

- die Verhinderung von Zugluft durch fachgerechte Positionierung der Luftkanäle und ausreichende Belüftung und Luftbefeuchtung (bzw. -trocknung) gerade von Industriearbeitsplätzen,

- Klimaanlagen mit individueller Temperatur- und Luftbefeuchtigungsregelung, die regelmäßig (mindestens zweimal im Jahr) gewartet werden,

- Fenster mit verstellbaren Lichtschutzeinrichtungen, die die Aufheizung des Raumes im Sommer vermeiden und individuell einstellbar sind. Durchscheinendes oder helleres Material beugt dem „Kellergefühl" vor, das vollständig geschlossene Metalljalousien leicht hervorrufen. Auch Grünpflanzen verbessern und „reinigen" das Raumklima und sorgen für angenehme Luftfeuchtigkeit.

In organisatorischer Hinsicht stellen in Abhängigkeit von der klimatischen 66
Belastung besondere Pausenregelungen einen effektiven und notwendigen
Schutz dar. Empfehlungen zu speziellen Pausenregelungen für Hitze- und
Kältearbeitsplätze geben Hettinger und Wobbe (1993).

Als persönliche Schutzmaßnahme schließlich ist vor allem geeignete Ar- 67
beitskleidung zu nennen, also solche, deren Isolationswert der Raumtemperatur und der arbeitsbedingten körperlichen Aktivität angepasst ist. Empfehlungen hierzu finden sich ebenfalls in der DIN 33403.

3.1.3 Beleuchtung

Eine gute Beleuchtung, die in ihren unterschiedlichen Merkmalen auf die An- 68
forderungen der jeweiligen Tätigkeiten ausgerichtet ist, wirkt sich in positiver
Weise auf Leistungsfähigkeit und Arbeitsqualität sowie auf das Wohlbefinden
der Beschäftigten aus. Umgekehrt birgt mangelhafte Beleuchtung nicht nur
psychische Belastungen für die Arbeitnehmer, sondern auch besonders erhöhte Sicherheits- und Unfallrisiken.

3.1.3.1 Rahmenbedingungen und Normen

Physiologische Untersuchungen zeigen, dass das Sehen etwa 25 Prozent unseres Energiehaushalts beansprucht, während gleichzeitig etwa 80 Prozent unserer Nerven durch optische Reize stimuliert werden. Mehr als drei Viertel aller Umweltinformationen nehmen Menschen auf visuellem Wege auf (vgl.
Luczak, Schlich & Bruder 2010). Somit gilt das Auge als das wichtigste Sin-
nesorgan. Es kann seine Funktion allerdings nur so gut erfüllen, wie es die Beleuchtungsverhältnisse zulassen. Die Beleuchtung des Arbeitsplatzes und der
Arbeitsumgebung sollte den Arbeitsschutz- und Unfallverhütungsvorschriften, Arbeitsstättenrichtlinien sowie den einschlägigen lichttechnischen Normen entsprechen.

In Deutschland beschäftigt sich die Normenreihe DIN 5034 „Tageslicht in 69
Innenräumen" mit der Tageslichttechnik, sie gilt für Arbeits- und Wohn-
räume. Ebenfalls relevant ist die DIN 5035, in der die Beleuchtung mit künst-
lichem Licht geregelt ist. Tabelle 3.1.3.1.1 zeigt beispielhaft einige Nennbeleuchtungsstärken in Lux für ausgewählte Sehaufgaben der DIN 5035 mit
Beispieltätigkeiten bzw. -räumen. In Klammern sind ergänzend Empfehlungen aus Betriebsprojekten angegeben.

Tab. 3.1.3.1.1: Nennbeleuchtungsstärken in Lux für ausgewählte Sehaufgaben der DIN 5035 (Frieling, Sonntag & Stegmaier, 2012, S. 3)

Lux	Sehaufgabe	Beispiele
30 (150)	Orientieren, kurzer Aufenthalt	Nebenräume, untergeordnete Gänge
120 (200–400)	Grobe Arbeiten, große Details bei guten Kontrasten	Grobwalzen in Walzwerken, Grobreinigen großer Teile
250 (500)	Normale Sehaufgabe, mittelgroße Details mit guten Kontrasten	Schweißen, Drehen, Bohren, Fräsen, Schlosserarbeiten, Sitzungsräume
500 (750)	Gehobene Sehaufgaben, mittelgroße Details mittlerer Kontraste	Feine Schlosseraufgaben, Montage größerer Teile, normale Bürotätigkeit
1000 (1500)	Sehr hohe Sehaufgaben, kleine Details geringer Kontraste	Fertigung von Textilien, technisches Zeichnen
2000	Sehr schwierige Sehaufgaben, sehr kleine Details geringer Kontraste	Weißnähen, Goldschmiede- und Uhrmachertätigkeiten
5000 und mehr	Außergewöhnliche Sehaufgaben, die mit besonderen Gefahren verbunden sind	Operationsfeldbeleuchtung, wissenschaftliche Experimente

70 Es ist in diesem Zusammenhang zu erwähnen, dass es zu natürlichen, aber deutlichen altersbedingten Einschränkungen in der Sehfähigkeit kommt. Diese Entwicklung kann bereits bei 25–30jährigen beginnen und dazu führen, dass der individuelle Beleuchtungsbedarf deutlich erhöht ist. Abbildung 3.1.3.1.1 veranschaulicht diesen altersbedingten Mehrbedarf.

Weiterhin ist die Beleuchtungsstärke zwar von enormer Bedeutung für die Beleuchtungsqualität, jedoch nicht ihr alleiniges Maß. Darüber hinaus zu berücksichtigen sind die Blendungsbegrenzung, die Leuchtdichteverteilung, Farbwiedergabeeigenschaften und die Lichtfarbe sowie Lichtrichtung und Schattigkeit.

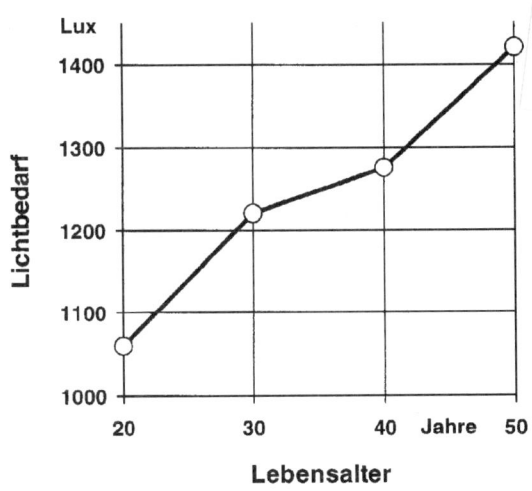

Abb. 3.1.3.1.1: Lichtbedarf in Abhängigkeit vom Lebensalter
(nach Rüschenschmidt, 1988)

Im Hinblick auf diese qualitativen Merkmale hat Tageslicht gegenüber 71
Kunstlicht eine Reihe von Vorteilen: Tageslicht besitzt ein kontinuierliches
Spektrum und ändert im Verlauf des Tages sowohl seine Lichtfarbe als auch
die Intensitätsverteilung im Spektrum und die Lichtmenge. Weiterhin gibt es
nur eine direkte Blendquelle. Wo immer möglich, sollte daher Tageslicht der
Vorzug vor Kunstlicht gegeben werden.

3.1.3.2 Licht und Leistung

Zahlreiche empirische Befunde weisen darauf hin, dass eine Verbesserung der 72
Beleuchtungsverhältnisse zu erheblichen Leistungssteigerungen führt. Gerade
auch sehunabhängige geistige Leistungsaspekte wie Merkfähigkeit und Kon-
zentrationsvermögen hängen positiv von Beleuchtungsstärke und Beleuchtungsqualität ab. Tabelle 3.1.3.2.1 zeigt den Effekt erhöhter Beleuchtungsstärken beispielhaft für eine Reihe von Tätigkeiten.

Tab. 3.1.3.2.1: Effekte von Beleuchtungssteigerungen in Lux (nach Hartmann, 1992, S. 17)

Art der Arbeit	Beleuchtungs- stärke	Leistungs- zunahme	% < Aus- schuss	% < Unfälle
Kamera- montage	1000 lx (vorher 370)	7		
Weberei	1000 lx (vorher 500)	7		
Lederstanzerei	1000 lx (vorher 350)	8		
Feinmontage	1500 lx (vorher 500)	28		
Metall- bearbeitung	2000 lx (vorher 300)	16	29	52
Montage von Subminiatur- teilen	4000 lx (vorher 500)		90	

73 Allerdings allein auf die Maxime „viel hilft viel" zu bauen, wäre ebenfalls verfehlt: Zu hohe Beleuchtungsstärken in Büroräumen (über 1000 Lux) führen zu erheblicher Blendung, Schattenbildung und Spiegelungen. Damit können sie das Wohlbefinden der Beschäftigten (im Vergleich zu Beleuchtungsstärken von 800 Lux) ebenfalls erheblich beeinträchtigen (Grandjean, 1991). Daher sollte besonderes Augenmerk auf die Gestaltung von Kontrasten, Lichtrichtung, Schattigkeit, Lichtfarbe, Farbwiedergabe und die Vermeidung von Blendung gelegt werden. Hier spielen neben den Reflexionsgraden verschiedener Materialien und Farben auch der richtige Winkel zwischen Auge und Lichtquelle eine wesentliche Rolle. Eine gute Zusammenstellung der entsprechenden Normen und Empfehlungen findet sich bei Frieling, Sonntag & Stegmaier (2012).

3.1.3.3 Licht und Wohlbefinden

74 Fehlzeiten, die durch Lichtmangel am Arbeitsplatz hervorgerufen werden, weisen eine steigende Tendenz auf. Probleme treten überwiegend in der Winterzeit auf, wenn Menschen an Arbeitsplätzen ohne (ausreichendes) Tageslicht arbeiten. Schätzungsweise etwa ein Viertel der Bevölkerung Mittel- und Nordeuropas ist von Winterdepressionen („Seasonal Affective Disorder", SAD) betroffen. Winterdepressionen lassen sich einfach und sehr erfolgreich allein mit natürlichem Licht therapieren (Fisch & Khanh, 2001).

Die Wirkung des Lichtes auf den Menschen geht jedoch weit über die genannten Effekte hinaus. Die bisher vorliegenden Untersuchungen zeigen dem Fachverband Lichtkuppel, Lichtband und RWA e.v. (FLVR, 2004) zufolge, dass Licht

- die Zusammensetzung des Blutes positiv beeinflusst,
- die Melatoninproduktion unterdrückt,
- die Produktion von „Gute-Laune-Hormonen" wie Serotonin und Noradrenalin steigert,
- die Leistungsfähigkeit erhöht,
- die Abwehrkräfte verbessert,
- den Wasserhaushalt positiv verändert,
- septische Krankheiten positiv beeinflusst,
- Hals-Nasen-Ohren-Krankheiten positiv beeinflusst,
- die Vitamin A- und D-Synthese ermöglicht,
- den Stoffwechsel reguliert,
- Hautkrankheiten wie Akne oder Schuppenflechte positiv beeinflusst.

Einen umfassenden Überblick über die positiven Auswirkungen von Licht auf das allgemeine Wohlbefinden und die Gesundheit, aber auch zum Schutz vor möglichen Schäden durch zuviel UV-Strahlung geben Fisch und Khanh (2001).

3.1.4 Lärm

Lärm ist unerwünschter Schall, der den Menschen stört, belästigt und/oder *75* dessen Gesundheit schädigt. Lärm kann zu einer erhöhten Unfallgefährdung führen, insbesondere dann, wenn akustische Warnsignale nicht mehr wahrgenommen werden können. Sind Beschäftigte einer Lärmeinwirkung mit den oben genannten Eigenschaften ausgesetzt, so bezeichnet die Unfallverhütungsvorschrift „Lärm" (BGV B 3) diesen Zustand als Lärmgefährdung.

3.1.4.1 Lärmwirkungen

Lärm wirkt störend und Stress verstärkend, mit der Folge, dass Konzentra- *76* tionsfähigkeit, Wohlbefinden und Leistungsfähigkeit abnehmen. Lärm kann langfristig zu ernsthaften Gesundheitsschäden, insbesondere zur Lärmschwerhörigkeit führen, die als Berufskrankheit anerkannt werden kann.

Laut Bundesanstalt für Arbeitsschutz und Arbeitsmedizin (2008) verursacht Lärm aber nicht nur Gehörschäden, sondern gefährdet generell die Gesundheit und erschwert die Arbeit in allen Bereichen des Arbeitslebens (Fertigung,

Dienstleistung, Büro, etc., VDI 2058 Blatt 3). Lärm bedeutet ein erhöhtes Unfallrisiko infolge des Überhörens von Signalen und Warnrufen oder infolge von Fehlverhalten durch Ermüdung. Unfälle können auch aus einer Schreckreaktion auf andauernde oder unerwartete Geräuscheinwirkung entstehen. Davon unabhängig vermindert Lärm die Arbeitsleistung, insbesondere bei Tätigkeiten mit hohen geistigen Anforderungen, wie Konzentration, Aufmerksamkeit, Gedächtnis, einfach weil der Organismus verstärkt beansprucht ist. Er stört die sprachliche Kommunikation, z.B. bei Lehrtätigkeiten, bei Gruppenarbeit oder im Call Center.

77   Besonders gravierend für das Herz-Kreislauf-System ist die kombinierte Belastung von Lärm zusammen mit Ganzkörperschwingungen, Hitze, Kälte, Zugluft, Gefahrstoffen oder bei Zeitdruck und komplexen Arbeitstätigkeiten. Die physiologischen und psychischen Regulationsmechanismen versagen, es kommt zu einem stark erhöhten Stress-Hormonspiegel und zur Verengung der peripheren Blutgefäße. Diese wirkt sich langfristig negativ auf das Herz-Kreislauf-System und den Verdauungstrakt aus.

78   Auch Untersuchungen des Umweltbundesamtes gehen davon aus, dass Lärm nicht nur das Gehör schädigt, sondern langfristig auch das Herz-Kreislauf-System. Nach einer metaanalytischen Auswertung von bereits vorliegenden Studien zeigt sich ab einem Verkehrslärmpegel über 60 dB(A) ein konti-

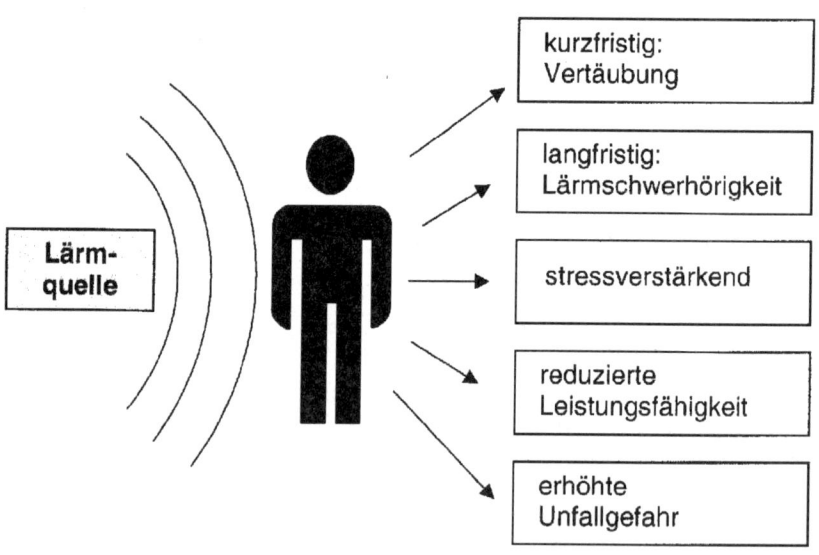

Abb. 3.1.4.1.1: Lärm und seine Auswirkungen

nuierlicher Anstieg des Myokardinfarkt-Risikos. Demnach sterben Jahr für Jahr sogar ca. 4.000 Menschen an einem Herzinfarkt als Folge von Lärmeinwirkungen (Babisch, 2006). Somit scheint ein Zusammenhang zwischen Lärm, Stress und dadurch mitbedingten Erkrankungen zu bestehen.

Lärm am Arbeitsplatz kann in jedem Fall zu einer erhöhten Unfallgefährdung führen, insbesondere dann, wenn akustische Warnsignale nicht mehr wahrzunehmen sind. Diese hier nur kurz angedeuteten Beispiele machen deutlich, dass Lärmbelästigungen auf ein dauerhaft erträgliches Maß reduziert werden müssen. Am besten geschieht dies vor Ort vermittels technischer Maßnahmen. Wenn dies nicht möglich ist, müssen persönliche Schutzmaßnahmen in Form von individuellem Gehörschutz ergriffen werden. Abb. 3.1.4.1.1 gibt einen Überblick über unterschiedliche Lärmwirkungen. *79*

3.1.4.2 Grenzwerte

Auch bei Büro- und Verwaltungstätigkeiten kann Lärm zum Problem werden. Bis vor wenigen Jahren legte die Arbeitsstättenverordnung klare Grenzwerte für geistige Tätigkeiten, einfache Bürotätigkeiten und sonstige Tätigkeiten fest. Die zum 1.1.2008 in Kraft getretene überarbeitete Fassung der Arbeitsstättenschutzverordnung gibt keine konkreten Maßzahlen und Detailanforderungen mehr vor, sondern allgemeine Schutzziele. Dies gibt dem Arbeitgeber mehr Freiheit bei seinen Entscheidungen zur Gestaltung und dem Betrieb der Arbeitsstätte. Neu ist, dass die besonderen Belange von Menschen mit Behinderung in Hinblick auf Sicherheit und Gesundheitsschutz und bei Ausnahmeregelungen kleinere Betriebe besonders berücksichtigt werden (§ 3). Der höchste zulässige Beurteilungspegel von 85 dB für Lärm ist die einzige konkrete Maßzahl, die in der Verordnung genannt wird. *80*

Dennoch muss darauf hingewiesen werden, dass die intellektuelle Leistungsfähigkeit auch durch Geräusche unterhalb von 55 dB eingeschränkt werden kann. Für Tätigkeiten, die besondere Konzentration erfordern, kann ein Grenzwert von 45 dB angemessen sein. Entscheidend sind hier die Einstellung und die Empfindsamkeit gegenüber der Art des Geräusches. So wie das Tropfen des Wasserhahnes am Einschlafen hindert, kann das Wahrnehmen entfernter Stimmen oder eines leisen Druckergeräusches zu einem vorübergehenden Verlust der Konzentrationsfähigkeit führen. *81*

In Bezug auf Stimmung und Wohlbefinden muss akustischen Störungen, d.h. Geräuschen mit geringer Lautstärke aber störender Wirkung, eine hohe Bedeutung zugemessen werden. Dennoch gibt es keinerlei rechtliche Handhabe in Form gesetzlicher Vorgaben. Sollten solche Probleme vorliegen, insbesondere in Großraumbüros, kann eine Lösung nur in partizipativer Form gefunden werden. Verantwortliche des Betriebes sollten im Sinne der Arbeits- und Leistungsfähigkeit aller Beschäftigten das Thema in jedem Fall ernst nehmen.

3.1.4.3 Schutzmaßnahmen

82 Je größer der Lärm am Arbeitsplatz, umso größer sind die Notwendigkeit und in der Regel auch die Bereitschaft, durch technische Lärmminderungsmaßnahmen die Schallpegelwerte zu senken. Nach Möglichkeit sollten die Beschäftigten nach den Lärmminderungsmaßnahmen ohne Gehörschutz arbeiten können. Ab einem Beurteilungspegel von 85 dB(A) muss langfristig mit einer Gehörschädigung gerechnet werden, so dass spätestens in diesem Bereich das Tragen eines Gehörschutzes ratsam ist. Ab 90 dB(A) besteht Tragepflicht. Der Gehörschutz muss vom Arbeitgeber gestellt werden. Tabelle 3.1.4.3.1 gibt einen Überblick über mögliche Lärmschutzmaßnahmen.

Tab. 3.1.4.3.1: Lärmschutzmaßnahmen

Technische Maßnahmen	Gehörschutz-maßnahmen	Organisatorische Maßnahmen
– Minderung der Schallentstehung – Minderung der Schallabstrahlung – Minderung der Schallübertragung	– Bereitstellung und – Benutzung von Kapselgehörschützern/Gehörschutzstöpseln	– Änderung des Arbeitsverfahrens – Zeitliche Verlegung lauter Arbeiten – Räumliche Trennung lauter Arbeiten – Einlegen von Lärmpausen

Quelle: Berufsgenossenschaft Druck und Papier (2006, S. 12).

Diese Lärmschutzmaßnahmen sollten durch regelmäßige arbeitsmedizinische Vorsorgeuntersuchungen ergänzt werden, denn Lärmschwerhörigkeit steht nach wie vor an der Spitze der Berufskrankheiten.

3.2 Interpersonale Belastungsfaktoren

83 Zwischenmenschliche oder interpersonale Belastungen können überall dort auftreten, wo Menschen zusammenkommen oder miteinander interagieren. Es entstehen Konflikte, die die beteiligten Parteien nachhaltig und auf unterschiedlichen Ebenen belasten können. Am Arbeitsplatz führen solche Belastungen oft zu gravierenden Verschlechterungen des gesamten Betriebsklimas

und zu einer nachhaltigen Einschränkung der Arbeitsleistung der beteiligten Personen. Extreme Beispiele interpersonaler Belastungen sind Mobbing und sexuelle Belästigung, die deutlich machen, dass sogar dauerhafte Arbeitsunfähigkeit und vorzeitiger Ausstieg aus dem Berufsleben die Folge sein können. Diesen Themen ist jeweils ein eigenes Unterkapitel gewidmet. Wichtig ist es, an dieser Stelle darauf hin zu weisen, dass die gesetzlichen Bestimmungen im Rahmen des Allgemeinen Gleichbehandlungsgesetzes (AGG), das am 18. 8. 2006 in Kraft getreten ist, bezüglich der Diskriminierung und Benachteiligung von Arbeitnehmern aufgrund für die Arbeit an sich irrelevanter Aspekte wie zum Beispiel Alter, Geschlecht oder Religionszugehörigkeit EU-weit strenger geworden sind. Das AGG ist besonders hinsichtlich der Mobbing-Thematik relevant. Unter Mobbing wird „das systematische Anfeinden, Schikanieren oder Diskriminieren von Arbeitnehmern untereinander oder durch Vorgesetzte" verstanden (Steinkühler, 2007, S. 34).

3.2.1 Konflikte

Im Alltag einer Organisation treffen viele Menschen mit unterschiedlichen Bedürfnissen, Erwartungen, Werten und Zielen aufeinander, die miteinander arbeiten und gemeinsame Entscheidungen treffen müssen. Am Arbeitsplatz ist die zwischenmenschliche Situation wesentlich dadurch geprägt, dass gelegentlich auch Personen miteinander zurechtkommen müssen, die sich persönlich lieber aus dem Weg gehen würden. Man kann sich seine Kollegen nicht immer aussuchen. Die Situation ist zudem oft durch eine starke Konkurrenz um materielle Ressourcen, Anerkennung und Aufstiegschancen gekennzeichnet. Es ist offenkundig, dass Konflikte unter diesen Bedingungen nicht vermeidbar sind. *84*

Dies wäre auch gar nicht wünschenswert. Konflikte sind entgegen der landläufigen Meinung nicht an sich schädlich, sie können sogar konstruktiv wirken. Entscheidend ist, wie mit ihnen umgegangen wird, inwieweit also die Konfliktdynamik positiv genutzt werden kann.

Eine konstruktive Nutzung von Konflikten in Organisationen erfordert *85* eine systematische Kontext- und Ursachenanalyse sowie eine einfühlsame, aber rationale Steuerung der Konflikthandhabung. Diese vorausgesetzt, bergen sie vielschichtige Lernchancen und enormes Innovationspotential, da sie von den Beteiligten eine Auseinandersetzung mit unterschiedlichen Denkweisen fordern. Im negativen Sinn führen Konflikte allerdings zu extremen psychischen Belastungen der Beteiligten: In einem Klima von Missgunst, Intransparenz und Angst um den eigenen Arbeitsplatz können Konflikte schnell eskalieren und durch Reibungs- und Zeitverlust die Arbeitsfähigkeit und Produktivität der Betroffenen ernsthaft einschränken. Sie können tiefes Misstrauen, Ängste und Aggressionen hervorrufen und sich so destruktiv auf Kommunikationsverhalten und Arbeitsmotivation auswirken, bis hin zum völligen Verlust des Aufgabenbezugs. Ein nicht rechtzeitig behandelter Konflikt kann dann schnell nicht nur einzelne Individuen, sondern auch ein ganzes Team vollständig „lahm legen". Konfliktprävention und Konfliktmanagement stellen daher zentrale Führungsaufgaben dar.

3.2.1.1 Begriffsbestimmung

86 Konflikte sind Spannungssituationen in denen zwei oder mehr voneinander abhängige oder aufeinander angewiesene Personen oder Parteien jeweils versuchen, ihre eigenen Vorstellungen, Interessen oder Ziele zu vertreten oder zu verwirklichen. Die Konfliktparteien sind sich dabei in der Regel ihrer Gegnerschaft bewusst. Die Austragung ist meist durch negative Emotionen und Affekte begleitet, wie z.B. Ärger, Stress, Aggression, Angst, Unsicherheit und Frustration.

87 Eine sehr grundsätzliche Unterscheidung ist die zwischen offenen (oder manifesten) und latenten Konflikten (Berkel, 1984). Latente Konflikte stehen am Anfang der Dynamik. Sie sind dadurch gekennzeichnet, dass sich die beteiligten Parteien ihrer Gegnerschaft nicht unbedingt bewusst sind oder zumindest noch keine offene Auseinandersetzung gesucht haben. Für Außenstehende ist ein latenter Konflikt praktisch nicht beobachtbar, es kann allenfalls der vage Eindruck entstehen, da stimme etwas nicht, unter der Oberfläche schwele es oder dergleichen. Es ist in diesem Stadium noch relativ leicht möglich, den Konflikt zu unterdrücken oder beizulegen. Insofern ist es eigentlich zutreffender, von Konfliktpotential zu sprechen, denn ein Konflikt, der weder von den Betroffenen selbst noch von Dritten wahrgenommen werden muss, ist nicht sinnvoll definierbar. Manifeste Konflikte sind demgegenüber den Beteiligten selbst deutlich bewusst, von entsprechenden Emotionen begleitet und in der Regel auch für Außenstehende beobachtbar. Strategische Erwägungen und die Verfügbarkeit von Techniken zu Konflikthandhabung bestimmen den weiteren Verlauf, insbesondere auch die Nachwirkungen (Pondy, 1967, zit. nach Regnet, 2001).

3.2.1.2 Konfliktursachen und Konfliktarten

88 Die Frage nach der Art des Konfliktes hängt eng mit der Konfliktursache zusammen, da diese nicht nur die Konstellation der Konfliktparteien zueinander, sondern auch den weiteren Verlauf sowie die möglichen Lösungswege beinhaltet. Unterschieden werden hier grundsätzlich Konfliktursachen innerhalb

einer Person (intrapersonell) von solchen zwischen Personen (interpersonell). Intrapersonelle Konflikte ergeben sich im Arbeitsleben in erster Linie in Form von Rollen- und Entscheidungskonflikten, wobei jedoch bei genauerem Hinsehen fast immer eine Beteiligung weiterer Personen ausgemacht werden kann. Typische interpersonelle Konflikte sind Verteilungs-, Ziel-, Sach- und Beziehungskonflikte (vgl. Berkel, 2011; Rüttinger, 1980).

Rollenkonflikte

Ein Rollenkonflikt liegt vor, wenn die betreffende Person verschiedene Funktionen wahrzunehmen hat, durch die sie widersprüchlichen Erwartungen gerecht werden muss. Je nach Situation kann dies beispielsweise so aussehen, dass sie a) „zwischen den Stühlen sitzt" (als Mitarbeiter einer bestimmten Abteilung und zugleich als Betriebsratsmitglied), b) „Diener zweier Herren ist" (als Stabsberater für konkurrierende Unternehmensbereiche) oder c) in einer „Sandwichposition" zwischen dem eigenen Vorgesetzten und den ihr unterstellten Mitarbeitern vermitteln muss. Wer den Anforderungen unterschiedlicher Parteien mit unterschiedlichen Zielen gerecht werden muss, ist ständig gefordert, Prioritäten zu setzen und seine Loyalitäten immer wieder neu zu gewichten. Weiterhin ergeben sich Rollenkonflikte unter Umständen aus spezifischen Anforderungen der Berufsrolle, die dauerhaft einfach nicht erfüllbar sind und so zu einer starken emotionalen Belastung werden können.

Es wird deutlich, dass intrapersonelle Konflikte (denen Rollenkonflikte meist zugeordnet werden) keinesfalls als „persönliches Problem" der betroffenen Mitarbeiter abzutun sind. Im Gegenteil werden sie meist ganz wesentlich durch die Betriebsstruktur bedingt. Eine entsprechende Re-Organisation von Zuständigkeiten oder Verantwortlichkeiten sowie ein offenes Kommunikationsklima können Abhilfe schaffen.

Dies soll am Beispiel der Sandwichposition des mittleren Managements illustriert werden. Führungskräfte der mittleren Ebenen sind einerseits den Mitarbeitern der Basis verpflichtet, sie müssen „ihre Leute" nach oben hin verteidigen und sich vor die Abteilung stellen, falls etwas nicht so läuft, wie es sollte. Andererseits kommt von oben die klare Aufforderung, die Mitarbeiter „auf Linie zu bringen", für Effizienz zu sorgen, und bei Bedarf auch einmal durchzugreifen. Man stelle sich vor, es habe von oben verordnete Veränderungen in der Ablauforganisation gegeben, und deren Umsetzung ergibt, dass es noch einiges nachzubessern gäbe. Einerseits ist es klare Führungsaufgabe, die Probleme mit der Neuregelung nach oben zu kommunizieren. Andererseits ist es klare Führungsaufgabe, Richtlinien der Geschäftsführung nach unten zu vertreten und für deren reibungslose Umsetzung zu sorgen.

Wie dieses Dilemma der mittleren Führungsebene in einen Teufelskreis des Schweigens münden kann, haben Schulz von Thun, Ruppel und Stratmann (2003) mit folgendem Beispiel anschaulich illustriert, das hier frei wiedergegeben wird.

Kasten 3.2.1.2.1: Teufelskreis des Schweigens als Ergebnis von Sandwich-Positionen

Kritik wird eher selten nach oben getragen. Wenn dies doch vorkommt, stößt sie auf der Leitungsebene auf Überraschung und Unverständnis: Das höre man ja zum ersten Mal, sonst habe niemand Probleme – und entsprechend eingeschüchtert sind die Kritiker. Schließlich müssen sie unter diesen Umständen fürchten, dass die Probleme ihnen persönlich und nicht den benannten Organisationsfaktoren zugeschrieben werden. Also werden sie künftig ihre Kritik für sich behalten und versuchen, zurechtzukommen, so gut es eben geht. Die Leitungsebene fühlt sich durch das Schweigen allgemein in ihrem Kurs bestätigt. Entsprechend wird immer befremdeter auf die immer selteneren kritischen Äußerungen reagiert, und die Schwelle zur Äußerung von Kritik steigt immer höher. So bleibt „oben" die Illusion erhalten, dass doch alles gut sei, bis auf die wenigen Pessimisten und Querulanten, die immer etwas zu meckern finden. Es wird immer leichter, die Ursache für Kritik in der Person des Kritikers zu finden und nicht in der Unternehmenssituation suchen zu müssen. Und „unten" etabliert sich eine eingeschüchterte Kultur des Schweigens und Sich-Arrangierens, die konstruktiver Rückmeldung und sinnvollen Optimierungsmaßnahmen einen Riegel vorschiebt.

91 Ein Rollenkonflikt liegt diesem Teufelskreis insofern zugrunde, als die Rolle der mittleren Führungsebene eben sowohl beinhaltet, ihre Mitarbeiter und deren Belange nach oben zu vertreten und zu verteidigen, als auch die Anweisungen von oben nach unten zu vertreten, nicht in Frage zu stellen und umzusetzen. In dieser Doppelrolle verteilt vermutlich jede Führungskraft ihre Prioritäten und Loyalitäten ein wenig anders, um nicht gänzlich zwischen den Fronten zerrieben zu werden. Das zentrale Problem liegt darin, dass die Gratwanderung in der Regel von den Betroffenen allein zu meistern ist, da eine offene Kommunikation des Dilemmas nach oben wie nach unten als Führungsschwäche gilt. Genau hier öffnet sich aber auch ein Ansatzpunkt, auf struktureller Ebene Abhilfe zu schaffen, beispielsweise durch eine offene Gesprächskultur oder betrieblich finanzierte unabhängige Beratungs- und Coachingangebote.

Entscheidungskonflikte

Eine Person befindet sich dann in einem Entscheidungskonflikt, wenn sie eine 92
wichtige und weitreichende Entscheidung zwischen zwei oder mehr Alternativen treffen muss, die jeweils als nicht vollständig zufrieden stellend bewertet werden. Sie muss in jedem Fall gravierende Nachteile in Kauf nehmen und verantworten, die zusätzlich oft zum Zeitpunkt der Entscheidung nicht vollständig abzusehen sind. Ein Beispiel wäre die Entscheidung eines Marketingleiters, zu welchem Zeitpunkt ein Produkt am Markt eingeführt werden soll: Einerseits bedeutet jeder Tag Verzögerung finanzielle Einbußen, andererseits verspricht eine spätere Einführung, beispielsweise mit Saisonbeginn, mehr Presseaufmerksamkeit und damit die Chance einen echten „Star" zu etablieren.

In diesem Zusammenhang ist eine klassische Typologie des Sozial- und Motivationspsychologen Kurt Lewin (1963) hilfreich, in der die intrapsychische Dynamik von Entscheidungskonflikten im Zentrum steht. Lewin unterscheidet:

• Annäherungs-Annäherungs-Konflikt: Es stehen zwei attraktive Alternativen zur Wahl, beispielsweise zwei gute Stellenangebote. Der Konflikt besteht darin, dass die Entscheidung für die eine zugleich den Verzicht auf die andere Alternative beinhaltet.

• Annäherungs-Vermeidungs-Konflikt: Eine attraktive Option hat neben vielen Vorteilen auch zahlreiche Nachteile, beispielsweise bringt eine Beförderung erweiterte Befugnisse und ein höheres Gehalt, zugleich aber auch starken Leistungsdruck und weniger Freizeit mit sich.

• Vermeidungs-Vermeidungskonflikt: Es stehen zwei unattraktive Alternativen zur Wahl, man muss sich für das kleinere Übel entscheiden. Beispielsweise mag dies die Wahl zwischen einem expansionsbedingten Umzug in eine fremde Stadt und der Kündigung sein, oder die Entscheidung einer Führungskraft zwischen einem unangenehmen Kritikgespräch und dem fortgesetzten In-Kauf-Nehmen des Fehlverhaltens eines Mitarbeiters.

Alle drei Klassen von Entscheidungskonflikten können für den Betroffenen zunächst geklärt und oft auch gelöst werden, wenn eine möglichst vollständige Auflistung der zugehörigen Vor- und Nachteile gelingt. Bei Bedarf können auf einer solchen Pro-Contra-Liste zusätzlich Gewichte verteilt werden.

Beratung von außen (ggf. auch durch Kollegen und Vorgesetzte) kann bei 93
einer solchen systematischen Analyse helfen, einmal abgesehen davon, dass sie die Betroffenen eines Entscheidungskonflikts emotional entlastet. In einem solchen Austausch werden oft auch zusätzliche, dritte Alternativen entwickelt. So wird der Betroffene in die Lage versetzt, nicht nur eine zufriedenstellendere, sondern auch eine tatsächlich „bessere" Entscheidung zu treffen.

Verteilungskonflikte

94 Verteilungskonflikte treten auf, wenn knappe Ressourcen wie bestimmte Güter, Dienstleistungen, Geld oder Zeit zu verteilen sind. Entsprechend bergen Budgetierungen, Tarifverhandlungen, die Besetzung freier Stellen oder auch die betriebliche Urlaubsplanung immer die Gefahr von Verteilungskonflikten. Typischerweise ist hierbei der Gewinn einer Partei zugleich der Verlust einer anderen, es handelt sich um ein sogenanntes Null-Summen-Spiel.

95 Verteilungskonflikte werden häufig auch unter dem Begriff „Sachzwänge" verbucht und gelten als klassisches Beispiel dafür, dass Konflikte in Organisationen zum Tagesgeschäft gehören. Sie sind von einer Aura der Rationalität umgeben, auch wenn ihre Austragung natürlich ebenso emotional heftig erfolgen kann wie die anderer Konfliktarten. Interessant ist in diesem Zusammenhang eine Untersuchung von Baron (1988). Er ließ 14 Konfliktursachen von Angestellten eines großen Unternehmens nach ihrer Bedeutsamkeit einstufen. Es zeigte sich, dass die Befragten dem Wettbewerb um knappe Ressourcen die geringste Bedeutung bei der Entstehung von Konflikten beimaßen, das verwandte Thema Belohnungssysteme errang den vor-vorletzten Platz. Am relevantesten war mit weitem Abstand der Konfliktgrund „unzureichende Kommunikation", gefolgt von ähnlichen Aspekten wie „unklare Verantwortlichkeiten" und „wenig Gebrauch von Kritik". Beziehungs- und Persönlichkeitsvariablen wie „gegenseitige Abhängigkeit", „Misstrauen" oder „unvereinbare Persönlichkeiten" wurden ebenfalls deutlich mehr Bedeutung zugemessen als dem Wettbewerb um Ressourcen.

95 Verteilungskonflikte lassen sich nur dann beilegen, wenn ein Kompromiss erzielt wird, der alle Parteien zufrieden stellt. Die Gefahr, dass eine Partei (objektiv oder subjektiv) zu kurz kommt, ist so lange gegeben, wie es keine zuvor festgelegten und von allen akzeptierten Spielregeln gibt. Denn nicht selten wird der Konkurrenzkampf z.B. zwischen Abteilungen oder Teams durchaus „von oben" gewollt oder gar als motivationsförderndes Spiel eingeführt. Ein Kompromiss hat andererseits den Vorteil, dass beide Parteien ihre Ziele zumindest teilweise erreichen und auch sehen, dass die Gegenpartei ebenfalls Abstriche gemacht hat.

Allgemein sollten Verteilungskriterien eher als Anreiz denn als Drohung formuliert und umgesetzt werden sowie weiterhin (selbstverständlich!) den Prinzipien der Gerechtigkeit und Fairness folgen.

Wert- und Zielkonflikte

96 Wert- und Zielkonflikte können nicht im eigentlichen Sinne gelöst, sondern nur entschieden werden. Sie sind dadurch gekennzeichnet, dass die Konflikt-

parteien grundlegend nicht miteinander vereinbare Auffassungen oder Ziele vertreten, ein klassischer Kompromiss also nicht möglich ist. Ein Wertkonflikt liegt beispielsweise vor, wenn ein Geschäftsführer bereit ist, von Kunden angebotene „Vorteile" anzunehmen, während sein Teilhaber derartige Bestechungsversuche aus Prinzip ablehnt. Ein typischer Zielkonflikt wäre die Befürwortung von Arbeitszeitkonten durch die Arbeitnehmer und deren Ablehnung durch die Führungsetage. Bei Zielkonflikten zwischen Hierarchieebenen spielt zusätzlich hinein, dass sich meist auch unterschiedliche Generationen gegenüber stehen, so dass auch Prozesse des gesamtgesellschaftlichen Wertewandels in der Organisation mit ausgetragen werden müssen. Besonders betroffen sind hiervon einer Studie von von Rosenstiel (1992) zufolge die Themenkomplexe Umwelt, Dritte Welt, Arbeitsplätze, Gewinnmaximierung und Wachstum. Auch zwischen Stab und Linie oder zwischen unterschiedlichen Abteilungen (z.B. Marketing und Vertrieb) kommt es oft strukturell bedingt zu Zielkonflikten.

Ist ein Konsens auch nach umfassendem Austausch von Argumenten und Hintergrundinformationen nicht zu erzielen, kann eine Entscheidung nur durch übergeordnete Instanzen mit entsprechender „Richtlinienkompetenz" (Gremien, Führungskräfte) gefällt werden. Vorbeugend ist der Leitung eines Unternehmens zu empfehlen, dass sie von vornherein einheitliche Wertvorstellungen und Spielregeln vertritt und vorlebt, mit der sich die Mitarbeiter identifizieren können. Die Entwicklung einer gemeinsamen „Vision" orientiert an dem Unternehmensziel entsprechenden strategischen Leitlinien sollte grundsätzlich unter Einbezug von Mitarbeitern aller Bereiche und Ebenen erfolgen.

Sachkonflikte

Ein Sachkonflikt liegt vor, wenn über das Ziel selbst Einigkeit besteht, aber 97 Uneinigkeit über die Maßnahmen zur Zielerreichung. Das Konfliktthema ist somit eine unterschiedliche Beurteilung der möglichen Wege, weshalb zuweilen auch von Weg- oder Beurteilungskonflikten gesprochen wird. Ein Beispiel sind unterschiedliche Konzepte zum Abbau von Arbeitslosigkeit. So wird von den einen vorgeschlagen, die Wochenarbeitszeit zu reduzieren, um die vorhandene Arbeit auf mehr Personen zu „verteilen", während andere eine Erhöhung der Wochenarbeitszeit fordern, um die wirtschaftliche Konjunktur anzukurbeln und in der Folge zusätzliche Arbeitsplätze zu schaffen.

Häufig sind Sachkonflikte auf unterschiedlichen Informationsstand und damit einhergehend auf unterschiedliche Vorstellungen der Konfliktbeteiligten zurückzuführen. Dies heißt auch, dass Sachkonflikte im betrieblichen Alltag oft durch frühzeitige und umfassende Information aller Betroffenen vermieden werden können. Regelmäßige Treffen helfen hierbei, Probleme und offene Fragen bereits im Vorfeld zu erkennen und zu klären.

98 Beziehungskonflikte

Auslöser für Beziehungskonflikte sind oft konkrete Ereignisse wie Ziel-, Sach- oder Verteilungskonflikte, bei denen ein Kontrahent (objektiv oder subjektiv) benachteiligt wurde. Es können auch komplexe Rollenkonflikte zu Grunde liegen. Beziehungskonflikte äußern sich in stark emotional aufgeladenem Verhalten, das den anderen gezielt demütigen oder vor anderen bloßstellen soll. Bei entsprechendem Gegenverhalten gipfelt es in offene Feindseligkeit oder kann den Anfang systematischen Mobbings (s. Abschnitt 3.2.2) darstellen.

99 Eine Beilegung von Beziehungskonflikten ist nur möglich, wenn beide Seiten eine konstruktive Kommunikationsbereitschaft mitbringen: Diese umfasst den Mut, die empfundenen Verletzungen möglichst ruhig, aber deutlich zu äußern, die Bereitschaft zu einer (ernst gemeinten!) Entschuldigung sowie die Bereitschaft der Gegenseite, diese anzunehmen. Auch hier entsteht sonst schnell ein dynamischer Teufelskreis, der nur noch schwer zu durchbrechen ist. Der Kommunikationspsychologe Paul Watzlawick (Watzlawick, Beavin & Jackson, 1967) hat postuliert, dass Interaktionen von den Beteiligten unterschiedlich strukturiert werden und es so häufig zu sogenannten Interpunktionskonflikten kommt. Damit ist gemeint, dass Menschen dazu neigen, ihr eigenes Verhalten in erster Linie als Reaktion auf das Verhalten anderer wahrzunehmen. Sie setzen (interpunktieren) den Beginn von Verhaltensketten unterschiedlich. Ein klassisches Beispiel für einen Interpunktionskonflikt ist folgendes Eheszenario: Die Frau findet, ihr Mann ginge zu häufig in die Kneipe, ziehe sich insgesamt zu sehr zurück und nörgelt deshalb (!) an ihm herum. Ihm geht das Nörgeln auf die Nerven, er zieht sich deshalb (!) immer öfter zurück, weshalb (!) sie immer mehr nörgelt, weshalb (!) er immer öfter in die Kneipe geht und so fort. Jeder sieht im anderen den Auslöser für das eigene Verhalten, und es lässt sich nicht ausmachen, wer nun „angefangen" hat. Das ist auch nicht wichtig, denn zur Eskalation haben beide beigetragen.

100 Auch bei der Entstehung und Verhärtung von Beziehungskonflikten im betrieblichen Zusammenhang spielen solche Teufelskreise eine wesentliche Rolle. Man stelle sich vor, ein Mitarbeiter habe einmal unter Zeitdruck einen bedeutenden Fehler gemacht und sei dafür von seinem Vorgesetzten kritisiert worden. Beim nächsten Mal ist er durch die Kritik verunsichert, macht erneut einen Fehler, der Vorgesetzte sieht sich bestätigt und kritisiert noch massiver, um ihm deutlich zu machen, dass es ihm mit der Fehlerfreiheit ernst ist. Der Druck steigt, die Fehler häufen sich. Beide werden den Grund für ihren eige-

nen Beitrag zur Situation im anderen sehen. Eine Lösung ist hier nur denkbar, wenn beide bereit sind, das Rad anzuhalten und über diesen Teufelskreis zu sprechen. Möglicherweise findet sich eine Lösung, wie zum Beispiel Vereinbarungen über Vorlauffristen oder besseren Informationsaustausch, die einen Neuanfang unter veränderten Vorzeichen ermöglicht.

Ist die Situation so festgefahren, dass eine ruhige Aussprache der Beteiligten *101* nicht möglich erscheint, sollte eine neutrale Beratung, idealerweise ein professioneller Mediator, hinzugezogen werden. Oft zeigt sich im Zuge des Mediationsprozesses, dass der Ursprung der Konfliktspirale in einem relativ leicht zu lösenden Sachproblem liegt. Eine solchermaßen gemeinsam erlangte Erkenntnis versöhnt die Beteiligten meist bereits soweit, dass einer gemeinsamen konstruktiven Lösungssuche sowie der weiteren Zusammenarbeit nichts mehr im Wege steht, ja die Beziehung der Beteiligten sogar gestärkt aus dem Konflikt hervorgeht.

3.2.1.3 Konfliktprävention

Konfliktmanagement hat eine präventive, eine diagnostische und eine intervenierende Seite, die wiederum sinnvoll ineinandergreifen müssen. Selbst umfassende Präventionsmaßnahmen können den Ausbruch von Konflikten zwar nicht zuverlässig verhindern, beinhalten aber oft bereits Hinweise für konstruktive Lösungswege.

Auf der präventiven Seite ergeben sich entsprechend den oben ausgeführten *102* Konfliktursachen zahlreiche Möglichkeiten, die in der allgemeinen Organisationsgestaltung ansetzen. Um Konflikten vorzubeugen, sollte nach Rudow (1999) unter anderem für folgende Rahmenbedingungen gesorgt sein:

- klar definierte, aufeinander abgestimmte Stellenbeschreibungen und Rollenverteilungen,
- ein nach festgelegten Leistungskriterien ausgerichtetes und ausgewogenes Ent- und Belohnungssystem,
- eindeutig definierte, möglichst transparente Verhaltensregeln für alle Mitarbeiter der Organisation,
- explizite Kompetenzregelungen in Form von schriftlich fixierten und allgemein anerkannten Entscheidungs- und Tätigkeitsbefugnissen,
- eine offene, verständliche und widerspruchsfreie Informationspolitik,
- mit den Mitarbeitern vereinbarte, allgemein bekannte und verbindliche Unternehmensziele,
- mit den Führungskräften abgestimmte, allgemein bekannte und verbindliche Führungsgrundsätze.

59

Für die Früherkennung und zeitige Entschärfung von Konfliktpotential leistet zusätzlich ein herkömmlicher „Kummerkasten" hervorragende Dienste, vorausgesetzt, dieser wird regelmäßig ausgewertet und als Instrument ernst genommen. Im Vergleich zu regelmäßigen Besprechungen oder Kritikrunden ist hier die Hemmschwelle für die Mitarbeiterschaft deutlich niedriger. Dadurch werden auch „kleine" Probleme eher benannt und können frühzeitig angegangen werden. Vergleichbares gilt für die informelle Kommunikation zwischen Tür und Angel, auf dem Flur oder in Pausen.

Auf Führungsebene besteht insgesamt eine wesentliche Aufgabe darin, Offenheit und Vertrauen im Umgang miteinander zu fördern und hierbei selbst mit gutem Beispiel voranzugehen. Insbesondere kritische Rückmeldungen sollten zeitnah und konstruktiv gegeben werden, dem Kritikempfänger am konkreten Fall belegt und begründet werden. Empfehlenswert ist in diesem Zusammenhang auch die Einrichtung einer regelmäßigen „Kritikrunde", in der Konflikte offen angesprochen werden können.

103 Oft decken sich an dieser Stelle die guten Vorsätze und das Selbstverständnis der Führungskräfte nicht mit dem, was im Unternehmensalltag umgesetzt wird: Kooperative Problemlösung und gemeinsames Entscheidungsfinden werden zwar nach Regnet (2001) von 80 Prozent der Führungskräfte geplant, aber nur von knapp 30 Prozent auch umgesetzt. Meist scheitert kooperative Führung an einem klaren Standpunkt der Führungskraft, für den sie auch die Verantwortung übernimmt. Damit ist selbstverständlich nicht gemeint, dass auf dem eigenen Standpunkt beharrt oder gar die Entscheidung am besten schon vor der Teamsitzung gefallen sein soll. Aber es ist eben auch ironischerweise so, dass eine allzu vorsichtige und vage Diskussion von Möglichkeiten ohne eigene Stellungnahme die Mitarbeiter ihrerseits nicht zu konkreten Beiträgen ermutigt. Wer sich alle Optionen frei hält, um nur am Ende nicht Unrecht gehabt zu haben oder wer dem Gegenüber aus falsch verstandenem Harmoniestreben nach dem Munde redet, schürt mittelfristig mehr Konflikte als er vermeidet. Es macht oft einen längeren Prozess der inneren Auseinandersetzung notwendig, für sich selbst einen klaren Standpunkt zu finden, der die wesentlichen Facetten einer Problemstellung berücksichtigt und authentisch nach außen vertreten werden kann. In diesem Zusammenhang hat sich das Modell des „Inneren Teams" bzw. die Methode der „Inneren Teamsitzung" nach Schulz von Thun (2005) bewährt.

Klare Positionen können zwar kurzfristig unangenehm sein, fördern aber langfristig das wechselseitige Vertrauen durch eine Kultur der Transparenz und wechselseitige Greifbarkeit. Wer weiß, woran er beim anderen ist, kann sich mit ihm auseinander- und auch wieder zusammensetzen.

3.2.1.4 Konfliktanalyse

Festgeschriebene Grundsätze, Entscheidungskriterien und Zuständigkeiten (s.o.) können vorbeugen, aber sie sind natürlich kein Garant für das Ausbleiben von Konflikten. Sollte ein Konflikt trotz vorbeugender Maßnahmen manifest werden, helfen gemeinsame Grundsätze auch bei der Analyse bereits ausgebrochener Konflikte, da sie zahlreiche Anhaltspunkte und nicht zuletzt eine gemeinsame Sprachregelung „mitliefern".

Eine konkrete Konfliktanalyse könnte sich dann an den folgenden Punkten *104* orientieren:

1. Wer sind die Konfliktparteien?
2. Welche Personen oder Gruppen sind noch am Konflikt beteiligt?
3. Welche Bedingungen haben zum Konflikt geführt?
4. Welche Einstellung haben die Beteiligten dem Konflikt gegenüber?
5. Welche Handlungspläne möchten sie jeweils verwirklichen?
6. Welche Ziele sollen damit jeweils erreicht werden?
7. Welche Lösungen oder Kompromisse sind für alle Parteien denkbar?
8. Gibt es weitere konsensfähige Alternativen?
9. Welche Kriterien liegen zur Bewertung dieser Alternativen vor?
10. Wie sieht ein realistischer Handlungsplan konkret aus?
11. Welche (zusätzlichen) Informationen werden hierzu benötigt?

Ein Leitfaden von Domsch (1992, zit. nach Regnet, 2001) benennt ebenfalls die Analysepunkte Konfliktthema, Ursachen des Konflikts, Beteiligte und Ziele/Motive der Beteiligten und erweitert noch um die Frage nach der Stärke, Intensität und Häufigkeit des Konflikts. Eine solche konkrete, „situationsnahe" Frage bringt viele Vorteile. Die Beteiligten werden gezwungen, von vagen Aussagen und belastenden Verallgemeinerungen Abstand zu nehmen und wirklich zu überlegen, was eigentlich genau wie häufig vorkommt. Sie werden gewissermaßen wieder in der Realität verankert, bevor überlegt wird, wie es weiter gehen kann.

Entscheidend für das Gelingen einer solchen Konfliktanalyse ist der richtige *105* Kommunikationsstil. Hilfreich ist ein offenes Kommunikationsverhalten auf beiden Seiten, das sich nach Berkel (2011) unter anderem durch folgende Merkmale auszeichnet:

• Beschreibung von konkret beobachtetem Verhalten (anstatt wertender Äußerungen und Vergleiche),
• Einfühlsam und respektvoll auf den anderen eingehen, ihn als gleichberechtigt (anstatt unterlegen) behandeln,
• Spontanes, offenes Mitteilen der eigenen Motive (anstatt strategisch-manipulativen Taktierens),

- Problemorientierte gemeinsame Lösungssuche (anstatt Kontrolle über den Anderen anzustreben),
- Bereitschaft, mehrere vorläufige Lösungen durchzuspielen (anstatt vorschnelle Urteile zu fällen).

106 Gelingt es, ein solches offenes Kommunikationsklima (wieder) herzustellen, steigen die Chancen für eine echte Lösung des Problems erheblich. Hierbei haben sich Seminare und Teamtrainings als hilfreich erwiesen, in denen über Verzerrungen in der sozialen Wahrnehmung aufgeklärt, diese im Rollenspiel aufgezeigt und abgebaut sowie Flexibilität, Offenheit und Perspektivenübernahme gefördert werden. Im folgenden Abschnitt wird beispielhaft ein Ansatz für ein solches Teamtraining zur Konfliktanalyse skizziert.

3.2.1.5 Lösungsorientierte Analyse von Konflikten zwischen Gruppen

107 Konflikte zwischen Teams, Abteilungen oder sonstigen Arbeitsgruppen stellen in verschiedener Hinsicht einen Sonderfall dar, der auch besondere Herangehensweisen verlangt. Einen Ansatz, der stark von den Prinzipien der Lösungsorientierten Kurzzeittherapie beeinflusst ist, stellen Billen und Schmitz (2005) vor. Die Ziele dieses lösungsorientierten Teamtrainings sind, dass die beteiligten Teams

- ihre Unzufriedenheit thematisieren (Dampf ablassen),
- beschreiben, was trotz der Konflikte gut klappt,
- sich humorvoll mit dem Fremdbild der anderen auseinandersetzen,
- in gruppenübergreifend gemischten Kleingruppen gemeinsam nach Lösungen suchen,
- anerkennen, dass bestimmte Spannungen nicht aufzulösen sind.

Die Vorgehensweise ist dabei wie folgt: Beide Teams bearbeiten zunächst getrennt voneinander, idealerweise in getrennten Räumen, für ca. 30 Minuten folgende Fragen:

- Was klappt trotz allem noch ganz gut?
- Was müsste das andere Team tun, um die Situation zu verschlimmern?
- Was erzählt wohl das andere Team gerade, was bei uns besonders schrecklich ist?

Die Ergebnisse werden anschließend im Plenum vorgestellt. Es folgt eine Kaffeepause mit ausreichender Gelegenheit zum informellen Austausch. Anschließend werden mit beiden Teams gemeinsam zu klärende Themen gesammelt. Jeder Einzelne erhält drei Klebepunkte, die er auf die gesammelten Themen nach persönlicher Wichtigkeit verteilt. So können mit einfachen Mitteln die wahrgenommene Dringlichkeit einzelner Teilprobleme ermittelt und Prioritäten für die Lösungsfindung gesetzt werden. Im nächsten Schritt werden gemischte Kleingruppen gebildet, die 60 Minuten Zeit bekommen, Lösungen und erste konkrete Schritte für die drei wichtigsten Themen zu entwickeln. Dass hier in jeder Kleingruppe jeweils möglichst mehrere Mitglieder aus beiden Teams vertreten sind, ist von entscheidender Bedeutung. Zum einen werden so in den Lösungen beide Perspektiven berücksichtigt, aber vor allem ist eine gemeinsame Aufgabe und deren erfolgreiche Bewältigung eine hervorragende Methode, um Konflikte auf der Beziehungsebene zu entschärfen. Die Ergebnisse der Kleingruppen werden im Plenum vorgestellt, diskutiert und ergänzt. Es wird gemeinsam festgehalten:

• Was ist sofort zu tun, wer tut es, und (bis) wann?

• Was ist noch weitergehend zu klären, wer tut das wann und wo?

• Was bleibt vorerst ungeklärt?

Entsprechend des letztgenannten Punktes ist eine ganz wichtige Botschaft eines solchen lösungsorientierten Teamtrainings, dass nicht jeder Konflikt vollständig gelöst werden muss. Die zentralen Ziele der skizzierten Vorgehensweise sind es, die Fronten aufzubrechen, die Grenzen zwischen den Teams zu lockern und den Bezug zueinander sowie zur gemeinsamen Aufgabe wieder herzustellen.

3.2.1.6 Strategien der Konflikthandhabung

Es gibt zahlreiche Klassifikationen von Konflikthandhabungsstilen. Berkel *108* (1985) unterscheidet zwischen fünf Strategien, und zwar danach, wie stark sich die Beteiligten jeweils an den eigenen und an den Zielen der Gegenpartei orientieren. Abbildung 3.2.1.6.1 veranschaulicht das zu Grunde liegende Schema.

Die sogenannte Machtstrategie steht für das Durchsetzen der eigenen Ziele mit allen Mitteln und auf Kosten der Ziele der Gegenpartei, die so in eine Verliererrolle gedrängt wird. Das Gegenstück ist eine Strategie des Nachgebens, die die eigenen Ziele gänzlich den Zielen der Gegenpartei unterordnet, so dass man selbst in die Verliererrolle gerät. Eine Strategie der gänzlichen Konfliktvermeidung liegt vor, wenn sich beide Parteien zurückziehen und völlig auf die Realisierung ihrer Ziele verzichten. Eine echte Problemlösung besteht darin, dass beide Parteien ihre Ziele ohne Abstriche umsetzen können, da sie beispielsweise einen Weg gefunden haben, die Situation in eine sogenannte Win-Win-Situation umzuwandeln. Oft ist dies nicht möglich, insbesondere bei Verteilungskonflikten. Hier ist die klassische Form der Konflikthandhabung der Kompromiss, bei dem beide Parteien Abstriche machen, die Lösung also in einer teilweisen Realisierung der Ziele aller Beteiligten besteht.

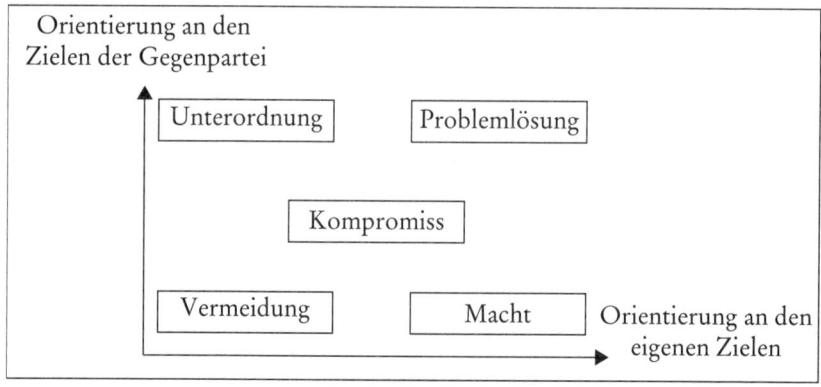

Abb. 3.2.1.6.1: Strategien der Konflikthandhabung nach Berkel (1984)

109 Philip und Rademacher (2010) ergänzen eine sechste Möglichkeit, die sich in dieses Schema nicht einfügt, nämlich die Delegation. Delegation von Konflikten, genauer, der Konfliktlösung, findet sich in unserer Gesellschaft wie selbstverständlich im Polizei- und Justizsystem. Aber auch im Kleinen werden oft Dritte um Rat gebeten beziehungsweise direkt um eine problemlösende Entscheidung. Im Arbeitsleben kann dies der Vorgesetzte sein, der einen Konflikt zwischen Kollegen schlichten soll (analog die Geschäftsführung einen Konflikt zwischen Abteilungsleitern), oder auch Organe wie Betriebs- und Personalrat. Philip und Rademacher (2010) siedeln den „moralischen" Wert der Delegation auf einer Entwicklungsstufe unterhalb des Kompromisses an, aber höherwertiger als die eigene Unterordnung. Die eigene Unterordnung ist wiederum besser als Vermeidung sowie als eine Machtstrategie, die ja beide die Ziele des Gegners missachten.

Auf die drei Strategien der Hauptachse im Modell von Berkel (1984) soll im Folgenden jeweils noch näher eingegangen werden, da sie die wichtigsten Konflikthandhabungsstrategien darstellen.

Echte Konfliktlösung durch sachgerechtes Verhandeln

110 Eine echte Lösung hat eine langfristige Aufhebung des Bewertungs- oder Verteilungsgegensatzes, des Misstrauens und der Antipathie der Beteiligten zum Ziel, eventuell auch eine Aufhebung des Koordinationszwanges. Sie berücksichtigt und befriedigt folglich die Belange aller Parteien gleichermaßen und bezieht dabei auch emotionale Aspekte mit ein.

Häufig gelingt eine echte Lösung nur unter Einbezug eines unabhängigen Vermittlers, beispielsweise einer qualifizierten Führungskraft oder eines externen Beraters. Diese sollten unvoreingenommen möglichst viele Informationen von allen Seiten sammeln, sich in Objektivität und Zurückhaltung bezüglich vorschneller Entscheidungen üben, aktiv zur Perspektivenübernahme anregen, auf übergeordnete Ziele (z. B. des Projekts oder der Organisation) hinweisen und Kommunikationshilfen geben. Zentral für die Vermittlerrolle ist, dass die Konfliktparteien den Kern des Problems selbst entdecken, was durch gezielte Fragen und geschicktes schrittweises Lenken der Aufmerksamkeit weg von der emotionalen zurück auf die Sachebene erreicht wird.

Bewährt haben sich in diesem Zusammenhang auch die Harvard-Grund- *111* sätze der Verhandlung (Fisher, Uri & Patton, 2009). Die Harvard-Grundsätze sind aus einem eigens ins Leben gerufenen, langjährigen Projekt der Harvard Universität hervorgegangen und haben im Wesentlichen zum Ziel, erstens die positive Beziehung zwischen den Verhandlungspartnern zu bewahren, zweitens Verhandlungen zeiteffizient zu gestalten und drittens den Nutzen des Verhandlungsergebnisses für beide Seiten zu maximieren. Ein Vermittler ist dabei zunächst nicht vorgesehen. Folgende Grundsätze kennzeichnen das sachgerechte Verhandeln:

1. Behandeln Sie Menschen und Probleme getrennt voneinander

Konfliktparteien und Verhandlungspartner sind in erster Linie Menschen, *112* keine abstrakten Repräsentanten. Es ist sinnvoll und wichtig, Gefühle (die eigenen wie die des Gegenübers) nicht außen vor zu lassen, sondern bewusst zu berücksichtigen und vor allem Ernst zu nehmen. Menschen reagieren schnell beleidigt, wütend, gekränkt oder ängstlich, wenn sie sich durch eine Konfliktsituation in ihrem Selbstwert, ihrem Bedürfnis nach Anerkennung, ihrem Handlungsspielraum oder anderweitig bedroht fühlen, und die Antennen hierfür sind oft sehr empfindlich. Eine sachliche Betrachtungsweise des Problems und vernünftige Strategien zur Lösungssuche werden dadurch unmöglich. Die Empfehlung, die persönlichen Beziehungen und den eigentlichen Verhandlungsgegenstand getrennt voneinander zu behandeln, zielt nicht darauf ab, Emotionen aus dem Verhandlungsgeschehen zu verbannen. Vielmehr geht es darum, beides gezielt, aber mit unterschiedlichen „Strategien" zu behandeln: Weich zu den Menschen, hart in der Sache. Wer die eigenen Gefühle kennt und versteht und sich soweit in die Gegenseite hineinversetzt, dass er auch deren Gefühle vorwegnehmen, nachvollziehen und respektieren kann, ist klar im Vorteil, wenn es darum geht, die Sache als gemeinsame Aufgabe zu sehen.

2. Konzentrieren Sie sich auf Interessen, nicht auf Positionen

113 Während Probleme durch unterschiedliche Interessen bestimmt werden, reduzieren die beteiligten Menschen das Konfliktgeschehen meist viel zu sehr auf unterschiedliche Positionen. Gegensätzliche Positionen müssen aber keineswegs bedeuten, dass die Interessen gegensätzlich und unvereinbar sind. Ein klassisches Beispiel ist der Streit zweier Bibliotheksnutzer, ob das Fenster offen oder geschlossen sein soll. Ein Feilschen um ein viertel, halb oder dreiviertel geöffnetes Fenster führt nicht weiter. Die Frage nach den zugrunde liegenden Interessen ergibt hingegen, dass der eine frische Luft hereinlassen, der andere Zugluft vermeiden möchte. Beide Interessen sind in Einklang gebracht, wenn man ein Fenster im Nebenraum öffnet. Die Frage nach dem Warum und Wozu, also den dahinter stehenden Motiven und Zielen beider Parteien ist es, die den Scheinwiderspruch aufdeckt und einen dritten Weg öffnet. Die wichtigsten Interessen sind dabei die menschlichen Grundbedürfnisse: Sicherheit, wirtschaftliches Auskommen, Zugehörigkeit, Anerkennung und Selbstbestimmung. Es ist nicht immer angemessen, diese möglichen Beweggründe der Gegenpartei offen anzusprechen, aber es kann ausgesprochen hilfreich sein, sie im Hinterkopf zu haben. Natürlich können auch Interessen in direktem Widerspruch zueinander stehen. Aber auch dann ist es nicht zielführend, auf Positionen zu beharren. Vielmehr sollte hier der Blick auf die Qualitäten und Vorteile der wechselseitigen Ergänzung gelenkt werden.

3. Entwickeln Sie Entscheidungsoptionen zum beiderseitigen Vorteil

114 Es sind im Wesentlichen vier verbreitete Irrtümer, die verhindern, dass in Situationen mit widersprüchlichen Interessen gemeinsam Alternativen entwickelt werden, die für beide akzeptabel wären: Menschen neigen dazu, erstens Ideen vorschnell zu verurteilen, zweitens zur Annahme, es gäbe eine richtige Lösung. Verbreitet ist drittens die Vorstellung, Vorteile für die anderen gingen zwangsläufig auf die eigenen Kosten und schließlich, dass die anderen doch ihre Probleme selbst lösen sollen. Demgegenüber steht der Ansatz, zunächst per Brainstorming möglichst viele Optionen zu sammeln ohne sie zu bewerten, um dann die Vorteile und gemeinsamen Interessen ins Zentrum zu stellen. Auf der Beziehungsseite ist es ein wichtiger Aspekt, Vorschläge zu entwickeln, die den anderen die Entscheidung erleichtern. Dies gelingt nur durch erfolgreiche Perspektivenübernahme und kann die Bezugnahme auf übergeordnete Normen und Werte oder einen Präzedenzfall sein, die eine objektive Ausgangslage für die Entscheidung schaffen können.

4. Bestehen Sie auf neutralen Beurteilungskriterien

Entscheidend für eine gelungene Umsetzung ist, dass man sich nicht unter Druck setzen lässt, um zu einer Einigung zu gelangen. Unter Umständen ist es auch notwendig, die Verhandlungen zu unterbrechen, bis das Gegenüber auf eine sachliche Ebene zurückfindet. Hier kann auch die Verhandlungsart selbst zum Gegenstand des Verhandelns werden. Letztlich müssen objektive Kriterien gefunden werden, auf denen die Entscheidung zwischen den gemeinsam entwickelten Optionen basiert. Dies können zum Beispiel moralische Erwägungen sein, der Grundsatz der Gleichbehandlung, sachbezogene Kriterien wie Effektivität, Effizienz, Marktwert, Kosten und ähnliches, oder wissenschaftliche Kriterien, wie sie in Gutachten Anwendung finden. Weiterhin können Prinzipien wie Tradition, Gegenseitigkeit oder auch Präzedenzfälle wie Gerichtsurteile herangezogen werden. *115*

Stellt die Gegenseite schwer annehmbare Forderungen kann es helfen, hypothetisch zu akzeptieren, dabei aber „im lauten Denken" die inakzeptablen Konsequenzen zu benennen und den anderen um Rat für die eigenen Unannehmbarkeiten zu bitten. Eine weitere wichtige Empfehlung von Fisher, Uri und Patton (2009) betrifft die Verhandlungsvorbereitung: Alle Verhandlungspartner sollten sich von vorneherein die „beste Alternative" zu ihrer eigenen Wunschlösung überlegen und diese als Messlatte an mögliche Kompromisse anlegen. Oft ist der verhandelte Kompromiss im Vergleich doch noch besser. *116*

Kompromiss

Es kann unter Umständen notwendig und sinnvoll sein, von der gerade beschriebenen Form der Konfliktlösung Abstand zu nehmen. Dies wird insbesondere dann der Fall sein, wenn die Beteiligten nicht in der Lage sind, wichtige aber knappe Ressourcen zur Zufriedenheit aller zu verteilen. Sofern es nicht möglich ist, dass beide ihre Ziele vollständig realisieren, sollte fair geteilt werden, beispielsweise nach dem Grundsatz „Einer teilt, der andere wählt". Gelingt auch dies nicht, ist ein Vermittler erforderlich. Die vermittelnde Person muss die aktive Rolle des Schiedsrichters übernehmen und von außen ein gerechtes Urteil im Sinne eines klassischen Kompromisses fällen. Auch hier ist es hilfreich, die wechselseitige Abhängigkeit der Konfliktparteien und die Gemeinsamkeiten in Werten und Zielen zu betonen. *117*

Gerade bei vermittelten Kompromisslösungen sollte eine Nachsorgephase eingeplant sein. Regelmäßige Besprechungen, in denen Perspektiven und Ziele ausgetauscht werden können, sind geeignet, nicht nur den Erfolg der Maßnahmen zu kontrollieren, sondern auch ein Hochschaukeln neuerlicher Konflikte zu verhindern.

Konfliktvermeidung und -unterdrückung

118 Sowohl das Begleiten einer echten Lösung als auch eines guten Kompromisses setzen nicht nur bei den Beteiligten, sondern vor allem auch bei den verantwortlichen Führungskräften Offenheit, Engagement, Geschick und etwas Mut voraus. Häufig werden Konflikte in der Hoffnung vermieden, dass sich das „schon von selbst wieder einrenkt". Überzogenes Harmoniestreben, Furcht vor Auseinandersetzungen und nicht zuletzt vor Kritik durch die eigenen Vorgesetzten („Problemabteilung") spielen hierbei eine zentrale Rolle. Heikle Themen werden auf die lange Bank geschoben oder regelrecht ausgesessen, langfristig gar bevorzugt Ja-Sager eingestellt. Wenn sich ein Eingreifen gar nicht mehr vermeiden lässt, beschränken sich die Interventionen zumeist auf allgemeine Appelle an den Teamgeist, ohne sich mit den tatsächlichen Ursachen oder möglichen Lösungen des Konflikts auseinanderzusetzen.

Schließlich haben Führungskräfte die Möglichkeit, aufkeimende Konflikte kraft Autorität einfach „abzuwürgen". Die aktive und bewusste Unterdrückung von Konflikten dient nicht selten der Befriedigung persönlicher Machtmotive. Hierbei wird nicht bedacht, dass angestaute Konflikte nach einiger „Gärzeit" umso heftiger ausbrechen und dann oft nicht mehr zu überbrücken und zunehmend schwerer zu lösen sind. Dennoch ist nicht zu leugnen, dass autoritäre Führung in einigen wenigen Fällen hilfreich sein kann: wenn die Streitpunkte wirklich trivial sind und /oder unter starkem Zeitdruck gehandelt werden muss. In jedem Fall sollte das Konfliktthema jedoch zu einem späteren Zeitpunkt wieder aufgegriffen und in Ruhe besprochen werden.

3.2.1.7 Fazit

119 Grundlegend ist natürlich eine echte, gemeinsame Lösung der Königsweg im Umgang mit Konflikten. Eine wirklich gute Führungskraft zeichnet sich jedoch nicht nur dadurch aus, dass sie eine solche Lösung selbst kompetent begleiten kann, sondern auch dadurch, dass sie erkennt, wo ihre Grenzen liegen - wann also die Hinzuziehung eines professionellen Mediators erforderlich ist, damit alle Beteiligten sowie die Organisation als Ganzes gestärkt aus dem Prozess hervorgehen können.

3.2.2 Mobbing

120 *Fallbeispiel Mobbing*

Herr Müller hat nach halbjähriger Arbeitslosigkeit wieder eine neue Anstellung in der Verwaltung eines großen Lebensmittelkonzerns gefunden. Er verdient dort zwar weniger als auf seiner alten Arbeitsstelle, aber besser als arbeitslos zu sein ist es alle Male. Von seinen neuen Kollegen ist er allerdings nicht gerade herzlich empfangen worden. Wenn er das Büro betritt, in dem er und drei weitere Kollegen arbeiten, verstummen die Gespräche. Herr Müller hat auch das Gefühl, dass für ihn wichtige Informationen zurückgehalten werden, was seine Einarbeitung sehr schwierig macht. Gestern ließ sich an seinem Arbeitsplatz eine wichtige Datei nicht mehr auffinden. Dabei war Herr Müller ganz sicher, diese auf seinem Rechner gespeichert zu haben. Zunehmend fühlt sich Herr Müller unwohl. Dabei hatte er sich über den neuen Job anfangs so sehr gefreut, aber nun sieht er jedem neuen Arbeitstag mit einem flauen Gefühl im Magen entgegen.

3.2.2.1 Mobbing als klassischer psychischer Belastungsfaktor

Psychosozialer Stress, oder reißerischer „Terror am Arbeitsplatz", das sind heutzutage die Themen, die mit psychischen Belastungen am Arbeitsplatz in Zusammenhang gebracht werden. Ging es früher zentral um Dinge wie beispielsweise Lärmschutz, Belastungen durch Chemikalien oder die einseitige Beanspruchung der Gelenke, wenn die Gesundheit am Arbeitsplatz fokussiert wurde, so sind heute vor allem Störungen in der „zwischenmenschlichen Chemie" von Bedeutung.

Psychoterror, Intrigen, Schikanen, Kleinkrieg – der für zahlreiche Betrof- *121* fene tägliche Spießrutenlauf am Arbeitsplatz hat sogar einen Namen bekommen – Mobbing. Ein Begriff, unter dem sich jeder heutzutage etwas vorstellen kann, der Eingang in unsere Alltagssprache gefunden hat. Vorkommnisse dieser Art sind aber beileibe kein neues Phänomen. Konflikte und entsprechende Folgen hat es schon immer gegeben. Neu sind lediglich der Name und das Ausmaß, das Mobbing erreicht hat. Verfolgt man die Berichterstattung in den Medien, scheint das Phänomen Mobbing zu einer Art „Volkskrankheit" geworden zu sein – es häufen sich Berichte von Betroffenen, die ihre Situation am Arbeitsplatz als belastend, ja unerträglich erleben. Tatsächlich steigt durch eine verschärfte Arbeitsmarktsituation der Leistungsdruck. Eine falsch verstandene Konkurrenz am Arbeitsplatz erhöht zudem das Konfliktpotenzial in den Betrieben.

3.2.2.2 Was ist Mobbing? Und was ist es nicht?

Wenn Kollegen einander nicht grüßen oder es vorziehen, nicht miteinander *122* essen zu gehen, ist das dann schon Mobbing? Wenn Menschen zusammen arbeiten, kann man zwischenmenschliche Konflikte nicht ausschließen. Am Arbeitsplatz entstehen oft Stresssituationen, in denen ein Kollege schon mal explodiert, die Nerven verliert und „rumschnauzt". Um Mobbing jedoch nicht mit jedem „normalen Ärgernis" zu verwechseln und nicht jeden missglückten

Scherz als Mobbingaktion zu bezeichnen, ist es wichtig, Mobbing genauer zu definieren. Was versteht man unter Mobbing?

Mobbing ist ein aus dem englischen stammender Begriff, der Anfang der 70er Jahre zunächst insbesondere in den skandinavischen Ländern populär wurde (Leymann, 1993). Das Verb „to mob" bedeutet wörtlich übersetzt „sich auf etwas stürzen, über etwas/jemanden herfallen". Freier übersetzt könnte man auch von anpöbeln, angreifen oder schikanieren sprechen.

Ursprünglich wurde der Begriff vom Verhaltensforscher und Nobelpreisträger Konrad Lorenz für aggressives Verhalten im Tierreich angewandt. Lorenz beobachtete ein entsprechendes feindseliges Verhalten in den von ihm untersuchten Graugansgruppen. Da man ähnliche gruppendynamische Verhaltensweisen auch bei Schulklassen beobachtete, fand der Begriff Mobbing zunächst Eingang in die Schulpädagogik. Aggressives und feindseliges Verhalten von Schülern gegenüber Mitschülern wurde so bezeichnet. Der schwedische Arzt und Psychologe Heinz Leymann prägte Anfang der 90er Jahre den Begriff für das gleiche Phänomen in der Arbeitswelt (Leymann, 1993). Es handelt sich also um einen neuen Begriff für ein altes Übel. Schikanen und Ärger am Arbeitsplatz hat es schon immer gegeben. Dabei ist Mobbing keineswegs ausschließlich auf den Arbeitsplatz beschränkt. Es kann überall dort auftreten, wo sich Menschen über längere Zeit in Gruppen zusammenfinden, also beispielsweise – wie erwähnt – auch in der Schule oder in der Nachbarschaft.

123 Nach Zuschlag (2001) lässt sich Mobbing zusammenfassend wie folgt definieren:

> „Der Begriff Mobbing beschreibt schikanöses Handeln einer oder mehrerer Personen, das gegen eine Einzelperson oder eine Personengruppe gerichtet ist. Die schikanösen Handlungen werden meistens über einen längeren Zeitraum hinweg wiederholt. Sie implizieren grundsätzlich die Täter-Absicht, das (die) Opfer bzw. sein (ihr) Ansehen zu schädigen und gegebenenfalls aus seiner (ihrer) Position zu vertreiben. Aber auch ohne Schikane-Absicht des Täters können dessen ‚normale' Handlungen von sensiblen Personen missverstanden und als Mobbing empfunden werden."

3.2.2.3 Abgrenzung von Mobbing und alltäglichen Belastungen am Arbeitsplatz

Eine klare Grenze zu ziehen zwischen dem üblichen Klatsch und Tratsch, einem belastenden Arbeitsklima durch Überlastung oder einem cholerischen Vorgesetzten und systematischem Mobbing ist nicht möglich. Die Grenze zu erkennen erfordert ein genaues Hinsehen. Dennoch gibt es einige Merkmale, die Mobbingverhalten kennzeichnen:

Zunächst ist es wichtig zu erkennen, dass Mobbingattacken sowohl einzelnen Personen als auch Gruppen gelten können. Weiterhin können die Mobbinghandlungen von einer einzelnen Person, aber auch von einer Personengruppe ausgehen. 124

Mobbinghandlungen verletzen die Würde einer Person und lassen den Respekt vor ihr vermissen. Auch wenn die betroffene Person deutlich macht, dass sie dies als Demütigung empfindet, wird das Verhalten nicht eingestellt. Ganz im Gegenteil, die nun offensichtlich „wunden Punkte" der Person bieten Angriffsfläche für weitere Attacken. Mobbinghandlungen sind also zielgerichtet und systematisch. Viele Vorgesetzte oder auch Kolleginnen und Kollegen wollen mit ihren Marotten und Launen niemandem schaden. Oft sind sie erschrocken, wenn sie hören, was sie damit auslösen. Sie stellen dieses Verhalten dann auch ein und versuchen zumindest, sich zu ändern. Im Gegensatz dazu stellt Mobbing ein systematisches Vorgehen mit eindeutig destruktiver Absicht dar. Das „Opfer" soll für eine einzelne Person oder die Gruppe als willkommener „Blitzableiter" fungieren oder sogar rausgeekelt und zur Kündigung gezwungen werden.

Zudem finden im Falle von Mobbing die Handlungen regelmäßig und über längere Zeit statt. Der „Ausraster" in einer Stresssituation stellt keine Ausnahme mehr dar, vielmehr kommt es zu häufigen und wiederkehrenden Vorfällen. Dies muss nicht bedeuten, dass es täglich zu Schikanen kommt. Es können auch größere Abstände oder zwischendurch längere „angriffsfreie" Ruhepausen auftreten. Mobbing ist also nicht nur ein quantitatives, sondern vor allem ein qualitatives Problem.

3.2.2.4 Arten von Mobbinghandlungen

Welche Verhaltensweisen fallen nun unter den Begriff Mobbing? Mobbing kann sehr unterschiedliche Formen annehmen und auf unterschiedlichen Ebenen stattfinden. 125

Weitere Fallbeispiele

A.

Von Anfang an hatte Herr Schmidt das Gefühl, dass ihn sein neuer Vorgesetzter nicht leiden kann und auf dem „Kieker" hat. Im Vergleich zu anderen bekommt er die unbeliebtesten Arbeiten. Es wird keine Gelegenheit ausgelassen, ihn zu kritisieren und herumzukommandieren. Mit der Zeit übernehmen auch seine Kolleginnen und Kollegen die Meinung des Chefs und wenden sich von ihm ab.

B.

Nach langer Zeit hat Frau Lang wieder eine Arbeit gefunden. Die Freude darüber währt jedoch nicht lange, obwohl die Tätigkeit ihren Vorstellungen entspricht. Sie wird von sämtlichen Kontakten ausgeschlossen. Niemand fragt, ob sie mit zum Mittagessen gehen möchte. Ständig kritisiert man ihr Aussehen und ihre Kleidung. Zufällig hört sie das Gerücht, dass sie ihre Stelle einer Affäre mit einem Vorgesetzten zu verdanken habe.

C.

Herr Kurz ist der „Blitzableiter" seiner Abteilung. Er hat seine eigenen Wertvorstellungen und Standpunkte, die er vertritt. Dies macht ihn schon bald zum Außenseiter. Sticheleien und scheinbar humorvolle, aber abwertende Bemerkungen sind an der Tagesordnung. Gemeinsame Pausenzeiten und Besprechungen werden genutzt, um sich über ihn und seine Ansichten lustig zu machen – ihn als Spinner vorzuführen.

126 Schaut man sich diese unterschiedlichen Beispiele für Mobbing und die Beschreibungen von Mobbingopfern bezüglich des Verhaltens der Mobbingtäter genauer an, so lassen sich die auftretenden Verhaltensweisen in fünf Hauptkategorien einteilen (Zuschlag, 2001):

Es handelt sich dabei um Angriffe auf

- die Möglichkeiten sich mitzuteilen,
- die sozialen Beziehungen,
- das soziale Ansehen,
- die Qualität der Berufs- und Lebenssituation,
- die Gesundheit.

127 Angriffe auf die Möglichkeiten sich mitzuteilen beinhalten unter anderem die ständige Kritik an der Arbeit oder auch Anschreien und lautes Schimpfen, um das Gegenüber „mundtot" zu machen. So wird die Möglichkeit, sich zu äußern, eingeschränkt. Man wird ständig unterbrochen, oder es findet Telefonterror statt, mündliche oder schriftliche Drohungen werden ausgesprochen oder jegliche Form von Kontakt wird verweigert.

128 Bei Angriffen auf die sozialen Beziehungen wird mit dem Mobbingopfer nicht mehr gesprochen, man lässt sich nicht ansprechen, das Mobbingopfer wird ins „Organisationssibirien" versetzt, also in einen Raum weitab von den Kollegen. Den Arbeitskollegen wird verboten, den Betroffenen zu unterstützen, ihn zu integrieren oder gar ihn anzusprechen. Das Mobbingopfer wird „wie Luft" behandelt.

129 Angriffe auf das soziale Ansehen beinhalten beispielsweise, dass hinter dem Rücken des Betroffenen schlecht über ihn gesprochen wird. Gerüchte werden

über ihn verbreitet, man macht jemanden lächerlich oder verdächtigt ihn beispielsweise, psychisch krank zu sein. Sich über eine Behinderung lustig zu machen, ist sicherlich eine der perfidesten Mobbinghandlungen, ebenso wie ein Angriff auf die politische oder religiöse Einstellung, das Privatleben oder die Nationalität eines Kollegen. Im Arbeitsbereich wird das soziale Ansehen eines Mitarbeiters beispielsweise auch dadurch verletzt, dass man den Arbeitseinsatz in bewusst falscher und kränkender Weise beurteilt. Man stellt die Entscheidungen des Betroffenen infrage, beleidigt ihn oder unternimmt unerwünschte sexuelle Annäherungen oder verbale sexuelle Angebote.

Die Qualität der Berufs- und Lebenssituation wird beeinträchtigt durch *130* Verhaltensweisen wie z.B. einem Mitarbeiter keine oder sinnlose Arbeitsaufgaben zuweisen, ihm Aufgaben weit unter seinem eigentlichen Können geben, ihm ständig neue Aufgaben zuteilen oder ihm kränkende oder seine Qualifikation übersteigende Aufgaben geben, um ihn zu diskreditieren.

Beziehen sich die Angriffe auf die Gesundheit des Mobbingopfers, erlebt die betroffene Person Handlungen wie beispielsweise einen Zwang zu gesundheitsschädlichem Arbeiten, die Androhung körperlicher Gewalt, die Anwendung leichter Gewalt, zum Beispiel um jemandem einen „Denkzettel" zu verpassen, körperliche Misshandlung, die Anrichtung physischer Schäden im Heim oder am Arbeitsplatz des Betroffenen oder sexuelle Handgreiflichkeiten.

Die gerade vorgestellte Auflistung (Zuschlag, 2001) umfasst insgesamt 45 Mobbinghandlungen. Natürlich kann eine solche Liste nicht erschöpfend sein. Der Katalog dient also eher als Einladung dazu, bei gegebenem Anlass möglichst viele Bereiche des eigenen Arbeitslebens aufmerksam zu studieren und sich zu fragen, ob es Gründe dafür gibt, sich selbst oder andere Menschen als gemobbt zu betrachten. Machen sich eine oder mehrere Handlungen aus dem Katalog mindestens einmal pro Woche über mindestens sechs Monate bemerkbar, ist Alarm geboten. Die Wahrscheinlichkeit ist groß, dass man es tatsächlich mit einem Fall von Mobbing zu tun hat.

3.2.2.5 Zahlen und Fakten zum Thema Mobbing

Immer wieder taucht die Frage auf, wie viele Menschen von Mobbing betrof- *131* fen sind. Gibt es vielleicht Bereiche oder Branchen, in denen Mobbing verbreiteter ist als in anderen? Sind eher Frauen oder Männer, eher Ältere oder Jüngere betroffen? Betrifft Mobbing eher Personen der unteren Hierarchieebenen oder kommt solches Verhalten auf allen Organisationsebenen vor?

Je nach zugrunde gelegter Definition von Mobbing kommen unterschiedliche Studien zu stark variierenden Ergebnissen hinsichtlich der Auftretenshäufigkeit von Mobbing. Nach Ergebnissen des Mobbing-Reports der Bundesanstalt für Arbeitsschutz und Arbeitsmedizin (Meschkutat, Stackelbeck & Langenhoff, 2002), der auf den Ergebnissen einer der ersten wissenschaftlich fundierten repräsentativen Befragungen zum Thema Mobbing in Deutschland beruht, erleben in der Bundesrepublik etwa eine Million der rund 38 Millionen Beschäftigten Mobbing am Arbeitsplatz. Insgesamt ist jede neunte Person im erwerbsfähigen Alter schon einmal im Laufe ihres Berufslebens gemobbt worden. Angesichts des sich verschärfenden ökonomischen Wettbewerbs ist damit zu rechnen, dass sich der Druck auf die Beschäftigten auch in Form eines systematischen Mobbings noch erhöhen wird. Dies bestätigt auch schon die Untersuchung von Zapf (1999). Konkurrenz und Existenzangst werden die Gefahr, dass es zu Mobbingattacken kommt, deutlich verstärken.

3.2.2.6 Dauer von Mobbing

132 Bemerkenswert ist, dass die Mobbingopfer die schikanösen Handlungen nicht selten über einen langen Zeitraum zu ertragen versuchen. Glaubt man den Ergebnissen verschiedener Studien zu dieser Frage (Zuschlag, 2001), so halten die Mobbingattacken durchschnittlich über 12 bis 15 Monate an. Knorz und Zapf (1999) kommen zu dem Ergebnis, dass die Mobbinghandlungen im Durchschnitt 15 bis 40 Monate anhalten. Fast die Hälfte der in der Studie von Meschkutat, Stackelbeck und Langenhoff (2002) befragten Mobbingopfer gab an, dass die Mobbingaktivitäten über ein Jahr angehalten hätten. Bei 12,2 Prozent der Betroffenen zog sich der Mobbingprozess sogar über drei und mehr Jahre hin. Diese Zahlen zeigen, dass es sich bei Mobbing nicht um eine vorübergehende Episode handelt, sondern mitunter um einen jahrelangen, zermürbenden Prozess.

3.2.2.7 Häufigkeit in unterschiedlichen Branchen

133 Wenn man sich unterschiedliche Branchen anschaut, so zeigen sich hier recht große Unterschiede was die Häufigkeit von Mobbing angeht. Mobbingopfer finden sich vor allem im Gesundheitsbereich, im Bereich Erziehung, in der öffentlichen Verwaltung sowie im Kreditgewerbe. Unterrepräsentiert hingegen sind Mobbingopfer in den Bereichen Verkehr und Handel, Gaststättengewerbe, im Baugewerbe, im Bereich Energie/Wasser sowie in der Landwirtschaft (Zapf & Kuhl, 2000). Dabei muss offen bleiben, ob Branchenspezifika ursächlich sind für diese unterschiedlichen Mobbingbelastungen. Denkbar ist nämlich auch, dass Arbeitnehmer in unterschiedlichen Branchen eher dazu bereit sind, ihre Mobbingerfahrungen offen zu schildern. Eine genauere Betrachtung der mobbingbelasteten Branchen zeigt nämlich, dass in diesen der Anteil von Frauen unter den Arbeitnehmern sehr hoch ist. Wenn man bedenkt, dass

Frauen generell eher bereit und in der Lage sind, über psychische Belastu-
Sorgen, Probleme und Nöte zu sprechen, als Männer, erweist sich der ver-
meintliche Branchenunterschied bzgl. Mobbing wohl eher als ein geschlechts-
spezifischer Effekt.

3.2.2.8 Mobbing Konstellationen: Wer mobbt wen?

Wenn man von Zahlen und Fakten spricht, stellt sich auch die Frage, wer *134*
mobbt eigentlich wen? Gibt es zudem eine typische „Mobber-Persönlichkeit"
und weisen „Mobbingopfer" gemeinsame Merkmale oder Einstellungs- und
Verhaltensmuster auf? Ein häufig zu hörendes Vorurteil besagt, dass die Betroffenen doch eigentlich selbst schuld sind an den Mobbingattacken, da sie
aufgrund ihrer Persönlichkeit die Witzeleien und Angriffe doch geradezu provozieren. Kann das so stehen bleiben?

Nach den Ergebnissen des Mobbing-Reports (Meschkutat, Stackelbeck &
Langenhoff, 2002) sind die Verursacher von Mobbing zu

- 42,4 %   Kollegen,
- 38,2 %   Vorgesetzte,
- 12,8 %   Kollegen und Vorgesetzte gemeinsam,
- 2,3 %   Untergebene.

(Rest zu 100 %: weiß nicht/keine Angabe)

Die Ergebnisse zeigen, dass in über 50 Prozent der Fälle Mobbing ausschließlich von Vorgesetzten ausgeht bzw. unter ihrer Mitwirkung stattfindet. Vorgesetzte treten als Mobber also ebenso häufig in Erscheinung wie die Kollegen. Wenn man bedenkt, dass es viel weniger Vorgesetzte als Kollegen gibt,
scheint das Verhalten des Vorgesetzten insgesamt für das Mobbinggeschehen
von zentraler Bedeutung zu sein. Mobbing durch Untergebene kommt hingegen insgesamt seltener vor, da ihnen unter anderem die formalen und rechtlichen Möglichkeiten der Vorgesetzten fehlen. Nach Leymann (1993) findet
ein „aufwärtsgerichtetes Mobbing" (ein Untergebener/Untergebene mobbt/
mobben einen Vorgesetzten) jedoch etwas häufiger statt, nämlich nach seinen
Studienergebnissen (ermittelt insbesondere an skandinavischen Stichproben)
in ca. neun Prozent aller Fälle.

Ganz egal, um wen es sich bei der mobbenden Person handelt: Mobbing
stellt eine starke Belastung für die Betroffenen dar. Allerdings kann man davon ausgehen, dass sich Attacken von Vorgesetzen noch gravierender auswirken als „kollegiale" Mobbingattacken. Das Gefühl der Hilflosigkeit und Ohn-
macht ist gegenüber einer Person, die hierarchisch höher angesiedelt ist und
Autorität repräsentiert, weitaus größer, als beim Mobbing, das von gleicher

Hierarchieebene ausgeht. Vergleichbares gilt für Betroffene, die von mehreren Kolleginnen oder Kollegen schikaniert werden. Nach dem Motto „Alle gegen Einen" werden die systematischen Feindseligkeiten gravierender erlebt als bei Angriffen durch Einzelne.

3.2.2.9 Geschlechtsspezifisches Mobbing und Alter

135 Ist die Frau tatsächlich das typische Mobbingopfer – so wie es oft angenommen wird? Häufig wird davon ausgegangen, dass Frauen aufgrund ihrer Sozialisation häufiger zu Mobbingopfern werden als Männer. Empirische Untersuchungen können jedoch nicht unbedingt als Beweis für diese Annahme angeführt werden. Und selbst wenn beispielsweise etwa zwei Drittel der mit einer Mobbingberatungsstelle Kontakt aufnehmenden Personen Frauen sind (Beermann & Meschkutat, 1995), ist wie bereits erwähnt zu bedenken, dass Frauen eher bereit sind, gesundheitliche Probleme zuzugeben, und daher eventuell auch eher an einer Mobbingstudie teilnehmen bzw. über eigene Mobbingerfahrungen berichten (Zapf, 1999). Insgesamt war bislang davon auszugehen, dass zumindest in der Bundesrepublik Deutschland beide Geschlechter gleichermaßen von Mobbing betroffen sind (Niedl, 1995; Esser, Wolmerath & Niedl, 2008). Der Mobbing-Report (Meschkutat, Stackelbeck & Langenhoff, 2002) ermittelte jedoch, dass Frauen ein deutlich höheres Mobbingrisiko haben als Männer. Hier zeigt sich einmal mehr die Schwierigkeit, zu zuverlässigen quantitativen Angaben bzgl. Mobbing zu kommen, denn sowohl definitorische Variationen als auch zeitliche Schwankungen haben Auswirkungen auf die ermittelten Zahlen.

136 Betrachtet man das Alter, so zieht sich Mobbing durch alle Altersstufen. Ältere Betroffene werden eher von ihrem Vorgesetzten gemobbt, während jüngere Mobbingopfer (25- bis 34-Jährige) eher von ihren Kolleginnen oder Kollegen attackiert werden. Auffälliges Ergebnis im Mobbing-Report (Meschkutat, Stackelbeck & Langenhoff, 2002) war, dass gemessen an der durchschnittlichen „Mobbing-Belastungs-Quote" von 2,7 Prozent (gemessen über alle befragten Arbeitnehmerinnen und Arbeitnehmer) die unter 25-Jährigen am stärksten von Mobbing betroffen sind (3,7 %), während die Altersklassen zwischen 25 und 44 Jahren durchschnittlich (2,6 %), die Altersgruppe der 45- bis 54-Jährigen sogar unterdurchschnittlich (2,2 %), und die Gruppe der über 54-Jährigen leicht überdurchschnittlich (2,9 %) von Mobbing betroffen sind. Offensichtlich gibt es in der Arbeitswelt einen Prozess der Positions- und Statussicherung, der mit dem Alter verbunden ist. Jüngere Mitarbeiter müssen ihre Rolle in der Organisation erst noch finden und sind daher eher dem Risiko von Mobbingattacken ausgesetzt.

Systematische Feindseligkeiten können grundsätzlich jeden treffen und von je- *137* dem ausgehen. Persönliche Gegebenheiten, Verhaltensweisen oder auch Fähigkeiten einer Person können jedoch die Entstehung von Mobbing begünstigen. Das bedeutet aber nicht, dass es das „typische Mobbingopfer" gibt. Zu den das Mobbing begünstigenden Faktoren gehören Verhaltensauffälligkeiten hinsichtlich der Sprache, der Mimik, der Gestik, der Körpersprache, aber auch des Leistungsverhaltens. Zuschlag (2001) spricht in diesem Zusammenhang von „viktimologischen Anreizen", die vom potenziellen Mobbingopfer ausgehen. Eine Mitarbeiterin, die in einer Abteilung neu eingestellt wird, dort hoch motiviert und manchmal auch „übereifrig" die Arbeitsleistung der anderen Kolleginnen in den Schatten stellt, kann leicht durch unfaire Attacken in eine Mobbingsituation hineingeraten, weil sich die anderen „den Schnitt nicht kaputtmachen lassen wollen". Aber auch äußere Erscheinungen, wie Groß-/Kleinwüchsigkeit, Korpulenz, hagerer Körperbau, zu moderne/unmoderne Kleidung oder Krankheiten wie Epilepsie, Pubertäts-Akne, Alkoholismus oder eine Behinderung können begünstigende Faktoren darstellen. Neuere Studien zeigen, dass Mobbing-Betroffenheit auch mit Persönlichkeitsfaktoren, wie Offenheit für Erfahrung und häufiger Einsatz von Negativ-Strategien zur Verarbeitung von Stress zusammenhängen kann (Rammsayer, Stahl & Schmiga, 2006).

Zusammenfassend kann man sagen, dass Mobbing nicht zwangsläufig etwas mit bestimmten Persönlichkeitsmerkmalen des Opfers zu tun hat. Mobbing geschieht zu häufig, um nur für bestimmte, potenzielle Opfer eine Gefahr darzustellen. Mobbing kann jeden treffen. Daher kommt es besonders darauf an, wie ein Mobbingopfer auf die Attacken reagiert. Hier können sehr wohl Persönlichkeitsmerkmale (wie z.B. Durchsetzungsvermögen, Mut) relevant dafür sein, ob das Mobbingverhalten fortgesetzt wird oder nicht.

3.2.2.10 Phasen eines Mobbing-Verlaufs

Mobbingprozesse lassen sich, das haben empirische Untersuchungen ergeben *138* (Leymann, 1993; Leymann, 1995), in verschiede Phasen einteilen. Die Differenzierung nach Phasen verdeutlicht die Entstehung und Entwicklung des Konflikts in seinen unterschiedlichen Eskalationsstufen.

Die vier Phasen eines Mobbingprozesses

Am Anfang eines klassischen Mobbingprozesses stehen meist ungelöste Konflikte. Aus diesen resultieren Schuldzuweisungen und persönliche Angriffe.

Phase zwei ist dadurch gekennzeichnet, dass sich das Mobbing etabliert. Im Mittelpunkt steht nun nicht mehr der Konflikt, sondern die einzelne Person, die immer häufiger gekränkt wird. Man kann sagen, dass das Opfer in dieser

Phase sozusagen präpariert wird. Die seelische Verfassung wird immer schlechter, das Selbstwertgefühl nimmt ab und die Person wird zum Außenseiter.

In Phase drei eskalieren die Entwicklungen. Durch die ständigen Demütigungen ist das Opfer so verunsichert, dass die Arbeit darunter leidet. Alle Augen sind auf die betroffene Person gerichtet. Man gibt ihr für alles die Schuld und bezeichnet sie als Versager/in. Das Opfer wird zum Sündenbock, zum Problemmitarbeiter, dem bereits arbeitsrechtliche Maßnahmen drohen.

139 Die nächste Phase kennzeichnet das Ende des Mobbings. Die gemobbte Person befindet sich auf dem Weg in die Ausgrenzung. Meist handelt es sich dabei um den Verlust des Arbeitsplatzes, oft sogar kommt es zu einem Ausschluss aus der Arbeitswelt. Viele der Opfer kündigen von sich aus. Oft werden sie jedoch auch gekündigt oder stimmen einem Auflösungsvertrag zu. Während dieses Verlaufs kann es zu langen Krankschreibungen kommen, die sich auch nach der Kündigung noch fortsetzen. Manchmal steht am Ende eines Mobbingprozesses sogar die Erwerbsunfähigkeitsrente.

Charakteristika der Phasen

140 Kennzeichnend für den Beginn eines Mobbingprozesses ist der Aufbau eines Feindbildes. Es findet eine Vorverurteilung statt. Einer Person beispielsweise, die zuvor in einer angesehenen Firma gearbeitet hat, schweigsam und zurückhaltend ist, wird per se Hochnäsigkeit unterstellt.

Die einzelnen Mobbinghandlungen sind anfangs für die Betroffenen kaum erkennbar. Nach der Devise „steter Tropfen höhlt den Stein", findet eine allmähliche Verunsicherung und Zermürbung statt. Für etwas heftigere Reaktionen auf eine Mobbingattacke hin wird die Person beispielsweise belächelt. Sie solle doch darüber stehen und nicht so sensibel sein, ist einer der „gut gemeinten" Ratschläge, mit denen insbesondere Vorgesetzte häufig eine aufziehende Mobbingproblematik verdrängen wollen.

Ein weiteres Merkmal der Anfangsphase des Mobbings ist, dass die einzelnen Aktionen der Mobbingtäter in ihrer Absicht nur schwer nachweisbar sind. Spricht die Betroffene beispielsweise eine Kollegin auf die zurückgehaltenen Informationen an, argumentiert diese, dass es ja kein böser Wille gewesen und im Stress geschehen sei.

141 Wird man nicht mehr gegrüßt oder vom gemeinsamen Mittagessen ausgeschlossen, entsteht eine bedrückende Arbeitsatmosphäre für die Betroffenen. Da die Intrigen jedoch meistens verdeckt laufen und deutliche Anhaltspunkte fehlen, kommt es zu Verunsicherungen in der Wahrnehmung. Die betroffene

Person fragt sich, ob sie überreagiert, förmlich „aus einer Mücke einen Elefanten" macht und – im schlimmsten Fall – unter Verfolgungswahn leidet. Versuche zur Klärung der Situation bleiben aus.

Oftmals geht das Mobbing von einer einzelnen Person aus, die dann versucht, andere Kolleginnen und Kollegen auf ihre Seite zu ziehen. Andere Personen werden regelrecht infiziert. Den Betroffenen fehlt es zunehmend an Rückhalt und sie geraten immer stärker in die Isolation. *142*

Im weiteren Verlauf ist es kennzeichnend, dass es zu einer eskalierenden Dynamik mit gegenseitigen Schuldzuweisungen kommt. Fühlt sich eine Person unfreundlich behandelt, entwickelt auch sie ein negatives Bild von ihrem Gegenüber und verhält sich dementsprechend abweisend. Der Einstieg in einen sich selbst stabilisierenden Mobbingkreislauf ist vorprogrammiert.

Es ist natürlich nicht unbedingt zwingend, dass alle diese Merkmale zum Tragen kommen. Manchmal gelingt es den Betroffenen auch, in der ersten Phase gemeinsam mit den Mobbern eine Klärung herbeizuführen. Manchmal sieht auch ein Vorgesetzter, was da in seiner Abteilung gegen eine Person läuft und greift ein. Bei einem klassischen Mobbingprozess wird der Verlauf jedoch nicht unterbrochen, möglicherweise lediglich aufgeschoben, bis der Konflikt dann eskaliert.

3.2.2.11 Ursachen von Mobbing

An die bisherigen Ausführungen schließen sich nun zwei Fragen an: *143*

1. Aus welchen Gründen kann sich Mobbing aus einem Konflikt entwickeln und welche Ziele verfolgen die Mobber mit ihren Attacken?

2. Aus welchen Gründen kann sich eine Mobbingsituation festsetzen und immer schlimmere Formen annehmen?

Zunächst zur zweiten Frage: Diese lässt sich nach Leymann (1993, 1995) *144* leicht beantworten. Wenn Mobbing erst einmal ausbricht und niemand eingreift, kann das Feuer leicht um sich greifen. Hat sich das Mobbing etabliert, ist es nicht mehr leicht zu handhaben. Das Opfer wird stigmatisiert. Am Ende scheint jedes Mittel recht zu sein, sich des Opfers, aber nicht des Täters zu entledigen. Das Opfer wird sozusagen zum zweiten Mal zum Opfer. Die Hauptursache, dass sich Mobbing vertieft und ausbreitet, besteht darin, dass niemand hinschaut. Vorgesetzte und Management stecken häufig den Kopf in den Sand – anstatt darüber nachzudenken, wie man die Sache in den Griff bekommt.

Ursachen für die Entstehung von Mobbing an sich sind jedoch nicht so *145* leicht festzumachen, denn die Arbeitswelt ist ein sehr komplexes Gefüge. Dabei spielen beispielsweise die in den Mobbingprozess involvierten Personen, der Führungsstil, die Organisation selbst, aber auch die konjunkturellen Entwicklungen eine Rolle. Momentan kann die Arbeitsmarktsituation für Spannungen sorgen, mit Auswirkungen wie Angst vor dem Verlust des Arbeitsplatzes, zunehmendem Stress und Leistungsdruck. Meist sind es mehrere Faktoren, die Mobbing auslösen (Zapf, 1997).

Personale Faktoren auf Seiten von Opfer und Täter

146 Wie bereits betont kann Mobbing jeden treffen – für Mobbingopfer typische Persönlichkeitsmerkmale konnten nicht identifiziert werden. Auf der Grundlage von Befragungen (Holzbecher & Meschkutat, 1998) konnten jedoch individuelle Motive gefunden werden, die zu Mobbinghandlungen führen können, zum Beispiel Antipathien zwischen den Beteiligten. Herrscht ein hoher Leistungsdruck, schiebt man die eigenen Fehler Kolleginnen oder Kollegen in die Schuhe, um von seinen eigenen Defiziten abzulenken. Zu diesen Handlungen zählt auch, dass man Mitarbeiter, die in der Hierarchie eher unten angesiedelt sind, als Sündenbock und Blitzableiter benutzt. Frustrationen und Neidgefühle in der Gruppe zeigen sich häufig im Vorfeld von solchen Mobbinghandlungen. Das Streuen von Gerüchten ist eine der Strategien, die im Konkurrenzkampf mit Mitbewerbern um eine höhere berufliche Position eingesetzt wird. Oft weist der Mobbingtäter selbst eine hohe Leistungsorientierung auf. Mangelhafte Führungsqualitäten, Mangel an Zivilcourage und die Akzeptanz von Gewalt können Mobbingprozesse ebenfalls begünstigen.

Situative und organisationale Faktoren

147 Weitere Mobbingursachen sind auch in der Arbeitsumgebung zu suchen. Eine defizitäre Gestaltung der Arbeitsinhalte, der Arbeitsorganisation und der sozialen Prozesse einschließlich des Führungsverhaltens sind für die Entstehung von Mobbing nicht unerheblich. Gerade hier ist der Arbeitgeber gefragt. Gemäß Arbeitsschutzgesetz gehört es zu seinen Grundpflichten, alle arbeitsbedingten Gesundheitsgefahren zu ermitteln und Maßnahmen zur Prävention zu ergreifen. Konkret konnte beispielsweise chronischer Personalmangel als ein wesentlicher Faktor für Mobbing identifiziert werden. Permanente Überforderung und der damit einhergehende Leistungsdruck setzt die Beschäftigten unter Stress – ein idealer Nährboden für Mobbing. Umgekehrt kann auch die Unterforderung zu Mobbingaktionen führen. Dabei kann die unterforderte Person sowohl Mobbingopfer als auch Täter sein.

Mobbing kann ganz unterschiedliche Ursachen haben. Wichtig ist daher, dass nicht alle Mobbingfälle über einen Kamm geschoren werden. Vielmehr komm es darauf an, die speziellen Hintergründe jedes einzelnen Mobbingfalls zu analysieren, um so konkrete und vor allem zielführende Präventions- und Interventionsmaßnahmen ergreifen zu können.

3.2.2.12 Die Auswirkungen von Mobbing

Konsequenzen für Unternehmen und Gesellschaft

Nicht nur für die Betroffenen, auch für das Unternehmen selbst hat Mobbing   *148*
gravierende Folgen. Das Betriebsklima leidet, ebenso die Arbeitsqualität und letztlich die Wirtschaftlichkeit einer jeden Organisation und Verwaltung. Vorsichtige Schätzungen gehen davon aus, dass pro Mobbingfall für Unternehmen Kosten in Höhe von durchschnittlich 25.000 bis 30.000 Euro entstehen (Gunkel, 2002), unter anderem aufgrund erhöhter Fehlzeiten, erhöhter Fluktuation, verminderter Produktivität, Qualitätseinbußen sowie Kosten für Ersatzkräfte.

Andere Hochrechnungen gehen davon aus, dass alleine in Deutschland jährlich ein gesamtwirtschaftlicher Schaden von 15 Mrd. Euro durch Mobbing entsteht (Kollmer, 2002). Als volkswirtschaftliche Kosten schlagen beispielsweise unter anderem zu Buche: Krankschreibungen, Arztbesuche, Psychotherapie, Klinikaufenthalte, Kuren und vorzeitige Arbeitsunfähigkeitsrenten.

Körperliche Beschwerden und psychische Probleme

Bei den Opfern von Mobbing zeigen sich sowohl körperliche Beschwerden   *149*
als auch psychische Probleme. Bereits zu Beginn des Mobbingprozesses treten verstärkt Stresssymptome auf, z.B. Schlafstörungen, Depressionen und Magen-Darmprobleme. Weitere körperliche Beschwerden sind Kopfschmerzen, Übelkeit und Erbrechen, Appetitlosigkeit, Rückenschmerzen, Atemnot, Schwindelgefühl und Schweißausbrüche. Hinzu kommen psychische Probleme, die sich negativ auf das Wohlbefinden und die Leistung auswirken. Dazu zählen beispielsweise Konzentrationsprobleme, Gedächtnisstörungen, Selbstzweifel, Selbstunsicherheit, Weinkrämpfe, Gefühle der Verzweiflung, Selbstmordgedanken, paranoide Zustände und Alpträume – um nur einige zu nennen.

Leymann und Gustafsson (1996) kommen zu dem Ergebnis, dass Mob-   *150*
bingopfer nicht selten Symptome einer posttraumatischen Belastungsstörung aufweisen. Ein solches Trauma entsteht in der Regel, wenn ein miterlebtes belastendes Erlebnis, in der Regel ein Unfall, eine Naturkatastrophe oder ein Verbrechen, nicht mehr durch die alltäglichen psychischen Kräfte gemeistert werden kann. Menschen, die lebens- und existenzbedrohenden Erlebnissen ausgesetzt sind, wie es in Kriegen oder bei Katastrophen der Fall ist, zeigen ähnliche psychische und somatische Symptombilder. Demnach nimmt das er-

lebte psychische Trauma die mentalen Kräfte immer wieder in Anspruch, es kommt zu einem zwanghaften, stetigen Durchspielen des Erlebnisses („Gedankenterror"). Die Versuche, davon loszukommen, sind in den allermeisten Fällen vergeblich. Hält dieser Zustand an, spricht man spätestens nach ca. einem halben Jahr von einer posttraumatischen Belastungsstörung. Nach ein bis zwei Jahren fortgesetzten psychosozialen Drucks kommt es zur Vertiefung der Symptome, nach zwei bis vier Jahren zu chronischen Verläufen. Mobbing kommt in seinen Konsequenzen für das Opfer somit den Folgen gleich, die ein Unfall-, Katastrophen- oder Verbrechenserleben haben.

Mobbing wirkt sich nicht nur auf die betroffene Person, sondern auch auf deren privates Umfeld aus. Existenzängste übertragen sich oft auf den Ehepartner oder die Kinder. Schulversagen der Kinder und körperliche sowie seelische Symptome treten gehäuft in der Familie auf. Gereiztheit und Aggressionsbereitschaft überfordern das private Umfeld, Freundschaften werden belastet oder zerstört.

3.2.2.13 Handlungsmöglichkeiten für Opfer

Was kann man gegen Mobbing tun? Und wie kann man Mobbing am Arbeitsplatz vermeiden? Handeln – etwas gegen die ständigen Attacken tun – das ist das Wichtigste, was ein Mobbingopfer lernen und beherzigen muss. Mit Abwarten, sich mehr Anstrengen oder Hinunterschlucken tun sich die Opfer keinen Gefallen, denn Mobbing macht krank.

Aber was soll eine von Mobbing betroffene Person tun? Welche Möglichkeiten hat sie, sich zu wehren? Und was kann man als Außenstehender tun, wenn man Mobbing beobachtet oder ein Betroffener um Hilfe bittet?

Analyse der Situation

151 Sicherlich gibt es kein Patentrezept, wie man als Mobbingopfer vorzugehen hat. Gerade in einer solchen Situation ist es jedoch wichtig, einen kühlen Kopf zu behalten und Distanz zu schaffen, um die Situation so genau wie möglich zu analysieren. Hierzu ist es sehr hilfreich, sich an Leitfragen zu orientieren. Zunächst einmal sollte sich ein Mobbingopfer die Frage stellen, was genau passiert ist. Günstig ist, das Geschehene zu protokollieren. Dies schafft zum einen persönliche Klarheit, macht aber auch eine spätere Gegenwehr oder die Information eines Beraters bzw. Unterstützers einfacher. Es ist festzuhalten, was wann wo passiert ist, wer überhaupt agierte und wer sonst noch beteiligt war.

152 Daran anschließend sollte das Mobbingopfer überlegen, welche Ursachen es für die Mobbinghandlungen geben könnte und welchen Nutzen die Mobbing-

aktivitäten für den Mobber oder auch die Organisation haben könnten. Schließlich sollte das Opfer sich auch fragen, welche Hilfen genutzt werden könnten.

Ansätze für Hilfsmöglichkeiten

Viele von Mobbing Betroffene verhalten sich nicht passiv, sondern versuchen einen Ausweg aus dem Mobbingkreislauf zu finden und eine Aussprache herbeizuführen. Dabei können sich die Mobbingopfer an den Mobber selbst wenden, innerbetriebliche Möglichkeiten wahrnehmen oder die Unterstützung von Außenstehenden suchen. Zu den eher passiven Strategien zählen Maßnahmen zur persönlichen Bewältigung der Situation und zur Stressminimierung. *153*

• Gegenwehr gegenüber den mobbenden Personen

Betroffene können versuchen, sich aktiv gegen die mobbende Person zu wehren, beispielsweise durch ein offenes und direktes Ansprechen der Problematik, das Fragen nach Gründen, das Anbieten von Lösungsvorschlägen und natürlich die Aufforderung, das Verhalten zu unterlassen. Leider ist direkte Gegenwehr eher selten erfolgreich. Die angesprochenen Schikanen werden bagatellisiert und als Fantasie der Betroffenen abgetan. Dennoch ist es immer ratsam, möglichst früh eine Aussprache und Klärung zu fordern, um damit Grenzen zu setzen.

• Hilfe auf innerbetrieblicher Ebene

Innerbetrieblich kann sich die betroffene Person, sofern sie nicht den Anspruch oder die Kraft hat, selbst mit der Situation fertig werden zu wollen/können, beispielsweise an unbeteiligte Kollegen wenden. Unterstützung finden kann sie auch bei Vorgesetzten, dem Personalrat oder Mitgliedern der Interessenvertretung. Es ist in jedem Fall sinnvoll, sich „Verbündete" zu suchen und in diesem Sinne „Öffentlichkeitsarbeit" zu betreiben, das heißt, andere auf die erlebten Mobbinggeschehnisse aufmerksam zu machen. Durch die Thematisierung der Vorfälle kann es auch nochmals zu einer Überprüfung kommen. Handelt es sich tatsächlich um Mobbingattacken, oder ist die subjektive Wahrnehmung überzogen? *154*

• Hilfe von Außen

Hilfe und Unterstützung von Außen erhalten viele Betroffene an erster Stelle von ihrer Familie und von Freunden. Stellen, an die man sich außerdem wenden kann, sind Ärzte oder Psychologen. In der Mobbingbefragung von Meschkutat, Stackelbeck und Langenhoff (2002) wurden Mobbingopfer auch danach gefragt, inwieweit in Anspruch genommene Hilfe erfolgreich war. Da- *155* bei zeigte sich, dass für Mobbingopfer insbesondere professionelle Hilfe von Psychologen hilfreich war. Daran wird jedoch auch wieder der hohe Kostenfaktor deutlich, mit dem das Sozialversicherungssystem durch Mobbinghandlungen belastet wird, denn professionelle Hilfe ist selbstverständlich mit höheren Aufwendungen verbunden als eine individuelle bzw. innerbetriebliche Lösung.

156   Unter Umständen ist es auch ratsam, das Mobbinggeschehen aus arbeitsrechtlicher Perspektive von einem Juristen beleuchten zu lassen. In einem viel beachteten Grundsatzurteil hat das Landesarbeitsgericht Thüringen einem Mobbingopfer Schadensersatzansprüche gegenüber dem Arbeitgeber zugesprochen, da dieser seiner Fürsorgepflicht nicht nachgekommen war und den Mitarbeiter nicht ausreichend vor den Mobbingattacken geschützt hat.

Weitere externe Hilfsmöglichkeiten stellen Mobbingberatungsstellen oder Selbsthilfegruppen dar.

• Innere Strategien

157   Wenn Gegenmaßnahmen nicht fruchten oder gar nicht erst ergriffen werden, müssen Betroffene zunehmend Strategien entwickeln, damit sie die Situation „irgendwie" ertragen. Diese inneren Strategien helfen bei der Bewältigung der Mobbingattacken und tragen zur vorübergehenden Stressminimierung bei, auch wenn sie das eigentliche Problem nicht lösen. Hierzu gehören das Ignorieren der Situation, der Versuch durchzuhalten oder der Versuch, den oder die Mobber zu meiden. Alle diese Verhaltensmuster dokumentieren ein breites Spektrum an Hilflosigkeit. Leider verfolgen viele Mobbingopfer, aber auch die Beobachter eines solchen Geschehens, eine solche „Vogel-Strauß-Politik". Oftmals ist es ganz offensichtlich, dass eine Kollegin oder ein Kollege gemobbt wird. Die Reaktion darauf ist Schweigen. Hierfür sind viele Gründe denkbar. Vielleicht erscheint das Mobbing gerechtfertigt. Vielleicht will man aber auch gar nichts machen, weil Mobbing durchaus auch einen Unterhaltungswert hat. Mangelnde Zivilcourage, Angst, selbst in die Kritik zu geraten oder aber auch Gleichgültigkeit können weitere Gründe sein.

Handeln und Eingreifen erfordert natürlich auch, dass man die Handlungen zunächst einmal als Mobbing identifizieren muss. Lautstarke Auseinandersetzungen, Personalfluktuation, eine Zunahme von Kundenbeschwerden und Fehlzeiten, Arztbesuche während der Arbeitszeit, aber auch ein Auftragsrückgang, eine Häufung von Mitarbeiterbeschwerden oder eine mangelnde Beteiligung an sozialen Aktivitäten sind Anzeichen für Mobbing, die jeden Beobachter alarmieren und in diese Richtung denken lassen sollten.

158   Denn auch für Kolleginnen und Kollegen gibt es zahlreiche Handlungsmöglichkeiten: Sie können die betroffene Person ansprechen, sie können ihr raten,

sich Hilfe zu holen, sie können emotionale Unterstützung anbieten, sie können bei klärenden Gesprächen mit dem Mobbingtäter dabei sein, sie können Intrigen bewusst und öffentlich nicht unterstützen und Partei ergreifen, ein einseitiges Bild zurechtrücken und Mitläufer ansprechen und sensibilisieren.

Auch der Vorgesetzte sollte nicht mit geschlossenen Augen durch die Organisation gehen, sondern alarmiert sein, wenn Klatsch und Tratsch die Runde machen und er Mobbingaktivitäten beobachtet. Insbesondere Vorgesetzten kommt hier sowohl eine Vorbildfunktion als auch eine Fürsorgepflicht zu. *159*

3.2.2.14 Prävention von Mobbing

Um das Risiko von Mobbing schon im Vorfeld zu minimieren, gibt es auch *160*
für Organisationen selbst eine Reihe von Empfehlungen zur Gestaltung von innerbetrieblichen Prozessen. Ansatzpunkte dafür können die Arbeitsorganisation, die Personalauswahl und -entwicklung und auch Grundsätze der Führung und Arbeitsteilung sein. Zunächst soll auf die Arbeitsorganisation eingegangen werden.

Ein Nährboden für Mobbing sind Kompetenzüberschneidungen, quantita- *161*
tive Überlastung sowie eine qualitative Unterforderung. Raum für Selbst- und Mitbestimmung oder die ganzheitliche Planung von Arbeitsabläufen sind hingegen förderlich, um die Entstehung von Mobbing zu vermeiden. Bereits bei der Personalauswahl kann man einige vorbeugende Aspekte berücksichtigen. Es ist wichtig, die (potenziellen) neuen Mitarbeiter systematisch auf die organisatorischen Regeln und Gepflogenheiten hinzuweisen und Organisationsneulingen eine hinreichende und begleitende Einarbeitungszeit zu gewährleisten. Im Rahmen von Personalauswahlprozessen sollten auch immer die sozialen Kompetenzen neuer Mitarbeiter berücksichtigt werden (Böhm & Poppelreuter, 2003).

Personalentwicklung ist ein weiteres vorbeugendes Instrument, das Präventionsmöglichkeiten für Mobbing bietet. Hierzu gehören unter anderem Fortbildungsmöglichkeiten sowie ein transparentes, nachvollziehbares und faires System von Aufstiegsmöglichkeiten.

Führungskräfte spielen eine bedeutende Rolle bei der Vermeidung von *162*
Mobbingprozessen. Autoritäre Führung, viel Kritik, aber kein Lob sowie ein fachlich oder sozial überforderter Chef sind ungünstige Faktoren. Positiv wirkt es sich jedoch aus, wenn die Führungskraft erreichbare Ziele setzt, plant und strukturiert, Stärken und Schwächen der Mitarbeiter berücksichtigt, Betroffene informiert, motiviert und unterstützt, Erfolge honoriert, konstruktive Kritik übt und natürlich rechtzeitig eingreift, falls Konflikte zwischen Mitarbeitern eskalieren. Mobbingprävention und -intervention ist eine wichtige

Führungsaufgabe. Vorgesetzte sollten daher z.B. über Fortbildungsmaßnahmen sensibilisiert werden, Mobbing möglichst früh zu erkennen und durch entsprechende geeignete Maßnahmen zu unterbinden.

163 Weitere präventive Maßnahmen auf Seiten der Organisation sind (Eiselen & Nowosad, 1998):

- das Etablieren einer offenen Kommunikationskultur,
- das Einrichten von Unterstützungsstrukturen und -netzwerken,
- die Transparenz der Organisation,
- eine Aufgabenerweiterung und -bereicherung,
- eine klare Aufgaben- und Kompetenzabgrenzung,
- die Einrichtung von Qualitäts- und Gesundheitszirkeln,
- die Steigerung der Eigenverantwortung,
- Teamentwicklung in Arbeitsgruppen zur Verbesserung der Kooperation,
- eine Sensibilisierung der Mitarbeiter in Bezug auf Mobbingprozesse: Schulungen, Informationen auf Betriebsversammlungen,
- regelmäßige Mitarbeiter-Vorgesetzten-Gespräche zur Aufdeckung von möglichen Konflikten,
- die Vermittlung von Konfliktlösekompetenz bei den Mitarbeitern (Kommunikationstrainings, Anti-Stress-Programme),
- die Bestellung eines Mobbing- oder Konfliktbeauftragten.

164 In der Praxis bewährt haben sich auch Betriebsvereinbarungen zu Mobbing, die einen Verhaltenskodex für die Mitarbeiter, d.h. klare Spielregeln für alle Beteiligten enthalten. Weiterhin sind in einer solchen Betriebsvereinbarung auch Maßnahmen niedergelegt, die im Falle von Verstößen gegen den Verhaltenskodex ergriffen werden.

3.2.2.15 Fazit

Zusammengefasst lässt sich zum Thema Mobbing sagen:

- Mobbing ist ein relativ neuer Begriff, aber kein neues Phänomen. Wohl aber hat das Ausmaß des Mobbings in der Arbeitswelt in den letzten Jahren zugenommen.

- Es gibt keinen typischen Mobbing-Täter und auch kein typisches Mobbing-Opfer. Mobbing kann jeden treffen.

- Die Prävention von Mobbing und auch das Eingreifen bei zu Tage tretenden Mobbinghandlungen sind eindeutig Führungsaufgaben. Vorgesetzte sind wesentliche Moderatoren hinsichtlich der Entstehung und Vermeidung von Mobbing in Unternehmen und Organisationen.

• Vielfältige organisationale Maßnahmen sind denkbar, um Mobbingprozesse einzudämmen oder gänzlich zu verhindern. Es macht nicht nur ökonomisch Sinn, diese Potenziale auszunutzen. Der individuelle Schaden, der durch Mobbing entsteht, lässt eine umfassende Mobbingprophylaxe auch zu einer ethisch-moralischen Notwendigkeit werden.

3.2.3 Sexuelle Belästigung

Wie in entsprechenden Schulungsseminaren immer wieder deutlich wird, vermag kaum ein anderer Begriff derart hitzige Diskussionen (selbst unter Gleichstellungsbeauftragten) zu entfachen wie der, was denn nun eigentlich unter sexuelle Belästigung falle und was nicht. Eine vollständige „Liste" aller denkbaren konkreten Äußerungen, Handlungen und Situationen ist in diesem Zusammenhang aber weder wünschenswert noch hilfreich. Daher soll zunächst vor dem Hintergrund der aktuellen rechtlichen Rahmenbedingungen eine Begriffsabgrenzung vorgenommen werden, bevor näher auf Verbreitungsgrad von und Interventionsmöglichkeiten bei sexueller Belästigung eingegangen wird. *165*

3.2.3.1 Rechtliche Rahmenbedingungen

Mit einer 2005 in Kraft getretenen Richtlinie der Europäischen Union ist der Tatbestand der sexuellen Belästigung erstmals auf EU-Ebene definiert und zudem rechtlich festgeschrieben, dass sexuelle Belästigung eine Ungleichbehandlung aufgrund des Geschlechts ist. Arbeitgeber werden verpflichtet, vorbeugende Maßnahmen gegen sexuelle Belästigung am Arbeitsplatz jedweder Form zu ergreifen und im Unternehmen Betriebsprogramme über Gleichstellungsmaßnahmen aufzulegen, die jedem Beschäftigten zugänglich sein müssen. *166*

In Deutschland findet diese Richtlinie mit dem 2006 in Kraft getretenen Allgemeinen Gleichbehandlungsgesetz (AGG) ihre Umsetzung. Im Hinblick auf den Tatbestand der sexuellen Belästigung wird den Betroffenen, wie auch schon im Beschäftigtenschutzgesetz von 1994, ein Beschwerderecht zugesichert. Weiterhin besteht ein Recht auf Leistungsverweigerung bei vollem Entgeldbezug, wenn der Arbeitgeber keine oder offensichtlich unangemessene Maßnahmen zur Unterbindung der Belästigung ergreift, sowie auf (nunmehr in der Höhe unbegrenzten) Schadensersatz. *167*

3.2.3.2 Begriffsabgrenzung

168 Laut AGG liegt sexuelle Belästigung vor, „wenn ein unerwünschtes, sexuell bestimmtes Verhalten, wozu auch unerwünschte sexuelle Handlungen oder Aufforderungen zu diesen, sexuell bestimmte körperliche Berührungen, Bemerkungen sexuellen Inhaltes, unerwünschtes Zeigen oder Anbringen pornografischer Darstellungen gehören, bezweckt oder bewirkt, dass die Würde der betreffenden Person verletzt wird, insbesondere, wenn ein von Einschüchterungen, Anfeindungen, Erniedrigungen, Entwürdigungen oder Beleidigungen gekennzeichnetes Umfeld geschaffen wird" (Allgemeines Gleichbehandlungsgesetz, 2006, § 3 (4)).

169 Sexuelle Belästigung hat nichts mit freundschaftlicher Beziehung oder freiwillig eingegangenen Verhältnissen zu tun, sondern wird als Verhalten dem Opfer aufgezwungen, wobei es ihm schwer gemacht wird, seine Missbilligung zum Ausdruck zu bringen. Konkret können dies Bemerkungen oder Handlungen sein, die die Sexualität am Arbeitsplatz betonen, wie anzügliche Äußerungen über Kleidung und Figur oder das Anbringen pornografischer Darstellungen. Ebenfalls unter den Begriff fallen scheinbar zufällige Berührungen der Brust sowie das „Po-Klapsen" oder -Kneifen und Aufforderungen zu sexuellen Handlungen oder deren gewaltsame Erzwingung, weiterhin Verhaltensweisen, die eine Gehaltserhöhung oder Beförderung von der Bereitschaft zu sexuellem Kontakt abhängig machen.

170 Entscheidend ist in jedem Fall das subjektive Empfinden der Betroffenen. Wer sich sexuell belästigt fühlt, wird sexuell belästigt, unabhängig davon, ob der Belästiger dies „so gemeint" haben will oder nicht. So vage und dehnbar eine solche Begriffsabgrenzung auf den ersten Blick wirken mag, so klar ist doch im Einzelfall immer (auch für den Täter!), ob ein Verhalten sexuell belästigend oder eben ein „harmloser Flirt" ist. Folgende Serie von Fallbeispielen (Sadrozinski, 1991) mag dies verdeutlichen:

- Frau A, Anfang 20, läuft über den Büroflur. Sie trägt ein Kleid, das kurz über dem Knie endet. Ihr Kollege Z strahlt sie an und sagt in anerkennendem Ton: „Du bist heute aber schick. Das Kleid steht Dir wirklich gut." Frau A lacht und sagt: „Nicht wahr, das ist im Moment mein Lieblingsstück."

- Auf der Treppe trifft Frau A den Kollegen Y. Er ist 45 Jahre alt und seit über 10 Jahren im Unternehmen. Als er Frau A sieht, pfeift er ihr hinterher und sagt: „So ein kurzes Kleid könntest Du uns ruhig öfter mal servieren." Frau A fühlt sich peinlich berührt und würde gerne etwas Passendes entgegnen, aber ihr fällt so schnell keine schlagfertige Antwort ein.

- Frau A sucht in der Registratur eine Akte. Die Regale sind sehr eng gestellt. Kollege X, ein verheirateter Mann um die 40, sucht in der gleichen Regalreihe. Plötzlich beugt er sich mit den Worten „Moment, ich brauche diese Akte" über sie und berührt dabei scheinbar zufällig ihre Brust. Frau A ist irritiert. Herr X nimmt die Akte und geht weg, als sei nichts geschehen.

Im ersten Fall handelt es sich um ein Kompliment oder (wenn man möchte) einen kleinen Flirt, während das Verhalten des Kollegen im zweiten Beispiel eindeutig sexuell belästigend ist – auch wenn Herr Y sich vermutlich selbstsicher dahingehend verteidigen würde, dass er sich doch ebenso wie Herr Z nur anerkennend über das Kleid von Frau A geäußert habe, nicht habe ahnen können, dass sie so empfindlich sei etc. Ebenso sicher wird sich Kollege X aus dem dritten Beispiel fühlen: Es habe sich ja nur um eine zufällige Berührung gehandelt, man wird doch noch eine Akte hervorholen dürfen, eine Unverschämtheit, schließlich sei er verheiratet und so fort.

Diese Art, sich einen „ehrenvollen" Abgang zu garantieren, kennzeichnet *171* den typischen Belästiger: Er bewahrt sich immer die Möglichkeit, dem Opfer Halluzinationen oder Wunschdenken („Die träumt ja, das hätte sie wohl gerne") beziehungsweise fehlenden Sinn für Humor („Sie versteht ja überhaupt keinen Spaß") zu unterstellen. Gerne wird auch argumentiert, die Betreffende habe ein Verhalten ja geradezu herausgefordert („So wie die hier 'rumläuft"). So werden Beweislast wie Verantwortung auf das Opfer abgeschoben.

Dass es für Herrn X ein Leichtes gewesen wäre, Frau A zu bitten, einen Schritt zur Seite zu gehen oder ihm die Akte anzureichen, beziehungsweise sich, sofern die Berührung tatsächlich ungewollt war, sofort zu entschuldigen, muss ihm erst einmal jemand entgegenhalten. Viel wahrscheinlicher ist ohnehin, dass er den Vorfall rundheraus abstreitet – denn unter Zeugen findet sexuelle Belästigung am Arbeitsplatz höchst selten statt.

3.2.3.3 Zum Ausmaß sexueller Belästigung an Arbeitsplätzen im deutschen Sprachraum

Eine 1991 veröffentlichte Studie im Auftrag des Bundesministeriums für *172* Jugend, Frauen, Familie und Gesundheit (Holzbecher, 1990) legte erstmals umfassende Zahlen und Fakten zur Lage in Deutschland vor. Seither ist hierzulande keine vergleichbar umfangreiche, vielschichtige und repräsentative Untersuchung durchgeführt worden. Aktuellere Studien, unter anderem eine ebenfalls umfangreiche Befragung aus der Schweiz, werden weiter unten geschildert. Ein zentrales Ergebnis der Arbeit von Holzbecher (1990) betrifft das Ausmaß der Betroffenheit von sexueller Belästigung am Arbeitsplatz. Eine

Teilstudie, die branchenübergreifende Befragung von 1.204 Arbeitnehmerinnen aus unterschiedlichsten Tätigkeitsbereichen, zeigte, dass 93 Prozent der Befragten über Erfahrungen mit sexueller Belästigung am Arbeitsplatz zu berichten hatten. Selbst wenn man die Art von Vorkommnissen abzieht, die nur von weniger als 50 Prozent der Stichprobe als Belästigung klassifiziert wurden (anzügliche Witze, hinterher Pfeifen, Anstarren, zufällige Körperberührungen), verbleibt, dass 72 Prozent aller befragten Arbeitnehmerinnen mit sexueller Belästigung einschlägige Erfahrungen am Arbeitsplatz machen mussten.

Konkret heißt dies: Jede zweite Befragte musste sich anzügliche Bemerkungen über ihre Figur oder ihr Sexualleben anhören, jede dritte wurde mit unerwünschten Einladungen mit eindeutiger Absicht, mit Po-Kneifen oder pornografischen Darstellungen am Arbeitsplatz konfrontiert. Jede fünfte hat bereits erlebt, dass ihr überraschend an die Brust gefasst wurde, jede sechste wurde Opfer aufgedrängter Küsse oder belästigender Briefe und Telefonate. Jede zehnte wurde schon einmal zum Geschlechtsverkehr aufgefordert, wobei jede zwanzigste berufliche Nachteile angedroht bekam, falls sie sich verweigerte, und schließlich jede dreißigste gewaltsam zu sexuellen Handlungen gezwungen wurde.

173   Eine im Frühjahr 2000 durchgeführte Studie zur sexuellen Belästigung am Ausbildungsplatz (DGBJ, 2000) an 1.062 weiblichen Auszubildenden aus 22 Münchner Berufsschulen bestätigt diese Ergebnisse im Wesentlichen. 42 Prozent der minderjährigen (!) Auszubildenden berichten von sexuellen Belästigungen. Bei den 18–19-Jährigen sind es 49 Prozent, bei den über 19-Jährigen dann wieder etwas weniger. Besonders häufig wurden anzügliche Bemerkungen (44 %), Po-Kneifen oder -Klapsen (27 %), sowie unerwünschte Einladungen mit eindeutiger Absicht (19 %) und das Zeigen pornografischer Bilder am Arbeitsplatz (18 %) genannt. Die Belästigungen gingen in den meisten Fällen (60 %) von Arbeitskollegen aus, aber auch von Mitschülern, Kunden, Vorgesetzten und Ausbildern/Lehrern. Besonders häufig waren Berufsschülerinnen in technischen Berufen und im Handwerk, in Gastroberufen und der Hotelbranche sexueller Belästigung ausgesetzt.

Die Alltäglichkeit der Belästigungen wird auch darin deutlich, dass in beiden Studien als häufigste Belästigungssituation „bei der Arbeit" beziehungsweise „am Arbeitsplatz" genannt wird. Die weit verbreitete Vorstellung, sexuelle Belästigung fände überwiegend an dunklen, abgelegenen Orten statt, muss somit schlicht als falsch verworfen werden (vgl. Holzbecher, 1990).

174   Neuere Daten liegen aus der Schweiz vor, wo erstmals eine nationale Studie zu Risiko und Verbreitung von sexueller Belästigung am Arbeitsplatz vorgelegt wurde (Eidgenössisches Büro für die Gleichstellung von Frau und Mann

EBG und Staatssekretariat für Wirtschaft SECO, 2008). Die zwischen Ende 2006 und Ende 2007 telefonisch durchgeführte Befragung von insgesamt 2.020 Beschäftigten ergab, dass 55 Prozent der Frauen und 49 Prozent der Männer in ihrem bisherigen Erwerbsleben einer oder mehrere der vorgegebenen Verhaltensweisen erlebt haben. 31 Prozent der Frauen und 29 Prozent der Männer berichteten von Vorfällen, die im Zeitraum des letzten Jahres lagen. Am häufigsten waren dabei, ähnlich den Ergebnissen aus Deutschland, abwertende oder obszöne Sprüche oder Witze, Nachpfeifen und Anstarren, obszöne Gesten etc. sowie unerwünschte abwertende oder obszöne Briefe oder E-Mails. Unerwünschte pornografische Bilder, unerwünschter Körperkontakt sowie unerwünschte Einladungen mit sexueller Absicht und Begrabschen oder Küssen erreichten mittlere Verbreitungswerte. Sexuelle Übergriffe, Vergewaltigung und sexuelle Erpressung werden am seltensten berichtet.

Abzugrenzen vom reinen Erleben bestimmter Verhaltensweisen ist die subjektive Betroffenheit. Auf die Frage, ob sie sich in den vergangenen zwölf Monaten sexuell belästigt gefühlt hätten, antworteten 1,2 Prozent der Befragten mit ja, bezogen auf ihr gesamtes Erwerbsleben waren es 11,3 Prozent. Weitere 5,4 Prozent empfanden eine der aufgeführten Situationen als störend oder unangenehm, bezogen auf das gesamte Erwerbsleben betrifft dies 7,6 Prozent.

3.2.3.4 Typische Opfer, typische Täter?

Grundsätzlich kann sexuelle Belästigung am Arbeitsplatz jeden treffen. Dennoch zeigen sich einige Auffälligkeiten: Vielfach sind Frauen betroffen, die nicht verheiratet und zwischen 20 und 30 Jahren alt sind. Sie befinden sich noch in der Ausbildung oder der Probezeit, sind erst kurz oder auch nur als Aushilfe im Betrieb. Es ist also ein Personenkreis betroffen, der sich besonders schlecht wehren kann: Die Betreffenden verfügen noch nicht über ein festes soziales Netz in der Kollegenschaft und wissen als „Neue" nur wenig über die „Gepflogenheiten" im Betrieb, sind also zusätzlich besonders leicht zu verunsichern. Vielfach trifft sexuelle Belästigung auch Frauen, die in so genannten typischen Männerdomänen arbeiten (z. B. Kfz-Mechanikerinnen, Polizistinnen), wobei gern ins Feld geführt wird, dass sie sich wohl schon an den rauen Ton gewöhnen müssten, wenn sie hier „ihren Mann stehen" wollten. *175*

Demgegenüber sind die Täter häufig Männer im Alter zwischen 40 und 50 Jahren, die verheiratet sind und Kinder haben und bereits seit mehr als zehn Jahren dem Betrieb angehören. Sie arbeiten in gefestigten Positionen und sind nicht selten im Betrieb bereits als Belästiger bekannt. Diese Konstellation von Täter- und Opfer-Merkmalen macht deutlich, dass es bei sexueller Belästigung viel weniger um Sexualität oder zwischenmenschliche „Annäherung" geht als um eine Machtdemonstration älterer Männer gegenüber jüngeren *176*

Frauen, die gewissermaßen auf ihren Platz verwiesen und eingeschüchtert werden sollen.

Die Mehrheit der Belästiger sind gleichgestellte männliche Kollegen beziehungsweise Mitschüler, an zweiter Stelle werden mit jeweils (!) 20 Prozent Vorgesetzte und Ausbilder genannt, Personen also, zu denen die Belästigte in einem formalen Abhängigkeitsverhältnis steht (Holzbecher, 1990; DGBJ, 2000).

Je nach Branche und Tätigkeit spielt auch sexuelle Belästigung durch Kunden oder Patienten eine nicht unerhebliche Rolle. Schließlich wurden immerhin drei Prozent der Belästigungsvorfälle durch Mitglieder des Betriebs- oder Personalrates begangen, durch Personen also, die den Opfern eigentlich als vertrauenswürdige Ansprechpartner zur Verfügung stehen sollten.

177 Die Ergebnisse der Schweizer Erhebung weisen in die gleiche Richtung (EBG und SECO, 2008). Jüngere Arbeitnehmer unter 35 waren deutlich häufiger sexuellen Belästigungen ausgesetzt, ein Effekt, der bei den Frauen besonders stark ausfällt. Was das Geschlecht des Belästigers angeht, erleben Frauen überwiegend Belästigung durch Männer, es folgt mit großem Abstand gemischtgeschlechtliche Urheber/innenschaft. Bei Männern geht die Belästigung in etwa der Hälfte der Fälle von Männern aus, gemischtgeschlechtliche und von Frauen initiierte Belästigung wurde von je einem Viertel berichtet. Die gravierenden Formen wie sexuelle Erpressung, Begrabschen/Küssen und unerwünschte Einladungen mit sexueller Absicht allerdings erleben Männer wie Frauen nahezu ausnahmslos durch das jeweils andere Geschlecht. Kollegen stehen auch hier als Urheber der Belästigung an erster Stelle, gefolgt von Kunden/Klienten/Patienten. Vorgesetzte spielen bei den Frauen eine Rolle, Männer erleben kaum Belästigung durch Vorgesetzte. Dies mag in erster Linie daran liegen, dass sich nach wie vor relativ wenige Frauen in Führungspositionen befinden.

3.2.3.5 Auswirkungen auf Gesundheit und berufliche Situation

178 Dass die Erfahrung insbesondere wiederholter sexueller Belästigung zu enormen psychischen und gesundheitlichen Problemen führt, ist offenkundig. Gefühle wie Angst, Ekel und Wut belasten die Betroffenen, sie zweifeln häufig an der eigenen Wahrnehmung und leiden unter Scham- und Schuldgefühlen. Häufig können diese Gefühle nicht offen gezeigt werden, ohne dass weitere Schikanen und Demütigungen drohen. Die Unterdrückung dieser Emotionen sowie erhöhte Empfindsamkeit, tiefes Misstrauen nicht nur gegen den/die Täter sondern auch gegen andere Kollegen, Aggressivität und ein geschwächtes Selbstvertrauen gehen mit psychosomatischen Beschwerden einher. Die Opfer

berichten über chronische Kopfschmerzen, Schweißausbrüche, Magenbeschwerden sowie über gravierende Schlaf- und Essstörungen. Weitere langfristige Folgen sind die Ablehnung des eigenen Körpers, selbst zugefügte körperliche Verletzungen und Depressionen (Holzbecher, 1990).

Es fällt den Betroffenen schwer, sich auf die Arbeit zu konzentrieren, sie verlieren den Spaß an ihrer Tätigkeit und haben Angst, dass man ihnen ihre Verunsicherung anmerkt. Zweifel an der eigenen Belastbarkeit und Berufseignung („Das gehört als Sekretärin nun mal dazu") schränken die Arbeitsfähigkeit zusätzlich ein. In der Folge verschlechtert sich die Arbeitsatmosphäre, es kommt zu Klatsch und Schikanen, die erneut Ängste, Verunsicherung und Isolation nach sich ziehen. Die Symptomatik ist denen von Mobbing-Opfern in weiten Teilen ähnlich, gerade was langfristige Folgen angeht (vgl. Abschnitt 3.2.2.12).

Gelingt dem Opfer nicht rechtzeitig, sich anderen anzuvertrauen und/oder bei den kompetenten Stellen Rat und Unterstützung zu holen, gerät es in einen Teufelskreis, da die Unsicherheit die Täter zunehmend provoziert.

3.2.3.6 Sexuelle Belästigung von Männern

Obwohl recht selten, werden auch Männer Opfer sexueller Belästigung am *179* Arbeitsplatz, zumeist durch gleichrangige, etwa gleich alte Personen beiderlei Geschlechts. Im Gegensatz zu Frauen berichten die betroffenen Männer jedoch weit weniger über Gefühle der Erniedrigung und Herabwürdigung, obwohl auch sie natürlich verunsichert und peinlich berührt sind. Sie geben an, sich in den meisten Fällen erfolgreich gewehrt zu haben, erleben sexistische Übergriffe offenbar als weniger bedrohlich und können entsprechend angstfreier und selbstbewusster reagieren als die weiblichen Opfer.

3.2.3.7 Umgang mit sexueller Belästigung

Wie gehen die Betroffenen insgesamt mit sexueller Belästigung um und wie *180* können sie dabei unterstützt werden? In den erwähnten Untersuchungen (Holzbecher, 1990; DGBJ, 2000) fand sich, dass die befragten Frauen sich gerne häufiger in aktiver und direkter Weise gegen sexuelle Belästigung wehren würden, als dies letztlich in der Situation auch gelungen ist. Aktive Strategien wie den Belästiger zur Rede zu stellen, sich körperlich zu wehren, sich zu beschweren oder mit Beschwerde zu drohen werden aber zugleich als weitaus wirksamer eingeschätzt als indirekte Taktiken wie ignorieren, scherzhaftes Lösen der Situation oder Meiden des Belästigers.

Etwa die Hälfte der Betroffenen gab an, sich mit weiblichen Kolleginnen *181* ausgesprochen zu haben, jeweils ein Drittel nannte Freundinnen und den Partner als Gesprächspartner. Demgegenüber traten nur 20 Prozent der befragten Frauen an den eigenen Vorgesetzten und ganze zwei Prozent an den Betriebs- oder den Personalrat heran (Mehrfachantworten waren möglich). 13 Prozent der Opfer schließlich sagten aus, mit überhaupt niemandem über die Belästigungserfahrung(en) gesprochen zu haben; in der Untergruppe der Sekretärinnen waren dies gar 32 Prozent (Holzbecher, 1990). Diese Zahlen belegen, dass vier von fünf Betroffenen die Angelegenheit gewissermaßen „privat" zu bewältigen versuchen. Bei den Auszubildenden der Münchener Studie waren es mit 16 Prozent der Betroffenen noch weniger, die eine offizielle Beschwerde einreichten (DGBJ, 2000).

182 Dass das Vertrauen der befragten Frauen in „interne" Problemlösungen noch immer gering, ist, hat eine ganze Reihe von guten Gründen. Auch wenn gesetzlich festgeschrieben ist, dass eine Beschwerde über sexuelle Belästigung mit keinerlei Nachteilen für die Betroffene einhergehen darf, ist die Angst vor eben solchen Nachteilen groß: Angst, nicht ernst genommen oder der Übertreibung oder Lüge bezichtigt zu werden, Angst, der Lächerlichkeit preisgegeben, der Rufschädigung oder des Querulantentums bezichtigt zu werden bringt die Opfer dazu, teilweise eher selbst zu kündigen als den Belästiger anzuzeigen. Diese Ängste spiegeln die Abwehrmechanismen der Täter (bildet sich was ein; hätte sie wohl gerne; hat keinen Humor; will sich rächen) ebenso wie die der Zeugen (Bagatelle; überempfindlich; missglückter Liebesbeweis; so wie die sich kleidet, ist sie selbst schuld; Unruhestifterin) wider und haben somit leider eine durchaus reale Grundlage.

3.2.3.8 Was kann man als Betroffene(r) tun?

183 Sich gegen sexuelle Belästigung zu wehren erfordert Mut und Selbstvertrauen, zumal die Täter oft das Überraschungsmoment „auf ihrer Seite haben". Entscheidend für eine erfolgreiche Gegenstrategie ist, dass die Opfer nicht resignieren, wenn ihnen nicht direkt eine schlagfertige Antwort einfällt, sondern gegebenenfalls am Tag darauf erneut zu dem Belästiger gehen und ihn zur Rede stellen. Je direkter und geradliniger die Gegenwehr, desto weniger Raum bleibt für Schönfärberei und Gerüchte.

Hier einige konkrete Empfehlungen, die Betroffenen an die Hand gegeben werden können und sich in der Praxis bewährt haben:

• Die Belästigung sollte energisch und direkt zurückgewiesen werden, und zwar in Form einer Aufforderung, nicht einer Frage oder Bitte („Fassen Sie mich nicht an!", „Hör auf mich immer so anzustarren!", „Ich möchte nicht geküsst werden!"). Eine für den Täter erkennbare Ablehnung seines Verhaltens ist nicht zuletzt rechtlich ausschlaggebend für die Abgrenzung zum harmlosen Flirt.

- Ebenso effektiv ist es, den Belästiger bloßzustellen, indem man z.B. nachfragt, was er mit seinem Verhalten bezwecke. Dabei sollte man sich nicht mit weiteren Sprüchen abspeisen, verunsichern oder lächerlich machen lassen, sondern auf einer Antwort beziehungsweise Entschuldigung beharren.

- Wesentlich auch für eventuelle weitere juristische Schritte ist es, Beweise zu sichern, den Tathergang, z.b. in Tagebuchform schriftlich festzuhalten, was sich wann, wo und wie genau abgespielt hat, und sich wenn möglich Zeugen zu suchen.

- Es entlastet die Belästigten enorm, mit Personen ihres Vertrauens zu sprechen und sich Verbündete am Arbeitsplatz zu suchen. Vielleicht geht es ja noch mehr Kolleginnen so.

- Das Beratungs- und Unterstützungsangebot von kompetenten Ansprechpartnern wie der Gleichstellungsbeauftragten, dem Betriebs- oder Personalrat, dem eigenen Vorgesetzten, der Gewerkschaft, dem Berufsverband oder einer außerbetrieblichen Beratungsstelle in Anspruch zu nehmen ist oft der entscheidende Schritt zur Beendigung der Belästigung. Einschlägige Beratungsstellen sind in jeder mittelgroßen Stadt zu finden und beispielsweise im Internet verzeichnet.

- Der Arbeitgeber muss einer Beschwerde über den Täter nachgehen und angemessene Maßnahmen einleiten. Weiterhin sollte bei der Polizei Anzeige erstattet und in jedem Fall vorher juristische Beratung eingeholt werden.

Eine sehr bewährte Maßnahme ist es auch, dem Belästiger einen Brief zu schreiben (Sadrozinski, 1991). Die Schriftform verleiht dem Anliegen besonderen Nachdruck und erspart dem Opfer zugleich die persönliche Konfrontation, die viele Betroffene scheuen, da sie sich zu verletzt und verunsichert fühlen und fürchten, nicht die richtigen Worte zu finden. Wichtig ist, dass der Brief höflich, gelassen und präzise formuliert ist. Wer sich bei diesem Vorhaben Unterstützung sucht, hat zugleich einen Zeugen dafür, dass der Brief auch wirklich geschrieben und zugestellt wurde, falls es später zu einem Verfahren kommt. Eine Kopie sollte unbedingt bei der Belästigten verbleiben. *184*

Folgende Gestaltungsmerkmale kennzeichnen einen wirksamen Brief:

- Die konkrete Belästigungssituation wird mit Datum, Ort, Umständen, genauem Wortlaut der Äußerung geschildert, ohne bewertet zu werden (z.B. „Gestern, am Mittwoch den 15. Mai, haben Sie mich, als ich Ihnen Unterlagen brachte, in den Po gekniffen und geäußert, Sie ‚könnten schon mal ein gutes Wort für mich einlegen, wenn ich nicht immer so kühl sei‘“).

- Die Gefühle, die der Vorfall hervorrief, werden benannt (z. B. „Das war mir sehr unangenehm und ich habe mich angeekelt gefühlt." „Ich kann mich seitdem kaum noch auf meine Arbeit konzentrieren.").
- Der Belästiger wird aufgefordert, sein Verhalten sofort einzustellen (z. B. „Ich möchte von Ihnen weder berührt noch auf meine Sexualität angesprochen werden.", „Ich erwarte künftig eine rein berufliche Beziehung sowie eine gerechte Beurteilung meiner Leistungen." oder auch „Ich gehe davon aus, dass Sie die genannten Bilder umgehend aus unserem gemeinsamen Büro entfernen.").
- Es wird eine Frist gesetzt („Ich erwarte binnen einer Woche eine Stellungnahme oder Entschuldigung von Ihnen.") und auch deutlich gemacht, dass die Unterzeichnende nicht davor zurückschreckt, weitere Schritte zu unternehmen (z. B. „Andernfalls sehe ich mich gezwungen, Ihren Vorgesetzten von diesen Vorfällen in Kenntnis zu setzen.").

185 Ein Vorteil des Briefes an den Belästiger ist, dass der Täter nicht in die Enge getrieben wird, sondern Gelegenheit erhält, selbst (z. B. durch eine Entschuldigung) einen Schlussstrich zu ziehen und eine Eskalation zu vermeiden. Weiterhin wird ihm vor Augen geführt, dass sein Opfer sich durchaus zu wehren weiß und ihm ernsthafte Konsequenzen drohen, wenn er sein Verhalten nicht ändert.

3.2.3.9 Was kann das Umfeld tun?

186 Es wird deutlich, dass Führungskräfte und betriebliche Ansprechpartner in besonderem Maße gefragt sind, ihre Vertrauenswürdigkeit, Kompetenz und Handlungsbereitschaft im Zusammenhang mit sexueller Belästigung am Arbeitsplatz zu kommunizieren und umzusetzen. Hier herrschen immer noch eine starke Unsicherheit und ein Hang zum Wegschauen, zur Bagatellisierung und Tabuisierung, wo klare Grenzen und Sanktionen gefordert sind.

Konkret kann bereits das Auslegen entsprechenden Informationsmaterials mit weiterführenden Adressen (wie es z. B. bei Gleichstellungsräten der Stadt, Ministerien und anderen öffentlichen Stellen kostenlos erhältlich ist) Sensibilität und Offenheit für die Thematik signalisieren. Diese Form der Unterstützung ist für die Betroffenen gleichermaßen diskret und anonym wie hilfreich. Eine weitere Möglichkeit besteht darin, Themenabende zu organisieren oder eine Projektgruppe zu bilden, die eine Dienst- oder Betriebsvereinbarung zu sexueller Belästigung erarbeitet und deren Umsetzung begleitet.

187 Insbesondere besteht die Aufgabe von Vorgesetzten und betrieblichen Ansprechpartnern darin, Betroffene im Zweifelsfall (z. B. auf eigene Beobachtun-

gen oder Gerüchte zu Belästigungsvorfällen hin) anzusprechen und ihnen Gesprächsbereitschaft und Unterstützung zuzusichern, ihnen also beispielsweise ganz konkret beim Verfassen eines Briefes an den Belästiger oder bei einer offiziellen Dienstbeschwerde zur Seite zu stehen. Der Besuch eines Schulungsseminars zum Thema ist dringend zu empfehlen. Weiterhin ist es für Führungskräfte und Ansprechpartner wichtig, die Grenzen ihrer eigenen Handlungsmöglichkeiten zu kennen und den Betroffenen gegenüber aufzuzeigen, sie also rechtzeitig an juristische oder psychotherapeutische Fachkräfte weiter zu vermitteln.

Darüber hinaus ist natürlich die gesamte Belegschaft gefordert, einer belästigerfreundlichen Atmosphäre am Arbeitsplatz konsequent entgegenzuwirken, indem beobachtete Vorfälle weder aktiv (z. B. durch Mitlachen über sexuell anzügliche Witze und Sprüche) noch passiv (durch Ignorieren) mitgetragen werden. Dies gilt in ganz besonderem Maße für Belästigungen durch Ausbilder, Vorgesetzte und andere Personen mit Personalverantwortung, zu denen das Opfer in einem dienstlichen Abhängigkeitsverhältnis steht oder wenn das Opfer gar minderjährig ist. *188*

3.3 Personale Belastungen

Unter dem Oberbegriff „personale Belastungen" fassen wir alle Faktoren, die *189* weder unmittelbar im physikalischen Umfeld der Tätigkeit (apersonale Belastungsfaktoren) noch im sozialen Miteinander am Arbeitsplatz (interpersonale Arbeitsfaktoren) liegen, sondern die ihre besondere Dynamik „innerhalb" der betroffenen Person entfalten. Damit soll keinesfalls nahe gelegt werden, dass die Betroffenen ursächlich verantwortlich für diese Belastungen sind oder die alleinige Verantwortung für deren Bewältigung tragen. In den folgenden Unterkapiteln werden intensive emotionale Belastungen besprochen, wie sie aus besonderen Merkmalen der Tätigkeit resultieren können, weiterhin Belastungen durch kritische Lebensereignisse und Ängste und die Phänomene Burnout und Arbeitssucht als Folge und Ursache von extremen Belastungen. Das letzte Kapitel dieses Abschnittes ist dem zunehmend bedeutsamen Thema „Work-Life-Balance" gewidmet.

3.3.1 „Psychische Erste Hilfe" bei intensiven emotionalen Belastungen am Arbeitsplatz

Tätigkeiten, die überwiegend durch soziale Kontakte geprägt sind, können zu *190* psychischen Belastungen führen. Darüber hinaus werden in jüngster Zeit emotionale Belastungen am Arbeitsplatz zunehmend im Zusammenhang mit besonderen Not-, Konflikt- oder Krisensituationen diskutiert. Es gibt eine nicht unerhebliche Gruppe von Berufen, in denen die Arbeitnehmer mehr oder minder häufig mit besonderen Belastungssituationen konfrontiert sind. Auf der Hand liegt dies beispielsweise für Polizisten, Rettungskräfte der Feuerwehr oder Sanitäter. Diese werden häufig dann gerufen, wenn es zu außergewöhnlichen Situationen (Unfällen, Überfällen, Umwelt- oder Naturkatastrophen etc.) gekommen ist. Die herbeigerufenen Helfer müssen dann professionell und schnell Entscheidungen treffen und in angemessenes Verhalten umsetzen, sie müssen aber auch Beteiligte schützen, versorgen und ggf. trösten. Dabei berichten Helfer immer wieder über die erheblichen Belastungen, die sich aus dieser Tätigkeit ergeben. Das miterlebte Leid, die Angst und Trauer der Beteiligten, die erheblichen Konsequenzen solcher außergewöhnlichen Ereignisse, all' das erfordert auch auf Seiten der Helfer eine Aufarbeitung und Verarbeitung, um schädigende Konsequenzen aus der Arbeitstätigkeit insbesondere für den psychischen Gesundheitszustand zu vermeiden. Maßnahmen zur Verarbeitung solcher durch Unfälle, Verbrechen und Katastrophen gegebenen Belastungen am Arbeitsplatz werden unter dem Stichwort „Psychische Erste Hilfe", „Krisenintervention" oder „Traumataprävention" zusammengefasst (Bengel, 2004).

191   Mehr und mehr geraten aber auch andere Berufsgruppen in den Anwendungsbereich der „Psychischen Ersten Hilfe". So ist z.B. an die Mitarbeiter von Finanzdienstleistungsunternehmen, aber auch Einzelhandelsgeschäften und Tankstellen zu denken, die in der Gefahr stehen, Opfer eines Überfalls zu werden (Poppelreuter & Wetzels, 2000). Die Deutsche Bahn AG hat spezielle Hilfs- und Unterstützungsangebote für Mitarbeiter des fahrenden Personals vorbereitet für den Fall, dass diese Augenzeuge eines Suizids werden. Nicht zuletzt können aber auch Millionen anderer Arbeitnehmer in eine Situation geraten, die psychische erste Hilfe nötig macht, beispielsweise wenn sie Betroffener oder Beteiligter eines Arbeitsunfalls werden (Gasch & Lasogga, 1994; Lasogga & Gasch, 2006).

3.3.1.1 Emotionale Arbeit als spezielle emotionale Belastung

192   Vom Konzept der emotionalen Belastung ist die emotionale Arbeit abzugrenzen. Emotionale Arbeit ist bei Tätigkeiten erforderlich, deren Ausübung bestimmte, in der Regel demonstrativ nach außen gezeigte positive Gefühlszustände erfordert. Beispiele sind Flugbegleiter, Krankenpflegepersonal, Erzieher oder Ärzte. Berufe dieser Art erfordern emotionale Arbeit. So wird von Flugbegleiterinnen erwartet, dass sie bei der Ausführung ihrer Tätigkeit stets ein freundliches Lächeln den Passagieren entgegenbringen, obwohl die eigenen Gefühle, die eigene Stimmungslage einem derartigen Gesichtsausdruck möglicherweise im Wege stehen. Dieses Verhalten über Stunden und gegenüber jedem Passagier zu zeigen ist emotionale Arbeit, die gleichsam zu einer emotionalen Belastung werden kann (Hochschild, 2006).

Krankenpflegepersonal und Ärzte sollten im Sinne des therapeutischen Er- *193* folges und des menschlichen Umgangs ein freundliches, einfühlsames und anteilnehmendes Verhalten Patienten gegenüber zeigen, gleichgültig wie sie sich selbst fühlen. Ärzte sowie Kranken- oder Altenpflegepersonal können sowohl emotional belastet als auch durch Rollenerwartungen zu emotionaler Arbeit gezwungen sein. Gewissermaßen liegt hier sogar eine emotionale Doppelbelastung vor. Dauerhaft sind emotionale Belastungen nur bewältigbar und emotionale Arbeit nur möglich, wenn vom Arbeitgeber entsprechende Unterstützungsstrukturen geschaffen werden. Beispiele sind Supervision oder krisentherapeutische Hilfen wie sie bei Feuerwehrleuten geleistet werden. Psychische erste Hilfe ist somit jedoch nicht nur ein Konzept, dessen Anwendung sich bei außergewöhnlichen Ereignissen oder nur für besondere Berufsgruppen anbietet (Bengel, 2004). Auch bei dauerhafter emotionaler Belastung, und diese dürfte in einer Dienstleistungsgesellschaft bei viel mehr Berufsgruppen als bislang erwähnt gegeben sein, sind entsprechende unterstützende Maßnahmen wichtig und zielführend, um das vorzeitige Ausbrennen der Mitarbeiter zu verhindern.

3.3.1.2 Kritische Lebensereignisse

Emotionale Belastungen, die mit kritischen Lebensereignissen verbunden *194* sind, kommen im Leben eines jeden Menschen vor, sie lassen sich nicht vermeiden. Beispiele sind der Tod von nahen Angehörigen, schwere Krankheiten oder Unfälle, Trennung oder Scheidung. Psychiater der University of Washington School of Medicine haben schon vor über 40 Jahren zur Ermittlung der von kritischen Lebensereignissen ausgehenden Belastungen eine Schätzskala für 43 verschiedene angenehme und unangenehme Lebensereignisse entwickelt (Rahe & Holmes, 1966). Demnach ist das Risiko einer ernsthaften Erkrankung innerhalb der nächsten zwei Jahre dann zu erwarten, wenn der individuelle LCU ("Life Change Unit" = Lebensveränderungseinheit) Wert einer Person 300 LCU-Punkte überschreitet. Anhand von Tabelle 3.3.1.2.1 kann man den individuellen LCU-Wert abschätzen und damit die Wahrscheinlichkeit einer erhöhten Krankheitsanfälligkeit infolge von sogenannten kritischen Lebensereignissen bemessen.

Tab. 3.3.1.2.1: Kritische Lebensereignisse und deren Stressrelevanz
(Rahe & Holmes, 1966)

Ereignis	Punkte auf Belastungs-skala	Ereignis	Punkte auf Belastungs-skala
Tod des Ehepartners	100	Schwierigkeiten mit den Schwiegereltern	29
Scheidung	73	Außergewöhnlicher persönlicher Erfolg	28
Trennung vom Ehepartner	65	Arbeitsbeginn oder -niederlegung des Ehepartners	26
Gefängnisstrafe	63	Schuleintritt/-austritt	26
Tod eines nahestehenden Familienmitglieds	63	Veränderungen in den (äußeren) Lebensbedingungen	25
Verletzung oder Krankheit	53	Korrektur der eigenen Lebensgewohnheiten	24
Heirat	50	Ärger mit Vorgesetzten	23
Entlassung aus dem Arbeitsverhältnis	47	Veränderungen der Arbeitszeit oder Arbeitsbedingungen	20
Wiederversöhnung in der Ehe	45	Wohnsitzwechsel	20
Eintritt in den Ruhestand	45	Schulwechsel	20
Erkrankung eines Familienmitglieds	44	Veränderung, die Freizeit/Erholung betrifft	19
Schwangerschaft	40	Veränderung in kirchlichen Aktivitäten	19
Sexuelle Probleme	39	Veränderung in gesellschaftlichen Aktivitäten	18
Neues Familienmitglied	39	Hypothek unter $ 10.000,-	17
Berufliche Neuorientierung	39	Veränderte Schlafgewohnheiten	16
Veränderung finanzielle Verhältnisse	38	Mehr oder weniger Familienzusammenkünfte	15
Tod eines engen Freundes	37	Veränderte Essgewohnheiten	15
Beruflicher Wechsel	36	Urlaub	13
Mehr Streit mit dem Ehepartner	35	Weihnachten	12
Hypothek über mehr als $ 10.000,-	31	Kleine Gesetzesübertritte	11
Verfall von Hypothek/Darlehen	30		
Veränderte Verantwortung im Arbeitsbereich	29		
Kind verlässt das Elternhaus	29		

Die Erkenntnisse von Rahe und Holmes (1966) haben zu vielfältigen kritischen Diskussionen über die Brauchbarkeit des LCU-Wertes geführt. Auch
wenn feststeht, dass das Konzept aus methodischen und theoretischen Gründen – und inzwischen wohl auch aus Aktualitätsgründen – mit Skepsis betrachtet werden muss, so verdeutlicht der LCU-Wert aber, dass sich sowohl
negative wie auch positive kritische Lebensereignisse belastend auf die Gesundheit auswirken können. Zudem wird deutlich, dass auch regelmäßig wiederkehrenden Ereignissen wie z.b. Weihnachten ein bestimmtes negatives
Stresspotenzial nicht abgesprochen werden kann.

Bei von gravierenden und/oder unerwartet auftretenden kritischen Lebensereignissen betroffenen Personen können sich Schockreaktionen, Trauer, Nie-
dergeschlagenheit, Ängste oder Depressionen als Reaktion einstellen. Häufig
kommt es dadurch auch zur Arbeitsunfähigkeit. Wird in einer solchen Verfassung weiterhin gearbeitet, kann sich die Unfallgefährdung erhöhen, während sich die Arbeitsleistung verringert. Im Sinne der Fürsorgepflicht sind
Vorgesetzte gefordert, gefordert in mehrfacher Hinsicht:

• Führungskräfte müssen einfühlsam mit emotional belasteten Mitarbeitern
  umzugehen verstehen. Fähigkeiten in der Gesprächsführung, die sich sowohl an dem sachlich Notwendigen als auch an der emotionalen Verfassung
  des Mitarbeiters orientieren, sollten beherrscht werden.

• Die Situation muss bezüglich der Arbeitsfähigkeit des Mitarbeiters eingeschätzt werden. Aufgrund der Fürsorgepflicht des Arbeitgebers kann es
  notwendig werden, dass der Arbeitnehmer, der seine Tätigkeit vorüber-
  gehend nicht mehr ausführen kann, vom Arbeitsbetrieb freigestellt werden
  muss, weil beispielsweise die erforderliche Konzentrationsleistung nicht
  mehr erbracht wird. Es darf durch emotionale Belastungen zu keiner Selbst-
  oder Fremdgefährdung des Mitarbeiters kommen. Die Feststellung der
  Arbeitsfähigkeit wird von Vorgesetzten als schwierig empfunden, insbesondere dann, wenn die Arbeitsbereitschaft beim Mitarbeiter weiterhin vorhanden ist.

• Notwendige Maßnahmen sind einzuleiten. Abweichend vom Urlaubsplan
  kann z.B. eine vorübergehende Arbeitsbefreiung notwendig werden.

Durch solche Maßnahmen, die eindeutig in den Zuständigkeitsbereich der
Vorgesetzten und Führungskräfte fallen, können nicht nur Folgeschäden aus
einem psychisch belastenden Ereignis vermieden werden. Es hat sich auch gezeigt, dass ein solches Führungsverhalten nachhaltig positive Auswirkungen
auf die Arbeitsmotivation der Mitarbeiter hat. Dem Vorgesetztenverhalten
kommt motivationspsychologisch betrachtet im Umgang mit Belastungs- und
Krisensituationen eine Schlüsselfunktion zu (Poppelreuter, 2003).

3.3.1.3 Belastungen durch Ängste

198 Angst ist wie Wut, Freude oder Traurigkeit eine grundlegende Emotion, die Menschen aller Kulturen gemeinsam ist. Die Fähigkeit Angst zu empfinden ist uns angeboren, sie soll uns normalerweise vor Gefahren schützen. Danach sind Ängste vorübergehende Erscheinungen, die verschwinden, wenn eine Bedrohung oder Gefahr vorüber ist. Für viele Menschen sind Ängste jedoch zu dauerhaften Begleitern geworden. Diese Ängste haben dann andere Ursachen, sie sind Zeichen von unbewältigten Konflikten, seelischen Spannungen oder andauernden psychischen Belastungen.

199 Die Erscheinungsformen dieser Ängste sind sehr unterschiedlich:

- Sie können diffus und ohne erkennbare Ursache sein, z.B. als Begleiterscheinung von Konflikten.
- Sie können in Zusammenhang mit Belastungssituationen auftreten, z.B. dem Verlust des Arbeitsplatzes, der Übertragung neuer Aufgaben oder bevorstehenden Prüfungen.
- Sie können in Zusammenhang mit Alkohol, Drogen oder Medikamenten stehen.
- Sie können Begleiterscheinungen von Krankheiten sein, z.B. Schilddrüsenüberfunktion, Tumore, Epilepsie.
- Sie können in Zusammenhang mit bestimmten Orten, Objekten oder Menschen stehen, z.B. geschlossenen Räumen, Menschenansammlungen, Spinnen, Flugzeugen, Dunkelheit oder anderem.

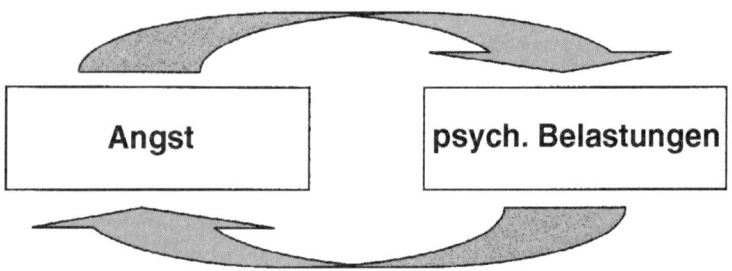

Abb. 3.3.1.3.1: Wechselseitiger Zusammenhang von Angst und psychischen Belastungen

200 Ängste selbst, seien sie rational oder irrational begründet, führen schnell zu psychischen Belastungen. Treten Ängste wiederholt auf, kann sogar eine Angst vor der Angst entstehen. Ängste führen zu Belastungen, ebenso wie Belastungen zu Ängsten führen können (Abbildung 3.3.1.3.1). Sie können durch

Befürchtungen negativer Ereignisse oder Entwicklungen hervorgerufen werden, obwohl das Angst auslösende Ereignis noch nicht eingetreten ist, kann bereits die Angst davor real sein.

In einer jährlich durchgeführten repräsentativen Umfrage der R+V Versi- *201*
cherung (2008) wurden auch im Jahr 2007 wieder über 2.400 Bundesbürger ab 14 Jahren zu deren Ängsten befragt. Tabelle 3.3.1.3.1 gibt die sieben größten Ängste der Deutschen im Überblick wieder.

Tab. 3.3.1.3.1: Die sieben größten Ängste der Deutschen im Jahr 2007

1. Anstieg der Lebenshaltungskosten   66 %
2. Naturkatastrophen   59 %
3. Pflegefall im Alter   53 %
4. Schwere Erkrankung   51 %
5. Überforderung der Politiker   51 %
6. Terrorismus   50 %
7. Schlechte Wirtschaftslage   48 %

Im Vergleich der letzten Jahre sind die Sorgen der Deutschen insgesamt leicht gesunken. Die zentralen Ergebnisse der Untersuchung lauten (R+V Versicherung, 2008):

• Angst um die Lebenshaltungskosten nach wie vor Spitzenreiterin

Die Angst vor steigenden Lebenshaltungskosten ist nach wie vor die Spitzenreiterin in der Tabelle. Die Deutschen werden durch diese Angst seit der Einführung des Euro im Jahre 2002 am meisten beschäftigt.

• Furcht vor Terror und Naturkatastrophen am stärksten gestiegen

Im Vergleich zu 2006 ist die Furcht vor terroristischen Anschlägen am stärksten gestiegen und liegt jetzt auf Platz sechs. Jeder zweite Deutsche fürchtet den weltweiten Terror. Diese Angst vor Terrorismus wird vor allem dadurch bedingt, dass Deutschland Zielgebiet des internationalen Terrorismus geworden ist, dass die Medien verstärkt vom Terror berichten und die Politik die Bekämpfung des Terrors auf ihre Tagesordnung setzt. Weiter hat die Angst vor Naturkatastrophen im Vergleich zu 2006 stark zugenommen. 59 Prozent der Deutschen Bevölkerung fürchtet sich vor einer Naturkatastrophe. Angesichts der Tatsache, dass verheerende Stürme, Überschwemmungen und Dürre immer mehr zunehmen, erstaunt es nicht, dass die Angst vor Naturkatastrophen auf Platz zwei der Tabelle liegt.

- Persönliche Sorgen treten in den Vordergrund

Die persönlichen Sorgen haben mit Platz drei und vier an Bedeutung gewonnen. 53 Prozent der Deutschen befürchten später pflegedürftig zu werden, 51 Prozent der Deutschen befürchten schwer zu erkranken. Diese Furcht mag wohl dadurch bedingt sein, dass die Deutschen registrieren, dass der Staat wider Erwarten nicht in der Lage ist eine Rundumversorgung zu leisten. Viele Bundesbürger haben es bislang versäumt, sich mit der Eigenvorsorge auseinander zu setzen.

- Zuversichtliche Wirtschaftslage

Am stärksten gesunken sind die wirtschaftlichen Sorgen. So liegen diese nur noch auf Rang sieben. Die Wirtschaftsängste wurden durch den Konjunkturaufschwung und das allgemein bessere Wirtschaftsklima vermindert. Mit dieser verbesserten Konjunkturlage geht auch eine bessere Beurteilung der Politiker einher. So fürchten nur noch 51 Prozent der Deutschen, dass die Politiker mit ihrer Aufgabe überfordert sind.

202 Solche Umfragen belegen, dass Ängste vielfältig sein können, aus verschiedenen Lebensbereichen stammen und sich ebenso auch in unterschiedlichen Lebensfeldern auswirken können. Schätzungen zufolge verursacht die Angst von Mitarbeitern einen volkswirtschaftlichen Schaden von jährlich etwa 50 Milliarden Euro. Es handelt sich dabei im Wesentlichen um die Angst vor Arbeitslosigkeit und die Angst vor Fehlern bei der Arbeit. Dadurch wird produktives und kreatives Arbeiten verhindert. Fehlzeiten und Krankheiten sind ebenso die Folge wie Tabletten- oder Alkoholkonsum. Das Resultat ist verminderte Arbeitsleistung und damit auch verminderte Wertschöpfung (Panse & Stegmann, 2001). Mittlerweile gibt es Hinweise, dass die Globalisierung der Wirtschaft bei immer mehr Menschen zu Angstgefühlen führt, weil sie ihr Schicksal nicht mehr in der Hand zu haben glauben. Kosten durch Ängste können am besten dadurch vermieden werden, dass die Ängste selbst vermieden werden. Wie kann das, bezogen auf die Arbeits- und Berufswelt, erreicht werden?

- Sicherheit und Transparenz

203 Wenn Angst die Folge von Unsicherheit ist, dann muss ein Mindestmaß an Sicherheit geschaffen werden. Sicherheit lässt sich in Zeiten vielfältiger und schneller Veränderungen nur erreichen, wenn Mitarbeiter frühzeitig informiert und möglichst ebenso frühzeitig an Entscheidungsprozessen beteiligt werden. Die Schaffung von Transparenz und die Beteiligung von Mitarbeitern ist originär als Führungsaufgabe zu verstehen, die insbesondere kommunikative Kompetenzen auf Seiten des Vorgesetzten erfordert. Gerade in Zeiten größer werdender Unsicherheiten und wachsender Risiken für den

Einzelnen müssen Führungskräfte sensibel auf die Ängste ihrer Mitarbeiter eingehen können, um diesen angemessen zu begegnen (Poppelreuter, 2003).

• Ansprechpartner

Durch die Einrichtung von Sozialen Ansprechpartnern oder die Einführung 204
z. b. eines Mitarbeiterberatungstelefons können Kommunikationsangebote für die Mitarbeiter geschaffen werden, die ihnen helfen können, ihre persönlichen Belastungen am Arbeitsplatz, aber auch in ihrem privaten Umfeld (denn auch diese wirken sich häufig empfindlich auf die individuelle Arbeitsleistung und -fähigkeit aus) anzusprechen. So wird Führungskräften dabei geholfen, Mitarbeitern in psychosozialen Problemlagen angemessen zu begegnen, zum anderen werden Mitarbeiter seitens des Arbeitgebers aktiv unterstützt und bleiben dadurch häufig in ihrer Arbeits- und Leistungsfähigkeit erhalten (Poppelreuter & Gallisch, 2002).

• Coaching

Auf der Ebene der Führungskräfte hat sich das Angebot individueller Coa- 204
chingmaßnahmen als hilfreiches Instrument zur Erhaltung der Arbeits- und Leistungsfähigkeit der Vorgesetzten bewährt. Im Rahmen solcher Einzel- oder Gruppencoachingmaßnahmen werden auch individuelle Belastungs- und Verunsicherungsfaktoren der Führungskräfte innerhalb und außerhalb der Arbeitswelt thematisiert und bearbeitet (Rauen, 2005).

• Therapeutische Hilfe

Lassen sich auch durch Interventionen seitens der Führungskraft, durch in- 205
dividuelle Kommunikationsangebote oder durch Coachingmaßnahmen Ängste auf Seiten der Mitarbeiter nicht beseitigen, sollte in Einzelfällen auch die Hinzuziehung eines therapeutischen Spezialisten, in der Regel eines psychologischen Psychotherapeuten, in Erwägung gezogen werden. Dies setzt allerdings einen besonderen Leidensdruck und damit auch eine Therapiebereitschaft auf Seiten des Betroffenen voraus.

3.3.2 Burnout als Ursache und Folge von Belastungen

3.3.2.1 Begriffsbestimmung

Burnout bezeichnet ursprünglich ein Phänomen, das insbesondere in den so 206
genannten „helfenden Berufen" auftritt (z.B. Ärzte, Seelsorger, Psychotherapeuten), also bei Menschen, die im Rahmen ihrer Berufstätigkeit Dienstleistungen an anderen oder für andere Menschen erbringen. Der Begriff Burnout wurde in den 70er Jahren vom amerikanischen Psychoanalytiker H. J. Freudenberger (1974) geprägt und bedeutet übersetzt soviel wie „ausbrennen"

oder „ausgebrannt sein". Darunter ist zu verstehen, dass ursprünglich motivierte und engagierte Mitarbeiter sich im Laufe ihres Berufslebens in ihrer Einstellung und ihrem Verhalten verändern und zu reizbaren, demotivierten Kollegen werden, die ihren eigenen Leistungsstandard nicht mehr halten können. Es kommt bei den Betroffenen zu körperlichen Symptomen wie Erschöpfung, Kopfschmerzen und Schlaflosigkeit, aber auch negativen Gestimmtheiten und einer distanzierten bis zynischen Einstellung zur Arbeit und zu den Patienten, Klienten oder Kunden.

207   Burnout wurde zum Synonym für physische und psychische Befindensbeeinträchtigungen bei Beratungs- Pflege- und Betreuungstätigkeiten (Frieling, Sonntag & Stegmaier, 2012). Für die betroffenen Mitarbeiter und deren Kollegen bedeutet diese Entwicklung eine in mehrerer Hinsicht schädliche Belastung. Inzwischen wird Burnout nicht nur bei den „helfenden Berufen", sondern auch im Dienstleistungssektor und im produzierenden Gewerbe beobachtet. Die Beschreibung des Begriffs Burnout durch Fengler (2002, S. 89) trägt dieser erweiterten Perspektive Rechnung und geht sogar noch darüber hinaus: „Burnout ist die akute oder chronifizierte Anpassungsreaktion in der Folge von kurzzeitigem oder lang anhaltendem Stress in den äußeren oder inneren Lebensbedingungen. Burnout ist multifaktoriell bedingt durch Belastungen, die in der Person selbst, im Privatleben, in Zielgruppen der Arbeit, Team und Kollegenkreis, Vorgesetzten, Institutionsfaktoren und gesellschaftlichen Gegebenheiten liegen. Burnout tritt auf, wenn die Belastung als hoch, dauerhaft oder unausweichlich erlebt wird und weder durch Bewältigung noch durch Erholungszeiten hinreichend gemildert oder ausgeglichen werden kann. Es ist durch Erlebnisse geistiger, emotionaler, körperlicher und sozialer Erschöpfung, durch den Eindruck verminderter Leistungsfähigkeit und durch Entfremdung gekennzeichnet. Zu seiner Behebung bedarf es einer einmaligen oder längerfristigen Intervention auf einer oder mehreren der o.g. sieben Ebenen, die die Person in Eigeninitiative oder mit Unterstützung durch fachliche Hilfe vornehmen kann."

3.3.2.2 Phasen der Burnout-Entwicklung

208 Burnout ist in seinem Verlauf als schleichender Prozess zu charakterisieren, der in mehrere Phasenabschnitte zu unterteilen ist und im Endzustand zu

- emotionaler Erschöpfung,
- Depersonalisation und zu
- verringerter Leistungsfähigkeit führt.

In Bezug auf die Verlaufsform gibt es unterschiedliche Annahmen. So gehen Edelwich und Brodsky (1980) von insgesamt fünf chronologischen Phasen im Verlauf einer von Burnout geprägten Berufskarriere aus:

1. Stadium der idealistischen Begeisterung,
2. Stadium der Stagnation,
3. Stadium der Frustration,
4. Stadium der Apathie,
5. Interventionsphase.

Danach stellen überhöhte Erwartungen der Berufsanfänger zu Beginn der Tätigkeit gewissermaßen die erste Phase dar, in der es nach einiger Zeit zu einer Desillusionierung kommt, da die realen Arbeitsbedingungen nicht den anfänglichen Erwartungen entsprechen. In der Phase der Stagnation kommt es zu einem Motivationsverlust, wobei sich die Arbeitsleistungen nur noch an dem Notwendigen orientieren. Wenn in diesem Stadium Veränderungen ausbleiben, wenn soziale Unterstützung nicht stattfindet und die finanzielle und berufliche Perspektive keinen Ausgleich schafft, ist der Übergang in die dritte Phase, das Stadium der Frustration vorprogrammiert. Der Betroffene stellt die Sinnhaftigkeit seiner Tätigkeit in Frage. Die Krankheitsanfälligkeit nimmt zu, die persönlichen Ausfallzeiten steigen. Mitunter wird Ausschau nach einer neuen Tätigkeit gehalten und nicht selten wird mit einer neuen Ausbildung geliebäugelt. Wenn diese Probleme nicht offenkundig werden, wenn sie tabuisiert werden, wenn es dadurch zu keiner Veränderung kommt und auch keine Aussicht darauf besteht, kann sich das Stadium der Apathie anschließen, das von einer gewissen Hoffnungslosigkeit, emotionaler Gleichgültigkeit und Resignation gekennzeichnet ist.

Betroffene äußern in diesem Stadium etwa Folgendes:

„Ich kann machen was ich will, es ändert sich ja doch nichts."

„Die da oben können machen was sie wollen, mir ist das doch egal."

Bei Kunden- oder Klientenkontakt besteht die Gefahr des betriebsschädigenden Verhaltens. So kann es vorkommen, dass offen über die eigene Tätigkeit geklagt oder dass unfreundliches Verhalten gezeigt wird. Mit einer Zunahme krankheitsbedingter Fehlzeiten ist zu rechnen.

Das fünfte Stadium bezieht sich auf Behandlungsmöglichkeiten zum Abbau von Burnout. Ansatzpunkte zur Intervention bestehen auch in den vorhergehenden Stadien, sofern es eine Art Früherkennungssystem, ein sensibles soziales Umfeld oder eine offene Kommunikationskultur in der Organisation gibt.

Die Phasen sind nicht genau voneinander zu trennen, ebenso können keine Aussagen über die Zeitdauer der jeweiligen Phasen gemacht werden. Es ist jedoch davon auszugehen, dass es Jahre dauert, bis die dritte oder vierte Phase erreicht ist. Allerdings scheint es so zu sein, dass es durch gehäufte Vorfälle frustrierender Ereignisse auch in kürzeren Zeitspannen zu Burnouterleben kommen kann.

210 Fengler (2002) geht von acht Stufen der Burnout-Entwicklung aus:

1. Die Mitarbeiter beginnen mit besonderem Idealismus, Enthusiasmus und Engagement ihre Arbeit.

2. Sie spüren jedoch nach einiger Zeit, dass sie überfordert sind und den eigenen Leistungsansprüchen nicht gerecht werden.

3. Darüber wird die Freundlichkeit den Kunden/Klienten/Patienten gegenüber geringer, die Anstrengung wird größer.

4. Der Mitarbeiter empfindet hier aber auch Schuldgefühle wegen seines nach seinem Erachten unzureichenden Verhaltens.

5. Es werden vermehrt Anstrengungen unternommen, die Arbeit rasch und effizient zu erledigen, dabei aber auch freundlich zu sein.

6. Die Überforderung wird dadurch jedoch nicht bewältigt, sondern noch verstärkt.

7. Der Mitarbeiter erlebt sich selbst als zunehmend hilflos, denn das praktizierte Verhalten führt nicht zum gewünschten Ergebnis. Hoffnungslosigkeit und Abneigungsgefühle gegenüber der Arbeit nehmen zu. Es kann zu Phasen der Apathie kommen.

8. Schließlich kommt es zum Burnout mit den bekannten Symptomen: Selbstbeschuldigung, Flucht, Zynismus, Sarkasmus, psychosomatische Reaktionen, Fehlzeiten, unsinniges, spontanes Verhalten, Unfälle, Dienst nach Vorschrift usw.

211 Freudenberger und North (1997) unterscheiden zwölf Phasen eines Burnoutprozesses, die nicht immer in dieser Reihenfolge ablaufen müssen:

1. Einstieg in die neue Arbeitstätigkeit mit hohem Ehrgeiz und Verbissenheit (z.B. „Denen werde ich es schon zeigen!").

2. Steigerung des Energie- und Zeitaufwandes für die Arbeit einhergehend mit weniger Beachtung der eigenen Bedürfnisse.

3. Dieser Konflikt wird verdrängt.

4. Die Bedürfnisse, die nicht beruflicher Natur sind, verlieren nahezu ihre Bedeutung.

5. Dieser Verzicht wird häufig nicht mehr wahrgenommen („mir fehlt doch nichts") und die Überarbeitung verleugnet.

6. Das Denken und Verhalten wird immer inflexibler und intoleranter.

7. Orientierungslosigkeit (nicht immer von außen erkennbar) macht sich bemerkbar.

8. Es kommt zu einer völligen Kritik-Unfähigkeit, jegliche Flexibilität geht verloren.

9. Zunehmende Unfähigkeit, die eigenen Bedürfnisse wahrzunehmen.

10. Angstgefühle oder Suchtverhalten treten auf (bei Selbstständigen z.B. auch Existenzangst).

11. Sinnlosigkeit und Desinteresse prägen das Tun.

12. Völlige, unter Umständen auch lebensbedrohliche Erschöpfung stellt sich ein.

Die Vielfalt der unterschiedlichen Burnout-Phasen und deren divergierende Beschreibungen dokumentieren, dass der Forschungsgegenstand noch nicht exakt genug definiert ist. Offensichtlich besitzt das Burnout-Syndrom einen Prozesscharakter, der jedoch noch eingehender zu erforschen und empirisch besser abzusichern ist.

3.3.2.3 Ursachen von Burnout

Inzwischen wird in der Forschung zunehmend akzeptiert, dass die Arbeits- *212* bedingungen bei der Entstehung von Burnout eine wichtige Rolle spielen. Lange Zeit galt Burnout als Ausdruck individuellen Fehlverhaltens oder einer individuellen Disposition. „Globalisierung", „Standortsicherung" und „Verschlankung" bringen immer mehr und immer anspruchsvollere Arbeit mit sich, fordern immer mehr Flexibilität und steigern die Angst um den Arbeitsplatz. Das führt zu enormen psychosozialen Belastungen. Obwohl noch viele Fragen ungeklärt sind, gilt in der Burnout-Forschung als wahrscheinlich, dass es zwischen Arbeitssituation und Persönlichkeit eine dynamische Wechselwirkung gibt: Es gibt bestimmte gefährdete Menschen in einer immer stärker gefährdenden Arbeitswelt.

Weinert (2004) betrachtet Burnout als ein durch Stress verursachtes Prob- *213* lem. Quellen des Stresses können sowohl im beruflichen als auch im privaten Bereich liegen. In Anlehnung an Fengler (2002) lassen sich sieben Belastungsbereiche identifizieren, die einen Beitrag zur Burnout-Entwicklung leisten können:

1. Eigenschaften der betroffenen Person. Biographische Prägung und persönliche Neigung führen dazu, dass Selbstüberlastung und Selbstausbeutung im Alltag kumulieren.

2. Partnerschaft und Freundeskreis sowie das gesamte Privat- und Freizeitleben sind so organisiert, dass sie zu Stress führen. Private Probleme (Trennung, Konflikte mit den Kindern etc.) belasten.

3. Die Kunden/Patienten/Klienten, mit denen der Mitarbeiter am Arbeitsplatz zu tun hat, stellen eine unter Umständen tägliche Belastung dar.

4. Teams oder der Kollegenkreis sind stressauslösend. Ein unangenehmes Arbeitsklima beeinträchtigt das Wohlbefinden.

5. Das Vorgesetztenverhalten wirkt für den Betroffenen stressend.

6. Institutionsfaktoren wie Effizienzdruck, unangenehme Arbeitsumgebung, Vielarbeit, mangelndes Personal und anderes mehr fallen belastend ins Gewicht.

7. Gesellschaftliche Rahmenbedingungen, vor allem wirtschafts- und sozialpolitischer Natur, können den Belastungsgrad noch erhöhen (Angst vor Arbeitslosigkeit etc.).

3.3.2.4 Wie kann Burnout erkannt werden?

214 Das Verhalten bei Personen mit Burnout-Symptomatik ist, wie oben beschrieben, durch die drei Hauptmerkmale „emotionale Erschöpfung", „Depersonalisation" und „reduzierte persönliche Leistungsfähigkeit" gekennzeichnet. Die damit einhergehenden Symptome sind vielfältigster Art und reichen von Auffälligkeiten im körperlichen Bereich (z.B. erhöhter Blutdruck, Atembeschwerden, Magen-Darm-Probleme, Kopf- und Rückenschmerzen) über psychische Symptome (z.B. Konzentrations- und Gedächtnisschwäche, Depressivität, Substanzmissbrauch) bis hin zu sozialen Problemen (z.B. reduzierte Anteilnahme an anderen, Konflikte mit Kollegen und Angehörigen, Rückzugsverhalten und zunehmende Isolation).

215 Von Kollegen oder Vorgesetzten können Einzelsymptome nur erkannt werden, wenn sie sich im Verhalten des betroffenen Mitarbeiters zeigen. Allein aufgrund der wahrgenommen Symptome ist ein Rückschluss auf Burnout allerdings unzulässig. Auch der Mitarbeiter selbst muss zu Wort kommen. Darüber hinaus gibt es eine Reihe von Fragebogeninstrumenten, die zur Erfassung von Burnout eingesetzt werden können. Das Maslach-Burnout-Inventory (MBI) von Maslach und Jackson (1981, 1986) ist das bekannteste und am weitesten verbreitete Instrument zur Erfassung von Burnout. Eine deutsche Version des Maslach Burnout Inventory (MBI-D) wurde von Büssing und Perrar (1992) entwickelt und überprüft. Kasten 3.3.2.4.1 gibt eine in Anlehnung an dieses Instrument entwickelte Screening-Version zur Selbst- oder Fremdbeurteilung wieder. Dabei ist deutlich darauf hinzuweisen, dass solche Screening-Instrumente in ihrer diagnostischen „Beweiskraft" keinesfalls überschätzt, sondern eher als Möglichkeit und Anreiz verstanden werden sollten, sich mit den eigenen Burnout-Problemen oder denen anderer Personen auseinanderzusetzen. Neuere Studien prüfen, ob die im Maslach-Burnout-Inventory (MBI) benutzten Skalen, wirklich angebracht sind, um Burnout zu erheben. Schaufeli und Salanova (2007) beispielsweise kommen zu dem Schluss, dass es angebrachter wäre anstelle von einer im MBI benutzten Effizienzskala eine Ineffizienzskale zu nehmen, um Burnout zu erheben.

Kasten 3.3.2.4.1: Fragebogen zum Burnout (in Anlehnung an Büssing & Perrar, 1992)

Im Folgenden werden einige Aussagen zu Ihrem Arbeitsverhalten und Arbeitserleben im Umgang mit Kunden (Kollegen, Mitarbeitern) gemacht. Bitte kreuzen Sie an, inwieweit Sie den Aussagen zustimmen. Addieren Sie zum Schluss Ihre Gesamtpunktzahl.

1 = stimme voll und ganz zu – 5 = stimme überhaupt nicht zu

1.	Ich fühle mich durch meine Arbeit ausgebrannt.	1	2	3	4	5
2.	Der direkte Kontakt mit Menschen bei meiner Arbeit belastet mich zu stark.	1	2	3	4	5
3.	Den ganzen Tag mit Menschen zusammen zu arbeiten, ist für mich wirklich anstrengend.	1	2	3	4	5
4.	Ich fühle mich von den Problemen meiner Kunden persönlich betroffen.	1	2	3	4	5
5.	Ich glaube, dass ich manche Kunden so behandele, als wären sie unpersönliche Objekte.	1	2	3	4	5
6.	Ich fühle mich durch meine Arbeit emotional erschöpft.	1	2	3	4	5
7.	Ich habe nicht das Gefühl, dass ich durch meine Arbeit das Leben anderer Menschen positiv beeinflusse.	1	2	3	4	5
8.	Ich bin in schlechter Stimmung, wenn ich intensiv mit meinen Kunden gearbeitet habe.	1	2	3	4	5
9.	Ich glaube, dass ich nicht mehr weiter weiß	1	2	3	4	5
10.	Bei der Arbeit gehe ich mit emotionalen Problemen nicht gelassen genug um.	1	2	3	4	5
11.	Ich habe ein ziemlich unbehagliches Gefühl wegen der Art und Weise, wie ich manche Kunden behandelt habe.	1	2	3	4	5
12.	Am Ende eines Arbeitstages fühle ich mich verbraucht.	1	2	3	4	5
13.	Es fällt mir schwer, eine entspannte Atmosphäre mit meinen Kunden herzustellen.	1	2	3	4	5
14.	Ich fühle mich müde, wenn ich morgens aufstehe und an den bevorstehenden Arbeitstag denke.	1	2	3	4	5
15.	In vieler Hinsicht fühle ich mich ähnlich wie meine Kunden.	1	2	3	4	5
16.	Ich fühle mich schlapp.	1	2	3	4	5
17.	Ich gehe ziemlich erfolglos mit den Problemen meiner Kunden um.	1	2	3	4	5

18.	Ich habe das Gefühl, dass ich an meinem Arbeitsplatz zu hart arbeite.	1	2	3	4	5
19.	Ich fühle mich durch meine Arbeit frustriert.	1	2	3	4	5
20.	Ich habe das Gefühl, dass Kunden mir die Schuld für ihre eigenen Probleme geben.	1	2	3	4	5
21.	Ich habe in meiner Arbeit kaum etwas erreicht.	1	2	3	4	5
22.	Ich befürchte, dass meine Arbeit mich emotional verhärtet.	1	2	3	4	5
23.	Es fällt mir schwer, mich in meine Kunden hinein zu versetzen.	1	2	3	4	5
24.	Es ist mir wirklich egal, was mit meinen Kunden passiert.	1	2	3	4	5
25.	Seitdem ich diese Arbeit ausübe, bin ich gefühlloser im Umgang mit Menschen geworden.	1	2	3	4	5

≤ 44 Punkte:
sehr hohe Burnout-Gefährdung, Maßnahmen dringend erforderlich
45–64 Punkte:
hohe Burnout-Gefährdung, Maßnahmen erforderlich
65–84 Punkte:
mittlere Burnout-Gefährdung, Schwachstellenanalyse und Gegensteuern empfehlenswert
85–125 Punkte:
niedrige Burnout-Gefährdung, Schwachstellen reflektieren

3.3.2.5 Verbreitung von Burnout

216 Zur bevölkerungsbezogenen Häufigkeit von Burnout-Syndromen gibt es keine zuverlässigen Informationen. Ursache hierfür sind die erheblichen Unterschiede in den Lebenssituationen der Betroffenen. Zu bedenken ist auch, dass die Übergänge von der Burnout-Symptomatik zur Depression meist fließend sind. Für unterschiedliche Berufsgruppen schwanken die Angaben zur Burnout-Häufigkeit deutlich. Alle Prävalenzangaben müssen letztlich jedoch mit Skepsis betrachtet werden, da es (noch) an einheitlichen Diagnosekriterien zur Erfassung von Burnout fehlt. Zur Übertragbarkeit von Burnout-Symptomen auf andere Personen wird vermutet, dass dies auf bestimmte Burnout-Syndrome zutrifft. Die Übertragbarkeit von einigen Burnout-Syndromen wird zusätzlich durch die zur betroffenen Person empfundene Ähnlichkeit erhöht (Bakker, Westman & Schaufeli, 2007). Insofern kann Burnout auch „aufdeckend" sein, worauf durch angemessene Maßnahmen auch auf Teamebene reagiert werden sollte.

3.3.2.6 Was kann bei vorliegendem Burnout getan werden?

217 Es gibt erst sehr wenige Untersuchungen, in denen Methoden zur Bewältigung oder Verhinderung des Burnout-Syndroms systematisch überprüft wurden. Da die Beschwerden beim Burnout-Syndrom sehr unterschiedlich sein

können, muss sich die Behandlung an der individuellen Ausprägung der Problematik orientieren. Oft ist eine Unterstützung durch Fachkräfte notwendig. Dies kann beispielsweise durch eine Psychotherapie geschehen, wobei unterschiedliche Therapieschulen unterschiedliche Schwerpunkte setzen. Bei den so genannten tiefenpsycholgischen Verfahren und der Psychoanalyse werden vor allem die Hintergründe der Entstehung einer Erkrankung aufgearbeitet. Bei verhaltenstherapeutischen Verfahren wird gezielt krankheitsförderndes Verhalten abgelegt und gesundheitsförderliches Verhalten erlernt.

Je nach Entstehungszusammenhang der Beschwerden können verschiedene Ansatzpunkte hilfreich sein. Fengler (2008) nennt zentrale Bestandteile von Seminaren und Trainingsmaßnahmen zur Burnout-Bewältigung: **218**

- Identifikation und Beeinflussung von Stressquellen in der Person und ihrem Arbeitskontext,

- Frühzeitige Wahrnehmung eigener Belastungsreaktionen,

- Entwicklung geeigneter Bewältigungsstrategien,

- Soziale Unterstützung.

In Seminaren zum Zeitmanagement können darüber hinaus Betroffene lernen, ihre Zeit sinnvoll einzuteilen; durch Entspannungsmethoden wie Progressive Muskelrelaxation oder Autogenes Training kann Entspannung neu gelernt werden. Bedeutsam ist auch die Identifikation persönlicher Ziele. So genannte Genusstrainings (Bergler & Hoff, 2002) fördern die verloren gegangene Fähigkeit, Dinge wieder bewusst wahrzunehmen und zu genießen. Eine gesunde Ernährung hilft, das Abwehrsystem zu stärken. Bewegung und Sport wirken sich zudem auch positiv auf die seelische Befindlichkeit aus. Die medikamentöse Behandlung von Burnout ist umstritten, der Erfolg wissenschaftlich nicht belegt. **219**

Zum Abbau von Burnout im Arbeitsbereich bieten sich auch folgende Handlungsprinzipien an:

- Das Problem zum Thema machen, das Problem ernst nehmen und möglichst frühzeitig reagieren.

- Kontakt und Kommunikation herstellen, Mitarbeitergespräche führen und Unterstützung anbieten.

- Welche belastenden Einflüsse können kurz- oder mittelfristig abgebaut werden? Welche Vorschläge macht der Mitarbeiter?

- Ziele und Perspektiven mit den Mitarbeitern klären, wozu auch das Ziehen von Grenzen gehört.

220 Die genannten Punkte gelten auch für die Prävention von Burnout. Dabei ist es wichtig, dass im Organisationskontext die Mitarbeiter von vornherein aktiv in die Auswahl solcher Maßnahmen einbezogen werden. Gesundheits- oder Problemlösezirkel sind ebenso wie Teammeetings oder Arbeitsgruppenbesprechungen geeignet, um präventive Maßnahmen zum Burnout zu diskutieren. Darüber hinaus sind die Organisationen aufgefordert, durch geeignete Maßnahmen wie z.b. Führungsleitlinien, Arbeitsaufbau- und Arbeitsablaufprozesse, betriebliche Beteiligungs- und Mitbestimmungsmöglichkeiten und entsprechende betriebliche Gesundheitsangebote (siehe dazu auch Kapitel 3.3.3, das sich mit dem Thema „Work-Life-Balance" befasst) eine Unternehmenskultur zu schaffen, die es ermöglicht, burnoutbegünstigende Arbeitsbedingungen frühzeitig zu erkennen und geeignete Gegenmaßnahmen zu ergreifen.

221 *Fallbeispiel „Burnout"*

Burnout ist nicht nur ein Problem in so genannten Sozialberufen, Burnout kann auch zum Problem in bislang weniger beachteten Branchen werden, sofern bestimmte Voraussetzungen gegeben sind.

Zu diesen Voraussetzungen zählen beispielsweise der tägliche Kontakt mit Menschen, z.B. mit Kunden oder, wie im folgenden Beispiel, mit den eigenen Kollegen oder Mitarbeitern. Das folgende Fallbeispiel beschreibt den Burnoutprozess bei einem EDV-Systembetreuer.

Ein großes renommiertes Forschungsinstitut, das Grundlagen- und Auftragsforschung auf dem Gebiet der elektronischen Datenverarbeitung leistet, verfügt über eine entsprechende, sehr umfangreiche Hardware-Ausstattung. Neben vielfältigen dazu notwendigen Einrichtungen wie Servern, Netzwerken, Druckern usw. gehören dazu auch die 400 PCs bzw. Workstations der Anwender. Zuständig für den reibungslosen Betrieb sind drei Systembetreuer. Von einem dieser Kollegen ist im Folgenden die Rede. Es handelt sich um einen Mitarbeiter, der 42 Jahre alt und seit sieben Jahren in diesem Institut und in dieser Funktion tätig ist. Zu Beginn seiner Tätigkeit war er ein motivierter Mitarbeiter. Doch nach ca. zwei Jahren veränderte sich seine Einstellung und damit seine Einsatzfreude. Was war geschehen? Seine Tätigkeit besteht aus Serviceleistungen, d.h., er muss für einen sicheren Betrieb sorgen und infolge dessen auch Störungen beheben. Mit anderen Worten: Er ist auf Abruf tätig und hat kaum Möglichkeiten der Vorausplanung. Der Tagesablauf ist nicht selten durch Einsätze gekennzeichnet, die am Morgen noch nicht absehbar waren. Zudem ist er immer wieder mit der Ungeduld und dem Ärger der Benutzer konfrontiert. Aufträge sind häufig unter Zeitdruck auszuführen.

Seine Tätigkeit führt er seit einiger Zeit ohne nennenswerte Begeisterung aus (Stagnation). Frustration trat auf, als es zu wiederholten Auseinandersetzungen mit seinen „Kunden", den Anwendern kam. Aufgrund seines Arbeitsvertrages beträgt seine Wochenarbeitszeit 38,5 Stunden. Überstunden waren früher, auch ohne zeitlichen oder monetären Ausgleich, immer wieder nötig. Mit der wachsenden Frustration nahm die Bereitschaft zur Mehrarbeit stetig ab. Es kam auch zu ersten vereinzelten krankheitsbedingten Fehlzeiten. Gesundheitliche Beschwerden waren als unspezifisch einzustufen. Psychische Fehlbeanspruchung als Folge psychosozialer Belastungen war in seinen Aussagen immer wieder erkennbar. Erste Wünsche nach beruflicher Veränderung kamen auf. Nach weiteren zwei Jahren konnte er diesen Vorsatz realisieren. Bis dahin hatte er kaum noch Engagement für seine bisherige Tätigkeit gezeigt.

Was hat im vorliegenden Fallbeispiel den Burnout-Prozess in Gang gesetzt? 222
Stichpunktartig sind zu nennen:

- Keine oder kaum vorhandene eigene Planungsmöglichkeiten.
- Wenig Handlungsspielraum.
- Keine berufliche Perspektive.
- Häufige Reibereien, wenn unter Zeitdruck Störungen zu beheben waren.
- Fehlende soziale Unterstützung durch Vorgesetzte und/oder Kollegen.

Aufgrund dieser Bedingungssituation verlor das Institut einen erfahrenen und ehemals motivierten Mitarbeiter.

Maßnahmen zur Burnoutprävention dienen nicht nur den Bedürfnissen des 223
einzelnen Mitarbeiters, sondern sie stellen auch gezielte Schritte zur Personalpflege (Kastner, 1994) dar. Solche auf die Personalpflege abzielenden Personal- und Organisationsentwicklungsmaßnahmen dienen sowohl der Förderung der Mitarbeiter als auch der Bewahrung von deren Kompetenz und Leistungsfähigkeit über einen langen Zeitraum hinweg. Nicht zuletzt erhöhen Maßnahmen zur Personalpflege auch die Identifikation des Mitarbeiters mit dem Arbeitgeber und tragen so zu einer höheren Arbeitszufriedenheit und einer stärkeren Bindung an das Unternehmen bei. Auch und gerade in Zeiten der Rezession sollte diesem Aspekt besondere Aufmerksamkeit gewidmet werden, insbesondere wenn es darum geht, qualifizierte Fach- und Führungskräfte für ein Unternehmen zu erhalten.

3.3.3 Arbeitssucht und Work-Life-Balance – neue (?) Konzepte in der Belastungs- und Beanspruchungsforschung

224 Einerseits sind die Begriffe „Workaholics" und „Arbeitssucht" selbstverständlicher Bestandteil unserer Alltagssprache geworden. Wo man auch hinhört, findet man Menschen, die sich selbst oder andere mit diesen Begrifflichkeiten beschreiben, auf die Schippe nehmen oder glorifizieren. Bezeichnet man jemand anderen als arbeitssüchtig, kann das Beleidigung oder höchstes Lob sein. Benutzt man diesen Begriff, um sich selbst zu charakterisieren, so kann dies Hinweis auf eine schwerwiegende Problematik, aber auch der Versuch sein, sich selbst als besonders wertvolles Mitglied der Arbeitsgesellschaft darstellen zu wollen. Andererseits finden sich in vielen Magazinen, Büchern und nicht zuletzt auch Trainings und Seminaren häufig Inhalte, die zu einem ausgewogeneren Lebensstil bei Berufstätigen, zu einer Work-Life-Balance beitragen wollen.

225 Das Phänomen der Arbeitssucht ist vielschichtig und vor allem in seiner Bewertung höchst umstritten. Dennoch ist es in den letzten Jahren verstärkt in die öffentliche Aufmerksamkeit geraten. Ebenso ist die Etablierung und Beibehaltung eines ausgewogenen Arbeitsverhaltens – einer Work-Life-Balance – nicht nur als Reaktion oder Präventionsmaßnahme gegenüber einer Arbeitssucht, sondern im Prinzip für jeden arbeitenden Menschen ein wichtiges Ziel, um physische und psychische Überbelastungen durch die Arbeit zu vermeiden.

226 Die alltäglichen Begriffe von der Arbeitssucht und dem Workaholic haben inzwischen auch Eingang in den Bereich wissenschaftlicher Forschung gefunden. Frieling, Sonntag & Stegmaier (2012) beispielsweise widmen der Arbeitssucht in ihrem Lehrbuch „Arbeitspsychologie" ein eigenes (Unter-)Kapitel von immerhin sechs Seiten. Allerdings ist bislang weitestgehend ungeklärt, ob der allgemeine Gebrauch des Begriffs Arbeitssucht – sozusagen das „Laienverständnis" – mit den Standpunkten von Wissenschaftlern und deren empirischen Erkenntnissen übereinstimmt. Für die meisten Menschen ist Arbeitssucht gleichzusetzen mit einer hohen Hingabe an die Arbeit, wobei mit Arbeit in der Regel die Erwerbs-/Berufsarbeit gemeint ist. Arbeitssucht – dies sei hier nur am Rande erwähnt – ist aber nicht ausschließlich an Erwerbs- oder Berufsarbeit gebunden. Ebenso können Rentner, Studenten, Hausfrauen und Mütter, ja selbst Arbeitslose arbeitssüchtig werden (Poppelreuter, 1997, 2007). Die allermeisten Publikationen zu dieser Problematik beschäftigen sich allerdings mit einem auffälligen Arbeitsverhalten von berufstätigen Menschen.

227 McMillan, O'Driscoll und Burke (2003) nennen als kennzeichnende Merkmale der Arbeitssucht die Unfähigkeit, sich von seiner Arbeit zu lösen, ein starkes Verlangen zu arbeiten, ein hohes Vergnügen an der Arbeit und eine

im Vergleich zu nicht-arbeitssüchtigen Menschen andere Art, Freizeit zu verbringen. Für Robinson (2000) sind diese Aspekte für das Verständnis von Arbeitssucht bedeutsam, denn Arbeitssucht ist für ihn „eine zwanghafte Störung, deren Kennzeichen sind: selbst auferlegte hohe Anforderungen, die Unfähigkeit, Gewohnheiten am Arbeitsplatz zu regulieren und ein Übermaß an Arbeit, verbunden mit dem Verzicht auf die meisten anderen Aktivitäten des Lebens" (S. 19).

Ob jemand arbeitssüchtig ist oder nicht, hängt nach der Auffassung nicht *228* weniger jedoch einzig und allein von der Zahl der Stunden ab, die jemand pro Woche arbeitet. Dass diese Einschätzung irreführend ist, ist in wissenschaftlichen Studien zwar immer wieder betont worden (z.B. Poppelreuter, 1996, 1997), hat sich aber noch nicht in der kollektiven Wahrnehmung durchsetzen können. Obschon der Begriff vom Workaholic vor über 30 Jahren von Wayne E. Oates (1971), einem US-amerikanischen Professor für Religionspsychologie, erstmals benutzt wurde, weiß man nach wie vor recht wenig über das Phänomen. Auffällig ist insbesondere, dass es anfänglich kaum Bemühungen gegeben hat, sich der Arbeitssucht wissenschaftlich und vor allem empirisch zu nähern. Viele Publikationen zur Thematik basieren weder auf einer klaren Definition von Arbeitssucht, noch auf zuverlässigen Messinstrumenten zu deren Erfassung. Ebenso finden sich kaum Studien, die anhand empirischer Erhebungen das Phänomen der Arbeitssucht zu fassen versucht haben (Städele & Poppelreuter, 2009).

3.3.3.1 Arbeitssucht – und was man darüber (nicht) weiß

Für den angloamerikanischen Sprachraum wird immer wieder Oates (1971) als *229* „Erfinder" des Begriffs „Workaholism" genannt. Allerdings fand der Begriff auch schon in einem Artikel des „Wall Street Journals" vom 2.2.1971 Erwähnung, der sich mit der Problematik von Unternehmen befasste, ihre Belegschaft zum Nach-Hause-Gehen zu bewegen, wenn diese befürchten musste, aufgrund einer wirtschaftlich schlechten Lage ihre Arbeit zu verlieren. Schon in diesem Artikel werden Arbeitssüchtige als Persönlichkeiten beschrieben, die dringend therapeutische Hilfe benötigen, da sie sich ansonsten zu Tode arbeiten würden. Der bereits erwähnte Oates (1971) gibt an, dass „Workaholism" ein von ihm geschaffener Neologismus sei, der – in Anlehnung an den Begriff „Alcoholism" – ein exzessives Bedürfnis nach Arbeit bezeichnet, welches ein solches Ausmaß erreicht hat, dass es zu unübersehbaren Beeinträchtigungen der körperlichen Gesundheit, des persönlichen Wohlbefindens, der interpersonalen Beziehungen und/oder des von Oates (1971) so bezeichneten „sozialen Funktionierens" allgemein kommt.

230   Für den deutschsprachigen Raum wird häufiger Mentzel (1979) als erster Autor benannt, der sich mit dem Phänomen der „Arbeitssucht" befasst bzw. den Begriff in Deutschland bekannt gemacht hat. Eine genauere Analyse zeigt jedoch, dass die „Arbeitssucht" schon sehr viel früher in wissenschaftlichen Aufsätzen Erwähnung fand, obgleich die beobachteten und beschriebenen Phänomene z.T. nicht unter diesem Stichwort fungierten. Auch wurde der Begriff der „Arbeitssucht" zuvor schon aufgegriffen (so z.B. bei Kielholz, 1973; bei v. Gebsattel, 1954 oder Laubenthal, 1964 ist von „Arbeitswut" die Rede). In der Literatur schließlich wird bei anderen oder an sich selbst beobachtetes arbeitssüchtiges Verhalten häufig und in unterschiedlichen Epochen beschrieben (siehe dazu auch Poppelreuter, 2004).

231   Wissenschaftlich-empirische Studien zur Arbeitssucht findet man nur sehr vereinzelt. Häufig zitiert wird eine Studie der amerikanischen Psychologin Marilyn Machlowitz aus dem Jahr 1978, die diese im Rahmen ihrer Doktorarbeit durchgeführt hat. Interessanterweise wurde diese Arbeit in Auszügen auch in Deutschland veröffentlicht (Machlowitz, 1981). Der gravierende Nachteil der Untersuchung von Machlowitz (1978) ist darin zu sehen, dass sie sich keineswegs um eine einheitliche Definition und Erfassung der Arbeitssuchtsymptomatik bemüht hat. Die Kategorisierung von befragten Personen in die Gruppe der Arbeitssüchtigen bzw. der Nicht-Arbeitssüchtigen erfolgte nach subjektiven Kriterien von Journalisten, Betroffenen und der Autorin selbst, die letztlich unklar bleiben. Es nahmen Personen an der Untersuchung teil, von denen man *annahm* oder die, ohne „Leidensdruck" zu empfinden, *von sich behaupteten*, dass sie arbeitssüchtig seien. Die Kategorisierung arbeitssüchtig vs. nicht-arbeitssüchtig erfolgte anhand einer subjektiven Gesamtbeurteilung nach Abschluss eines Interviews und dem Antwortverhalten bei einigen nicht weitergehend validierten Fragen aus dem Fragebogen, die als Schlüsselitems festgelegt wurden. Schlüsselitems für die „Diagnose" einer Arbeitssucht waren z.B. „Um wie viel Uhr stehen Sie wochentags bzw. am Wochenende auf?", „Freuen Sie sich auf Ihre Pensionierung?", „Hat irgend jemand Sie schon einmal arbeitssüchtig genannt?". Zentral für die Unterscheidung von arbeitssüchtigen und nicht-arbeitssüchtigen Untersuchungsteilnehmern waren offensichtlich insbesondere *quantitative Merkmale* des Arbeitsverhaltens.

232   Eine der ersten empirischen Studien im deutschsprachigen Raum zur Arbeitssucht wurde 1996 von Poppelreuter vorgelegt. Hier wurde versucht, die dargelegten Forschungsdefizite – insbesondere durch einen anderen Zugang zur Gewinnung der Untersuchungsstichprobe – zumindest in Ansätzen auszugleichen. Die Studie hatte somit zwei Ziele:

- Als für den deutschsprachigen Raum erste umfassende Forschungsarbeit sollte sie einen Beitrag dazu leisten, das Thema Arbeitssucht aus unterschiedlichen Perspektiven integrativ zu beschreiben.

- International gesehen konnte die Studie zudem als erster Versuch überhaupt gesehen werden, solche Personen zu untersuchen, *die unter ihrer Arbeitssucht leiden* und die aufgrund dieses Leidensdrucks externe Hilfe in Form von ambulanten und/oder stationären (psycho-)therapeutischen Maßnahmen in Anspruch nehmen bzw. genommen haben. Der Zugang zur Erforschung der Arbeitssuchtproblematik war somit im Vergleich zu den US-amerikanischen Studien ein gänzlich anderer: Die „Verantwortlichkeit" für die Diagnose Arbeitssucht übernahm nicht der Forscher, sondern die/der Betroffene selbst.

Auf der Basis von Literaturrecherchen und Pilotinterviews wurde ein 265 Items umfassender Fragebogen entwickelt, der insgesamt 12 Themenbereiche abdeckte: *233*

- quantitative Merkmale des Arbeits- und Freizeitverhaltens,
- Bedeutung/Zentralität der Arbeit,
- emotionale Haltung gegenüber der Arbeit,
- Freizeitgestaltung und Freizeiterleben,
- Typ-A-Verhalten (bekannt aus Forschungen zu Gründen und Ursachen kardiovaskulärer Erkrankungen),
- Merkmale süchtigen Verhaltens,
- Leistungsanforderungen und perfektionistische Ansprüche,
- Beurteilung zentraler Inhalte der protestantischen Arbeitsethik (in deren Rahmen Arbeit, Leistung, Pflichterfüllung und Disziplin als hochangesehene Tugenden gelten),
- Delegationsverhalten,
- Zwanghaftigkeit und zwanghaftes Verhalten (aber nicht im Sinne einer klinisch relevanten Zwangsstörung, sondern im Sinne einer zwanghaften Persönlichkeitsstörung),
- interpersonelle Beziehungen (allgemeiner Sozialkontakt, Partnerschaft),
- Gesundheitsbeschwerden und gesundheitsbezogenes Verhalten.

Da die Studie darauf abzielte, Unterschiede in den Einstellungs- und Verhaltensmustern von Arbeitssüchtigen und Nicht-Arbeitssüchtigen zu überprüfen, welche in der Literatur immer wieder behauptet, aber nie empirisch getestet wurden, wurde der Fragebogen insgesamt 52 Personen vorgelegt, die sich wegen einer Arbeitssuchtproblematik in (psycho-)therapeutischer Behandlung befanden oder befunden haben. Gleichzeitig wurde eine anhand aus- *234* gewählter soziodemographischer Variablen parallelisierte Stichprobe von 52 Nicht-Arbeitssüchtigen mit ebendiesem Fragebogen konfrontiert. Über einen Vergleich der Antwortmuster in beiden Stichproben wurden unterschiedliche Annahmen über arbeitssüchtige bzw. nicht-arbeitssüchtige Personen analysiert. Die Vielzahl der dabei überprüften Hypothesen bringt es mit sich, dass die empirischen Ergebnisse hier nur überblicksartig dargestellt werden können.

Der Vergleich der Mittelwerte der Antworten beider Stichproben auf Itemebene ergab:

• Arbeitssüchtige sind nach ihrer subjektiven Einschätzung einer quantitativ höheren Arbeitsbelastung ausgesetzt als Nicht-Arbeitssüchtige. Arbeitssüchtige verfügen über weniger Freizeit und weniger arbeitsfreie Tage als Nicht-Arbeitssüchtige, sie arbeiten häufiger nachts durch und weisen eine arbeitszentrierte Hobby- und Urlaubsgestaltung auf.

• Arbeitssüchtige schätzen die Bedeutung/Zentralität der Arbeit in ihrem Leben höher ein als Nicht-Arbeitssüchtige. Überraschenderweise wird die Wichtigkeit der Arbeit für die Erreichung zentraler Lebensziele von den Arbeitssüchtigen jedoch geringer eingeschätzt als von den Nicht-Arbeitssüchtigen.

• Arbeitssüchtige haben eine deutlich negativere Haltung gegenüber ihrer Arbeit als Nicht-Arbeitssüchtige. Sie sind signifikant unzufriedener mit ihrer Arbeit, sie sind im Hinblick auf ihren Beruf/ihre Arbeitsstelle eher wechselbereit, resignativer und gestresster als Nicht-Arbeitssüchtige.

• Ein auch in der Freizeit feststellbares ausgeprägtes Bedürfnis der Arbeitssüchtigen nach Kontrolle, Planung und Struktur macht es ihnen unmöglich, „abzuschalten". Arbeitssüchtige erleben sich selbst bezüglich ihrer Freizeit als „genussunfähig", in ihrem Leben liegt ein unbalanciertes Verhältnis von Anspannung und Entspannung vor.

• Arbeitssüchtige weisen nach ihrer subjektiven Einschätzung stärker ausgeprägt Typ-A-Verhaltensmuster auf als Nicht-Arbeitssüchtige.

• Generelle Merkmale süchtigen Verhaltens, die sich auch in Bezug auf andere Suchtformen feststellen lassen, schreiben sich Arbeitssüchtige in viel stärkerem Maße selbst zu, als Nicht-Arbeitssüchtige dies tun. Arbeitssüchtige berichten über Entzugserscheinungen, wenn sie nicht arbeiten, sie beobachten bewusst selbstschädigende Verhaltensmuster an sich selbst. Weiterhin berichten sie über den Verlust der Kontrolle über das eigene Arbeitsverhalten, die Interessenabsorption sowie die Funktionalisierung der Arbeit zur Abschottung bzw. zur Verdrängung unangenehmer Gefühle und Gedanken.

- Arbeitssüchtige beschreiben sich selbst als übermäßig perfektionistisch. Gleichzeitig neigen sie viel stärker als Nicht-Arbeitssüchtige zu immens hohen Leistungsanforderungen an die eigene Person sowie zu unrealistischen Zielsetzungen.

- Teamarbeit wird von Arbeitssüchtigen gemieden. Sie vertrauen nicht auf die Arbeitserledigung durch Kollegen und/oder Mitarbeiter, sie neigen zum „Einzelkämpferdasein".

- Arbeitssüchtige sind im Vergleich zu Nicht-Arbeitssüchtigen in zweierlei Hinsicht als zwanghaft zu bezeichnen: Sie beobachten zum einen an sich selbst einen massiven Zwang zu arbeiten. Zum anderen sticht bei ihnen auch eine zwanghafte Gestaltung der Arbeitsabläufe mit deutlichen Hinweisen auf ausgeprägte Rigidität und Kontrollmotivation ins Auge.

- Die interpersonellen Beziehungen von Arbeitssüchtigen sind arbeitsbedingt in stärkerem Maße beeinträchtigt als die der Nicht-Arbeitssüchtigen. Dies gilt sowohl für allgemeine Sozialkontakte als auch für den Bereich Partnerschaft/Familie.

- Gesundheitsgefährdende Verhaltensweisen (Alkohol-, Nikotin-, Medikamentenkonsum, Bewegungsmangel) werden von den befragten Arbeitssüchtigen und Nicht-Arbeitssüchtigen nicht in signifikant unterschiedlichem Maß praktiziert. Allerdings berichten die Arbeitssüchtigen über vergleichsweise viel stärkere gesundheitliche Beschwerden und über häufigere Krankenhaus- und Kuraufenthalte als die Nicht-Arbeitssüchtigen.

Lediglich hinsichtlich der Beurteilung der zentralen Inhalte der protestantischen Arbeitsethik, in der Arbeitsertrag und Arbeitserfolg als Zeichen göttlicher Auserwähltheit betrachtet werden, fanden sich *keine* signifikanten Unterschiede in den Antwortmustern von Arbeitssüchtigen und Nicht-Arbeitssüchtigen, so dass von den zwölf angenommenen Unterschieden in den Antwortmustern der beiden Untersuchungsstichproben elf empirisch bestätigt werden konnten.

Im Rahmen der von Poppelreuter (1996, 1997) vorgelegten Studie wurden *235* auch „Typen" von Arbeitssüchtigen ermittelt, da nicht davon ausgegangen werden kann, dass es sich bei der Arbeitssucht um ein homogenes Konzept mit einigen wenigen immer auftretenden Symptomen handelt. Vielmehr ist die Annahme realistischer, dass sich bei Arbeitssüchtigen unterschiedliche Formen von Arbeitssucht ausmachen lassen, die differenziert zu charakterisieren und individuell zu therapieren sind. Das Ergebnis dieser Typisierungsversuche soll deskriptiv-exemplarisch dargestellt werden. Es ließen sich vier unterschiedliche Typen von Arbeitssüchtigen ermitteln:

1. Die entscheidungsunsicheren Arbeitssüchtigen

236 Gemessen an den übrigen drei Arbeitssüchtigen-Typen lassen sich bei den entscheidungsunsicheren Arbeitssüchtigen auf den ersten Blick relativ wenige Arbeitssuchtmerkmale feststellen. Sie weisen zwar eine vergleichsweise hohe quantitative Arbeitsbelastung auf, verfügen gleichzeitig aber auch über eine große Menge an freier Zeit. In allen übrigen abgefragten Themenbereichen lassen die entscheidungsunsicheren Arbeitssüchtigen kaum ausgeprägte arbeitssüchtige Einstellungs- und Verhaltensmuster erkennen. Dabei ist jedoch zu berücksichtigen, dass diese Aussage nur in Relation zu den übrigen hier ermittelten Typen von Arbeitssüchtigen zu sehen ist. Vergleicht man nämlich die Antwortmuster der entscheidungsunsicheren Arbeitssüchtigen mit denen aus der Nicht-Arbeitssüchtigen-Stichprobe, so zeigen sich signifikante Unterschiede hinsichtlich zahlreicher abgefragter Themenbereiche, und zwar ausschließlich in Richtung einer stärkeren Arbeitssuchtorientierung der Personen des ersten Typs. Insofern liegt es nahe, die entscheidungsunsicheren Arbeitssüchtigen als „die Einäugigen unter den Blinden" zu betrachten. Sie sind aber keinesfalls als ein unproblematischer Personenkreis zu sehen, zumal auch die entscheidungsunsicheren Arbeitssüchtigen über zahlreiche physische und psychische Beschwerden berichten.

2. Die überfordert-unflexiblen Arbeitssüchtigen

237 Diese Personen lassen sich durch starke Angst- und Überforderungsgefühle bzgl. ihrer Arbeit sowie durch eine ausgeprägte Unflexibilität und fehlende Spontaneität (nicht nur im Arbeitsbereich) kennzeichnen. Sie sind allerdings nicht ausgeprägt zwanghaft im Hinblick auf ihre Arbeitserledigung. Die überfordert-unflexiblen Arbeitssüchtigen berichten über eine Vielzahl von auf eine Arbeitssuchtsymptomatik hindeutenden Beeinträchtigungen, insbesondere im interpersonellen und im gesundheitlichen Bereich.

3. Die verbissenen Arbeitssüchtigen

Die verbissenen Arbeitssüchtigen fühlen sich nicht überfordert oder ängstlich in Bezug auf ihre Arbeit. Sie sind weder zwanghaft noch unflexibel und entscheidungsunsicher, neigen aber dazu, ihre Überzeugungen und Absichten „um jeden Preis" durchzusetzen. Sie arbeiten viel (sowohl im Beruf als auch im Haushalt), haben wenig Freizeit und sind auffallend zufrieden mit ihrer Arbeit. Ausgeprägt sind bei den verbissenen Workaholics süchtige Arbeitsmuster. Auffallend ist ihre vergleichsweise große Nähe zu den zentralen Inhalten und Werten der protestantischen Arbeitsethik, ihre ablehnende Haltung gegenüber Verantwortungsabgabe und Arbeitsdelegation sowie ihre ausgeprägten Probleme im interpersonellen und insbesondere im partnerschaftlichen Bereich.

4. Die überfordert-zwanghaften Arbeitssüchtigen

Sie weisen die stärksten Zwanghaftigkeitsanzeichen aller untersuchten Arbeitssüchtigen-Typen auf. Kennzeichnend für sie sind Überforderungs- und Angstgefühle bzgl. der Arbeit, ein zwanghaft-ritualisiertes Arbeiten, Entscheidungsschwierigkeiten bei der Arbeit und eine verbissene Haltung bei der Arbeitserledigung. Dabei weisen die überfordert-zwanghaften Arbeitssüchtigen die vergleichsweise geringste Arbeitsstundenzahl auf. Gleichzeitig verfügen sie über relativ viel Freizeit. Sie sind auffällig unzufrieden mit ihrer Arbeit, tendieren deutlich zu Typ-A-Verhaltensmustern und sind extrem perfektionistisch in ihrem Anspruchsniveau.

Aus den Ergebnissen der Typisierungen von Arbeitssüchtigen wurde deutlich, dass nicht pauschal von der Arbeitssuchtproblematik oder dem Arbeitssüchtigen gesprochen werden sollte. Schon rein deskriptiv handelt es sich bei der Arbeitssucht um ein facettenreiches und vielschichtiges Phänomen. Dies sollte unbedingt berücksichtigt werden, wenn man sich mit Fragen der Entstehung, der Diagnose sowie der Prävention von und der Intervention bei Arbeitssucht beschäftigt.

Zahlreiche weiterführende Informationen zu dieser Studie und zu Detailergebnissen, aber auch eine umfängliche Darstellung weiterer deutschsprachiger und internationaler Forschungsstudien zum Thema Arbeitssucht finden sich bei Poppelreuter (1996, 1997) und Städele und Poppelreuter (2009).

Zusammengefasst bedeutet dies: Arbeitssucht ist ein nur vordergründig neuzeitliches Phänomen. Wahrscheinlich gibt es übertriebene Fokussierungen auf die Arbeit schon solange, wie es die Arbeit selbst gibt, also seit dem Beginn der Menschheit. Dennoch steht die wissenschaftliche Erforschung des Phänomens noch ganz am Anfang. Es gibt weder eine einheitliche Definition der Problematik, noch gibt es allgemein akzeptierte Kriterien zur Diagnose einer solchen Auffälligkeit. Daher wird bislang auf generelle Merkmale süchtigen und abhängigen Verhaltens auch zur Diagnose und Beschreibung von Arbeitssucht zurückgegriffen (Schumacher, 1986). Auf die Arbeitssucht bezogen bedeutet dies im Einzelnen:

- Der Betroffene ist der Arbeit völlig verfallen, sein gesamtes Denken und Handeln kreist mehr oder weniger um sie.

- Der Betroffene hat die Kontrolle über sein Arbeitsverhalten verloren, er ist nicht (mehr) in der Lage, Umfang und Dauer des Arbeitens zu bestimmen. Er arbeitet länger, als er eigentlich will. Er arbeitet auch zu Zeiten, die eigentlich der Entspannung und dem Abschalten vorbehalten sind.

- Der Betroffene ist abstinenzunfähig. Er erlebt es subjektiv als unmöglich, kürzere oder längere Zeit nicht zu arbeiten, z. b. am Wochenende oder im Urlaub.

- Beim Betroffenen treten Entzugserscheinungen auf, wenn er nicht arbeitet, bis hin zu vegetativen Symptomen wie Schweißausbrüchen, Herzrasen und Atemnot.

- Der Betroffene entwickelt eine gewisse Toleranz gegenüber der Arbeitsmenge, das heißt, um das Gefühl des „Arbeitsrausches" zu bekommen, muss immer mehr gearbeitet werden.

- Beim Betroffenen treten soziale und/oder psychische Störungen auf. Partnerschaften werden brüchig, die Beziehung zu den Kindern geht verloren, alte Hobbys und Freunde werden vernachlässigt.

240 Bei der Diskussion um die Arbeitssucht ist schließlich noch nicht einmal unumstritten, ob es sich bei Arbeitssucht überhaupt um eine Problematik, oder sogar eine Krankheit handelt. In diesem Zusammenhang ist ein Beitrag von Smith (2002) interessant, der sich mit der Frage beschäftigt, was überhaupt eine Krankheit ist und was nicht. Denn schon Ivan Illich (1976) schrieb, dass jede Gesellschaft ihre eigenen Krankheiten definiert. Was eine Krankheit in der einen Gesellschaft sei, sei in einer anderen möglicherweise eine chromosomale Abnormität, ein Verbrechen, Heiligkeit oder Sünde. Insofern, so Smith (2002), sei es von erheblicher Bedeutung festzustellen, welche Auffälligkeiten oder Probleme in einer Gesellschaft als Krankheiten begriffen würden, oder auch nicht. Eine sicherlich nicht repräsentative, aber dennoch bemerkenswerte Umfrage unter den Lesern des British Medical Journal (in der Regel Mediziner unterschiedlichster Fachrichtungen, insgesamt beteiligten sich 570 Personen an der Befragung) ergab nämlich eine „Hitliste" der „Nicht-Krankheiten" (siehe Kasten 3.3.3.1.1). Die Arbeit belegt auf dieser Liste Platz 2. Mit anderen Worten wird von den Teilnehmern dieser Umfrage die Arbeit nicht als Krankheit begriffen. Leider bleibt unklar, ob sich diese Einschätzung nur auf die Arbeit allgemein, oder aber auch auf Arbeitsstörungen wie z.b. die Arbeitshemmung oder eben auch die Arbeitssucht bezieht. Betrachtet man jedoch die weiteren genannten „Nicht-Krankheiten", so liegt die Vermutung nahe, dass die Arbeitssucht hier sicher nicht den Status einer Krankheit hat.

Kasten 3.3.3.1.1: Die Hitliste der „Nicht-Krankheiten" (Smith, 2002)

1. Älterwerden
2. Arbeit
3. Langeweile
4. Tränensäcke
5. Ignoranz
6. Haarausfall
7. Sommersprossen
8. Große Ohren
9. Graues/Weißes Haar
10. Hässlichkeit
11. Geburt eines Kindes
12. Allergie gegen das 21. Jahrhundert
13. Jetlag
14. Unglücklichsein
15. Zellulitis
16. Kater
17. Angst bezüglich der Penisgröße/Penisneid
18. Schwangerschaft
19. Ausrasten beim Autofahren
20. Einsamkeit

Die öffentliche Resonanz, und auch die Präsenz der Thematik in allen Epochen der Menschheit lassen es jedoch notwendig und sinnvoll erscheinen, sich der Arbeitssucht intensiver zu widmen, und wenn es nur zum Nutzen derer geschieht, die unter der Problematik leiden. Dass dies nicht nur die Betroffenen selbst, sondern auch deren näheres und weiteres Umfeld – also z.B. die Angehörigen, Freunde, Kollegen, Mitarbeiter und Vorgesetzten – und schließlich auch die gesamte Gesellschaft sind, macht das Anliegen nur dringlicher.

3.3.3.2 Wie kann man Arbeitssucht erkennen?

Bislang gibt es noch keine einheitlichen Kriterien oder Fragenkataloge, die zu einer eindeutigen Diagnose von Arbeitssucht herangezogen werden können. Es kann aber auf einige Screening-Instrumente verwiesen werden, d.h. auf Fragebögen, die dabei helfen können, eine möglicherweise vorliegende Arbeitssuchtproblematik bei sich oder anderen besser erkennen zu können. Zwei dieser Instrumente sollen hier kurz vorgestellt werden. Zum einen handelt es

241

sich um den Fragebogen zur Arbeitssucht von Mentzel (1979) (Kasten 3.3.3.2.1). Zum anderen hat sich als Screening-Verfahren auch der Risikotest zur Arbeitssucht von Robinson (2000) bewährt (Kasten 3.3.3.2.2).

Kasten 3.3.3.2.1: Fragebogen Arbeitssucht (Mentzel, 1979)

	Ja	Nein
1. Arbeiten Sie heimlich (z.B. in der Freizeit, im Urlaub)?	O	O
2. Denken Sie häufig an Ihre Arbeit (z.B. wenn Sie nicht schlafen können)?	O	O
3. Arbeiten Sie hastig?	O	O
4. Haben Sie wegen Ihrer Arbeit Schuldgefühle?	O	O
5. Vermeiden Sie in Gesprächen Anspielungen auf Ihre Überarbeitung?	O	O
6. Haben Sie mit Beginn der Arbeit ein unwiderstehliches Verlangen weiterzuarbeiten?	O	O
7. Gebrauchen Sie Ausreden, warum Sie arbeiten?	O	O
8. Zeigen Sie ein besonders unduldsames, aggressives Verhalten gegenüber Ihrer Umwelt?	O	O
9. Versuchen Sie periodenweise nicht zu arbeiten?	O	O
10. Neigen Sie zu innerer Zerknirschung und dauernden Schuldgefühlen wegen des Arbeitens?	O	O
11. Versuchen Sie, sich an ein Arbeitssystem zu halten (z.B. zu bestimmten Zeiten nicht zu arbeiten)?	O	O
12. Haben Sie häufiger den Arbeitsplatz oder das Arbeitsgebiet gewechselt?	O	O
13. Richten Sie Ihren gesamten Lebensstil auf die Arbeit aus?	O	O
14. Haben Sie bemerkt, dass Sie sich außer für die Arbeit für nichts mehr interessieren?	O	O
15. Zeigen Sie auffallendes Selbstmitleid?	O	O
16. Haben sich Veränderungen in Ihrem Familienleben ergeben?	O	O
17. Neigen Sie dazu, sich einen Vorrat an Arbeit zu sichern?	O	O
18. Vernachlässigen Sie Ihre Ernährung?	O	O
19. Arbeiten Sie regelmäßig am Abend?	O	O
20. Haben Sie mitunter Tage und Nächte durchgearbeitet?	O	O

21. Beobachten Sie einen moralischen Abbau an sich selber? ◯ ◯
22. Führen Sie Arbeiten aus, die eigentlich unter Ihrem Niveau sind? ◯ ◯
23. Wurde Ihre Arbeitsleistung geringer? ◯ ◯
24. Wurde Ihnen das Arbeiten zum Zwang? ◯ ◯
25. Wurden Sie wegen der Folgen Ihres Arbeitsstils schon einmal medizinisch und/oder psychologisch behandelt? ◯ ◯

Dieser Fragebogen basiert auf einem diagnostischen Instrument zur Erfassung 242 von Alkoholproblemen. Nach Auffassung des Autors (Mentzel, 1979) deuten fünf Ja-Antworten auf eine Arbeitssuchtgefährdung hin. Bei zehn oder mehr Ja-Antworten liegt eine Arbeitssuchtproblematik vor. Der diagnostische Aussagegehalt dieses Fragebogens ist jedoch nicht wissenschaftlich überprüft. Daher sollte das Instrument eher als Anregung zur Reflektion bestimmter Verhaltensmuster denn als hartes diagnostisches Messverfahren begriffen werden.

Kasten 3.3.3.2.2: Risikotest zur Arbeitssucht (Robinson, 2000)

Um herauszufinden, ob Sie ein Workaholic sind, bewerten Sie die folgenden 243 Aussagen mit 1 für „trifft nie zu", 2 für „trifft manchmal zu", 3 für „trifft oft zu" und 4 für „trifft immer zu". Schreiben Sie die Zahl, die Ihre Arbeitsgewohnheiten am besten beschreibt, links vor die einzelnen Aussagen, und zählen Sie diese Punkte zusammen.

1. Ich mache lieber alles selbst, anstatt um Hilfe zu bitten.
2. Ich werde ungeduldig, wenn ich auf andere warten muss oder etwas zu lange dauert.
3. Ich habe es eilig und renne gegen die Uhr.
4. Ich werde gereizt, wenn man mich mitten bei der Arbeit unterbricht.
5. Ich bin immer beschäftigt und habe viele Eisen im Feuer.
6. Ich erledige zwei oder drei Dinge auf einmal (Beispiel: Ich esse, schreibe ein Memo und telefoniere).
7. Ich übernehme mehr Arbeit als ich verkrafte.
8. Ich habe ein schlechtes Gewissen, wenn ich mal nicht arbeite.
9. Wenn ich eine Arbeit erledigt habe, will ich konkrete Ergebnisse sehen.
10. Ich bin mehr am Endergebnis meiner Arbeit als an der Arbeit selbst interessiert.
11. Es geht mir nie schnell genug.
12. Ich werde wütend, wenn etwas nicht nach meinem Kopf geht.

13. Ich stelle immer wieder die gleiche Frage, ohne zu merken, dass ich die Antwort bereits bekommen habe.
14. Ich verbringe viel Zeit damit, Zukunftspläne zu schmieden, und vergesse dabei das Hier und Jetzt.
15. Ich arbeite länger als meine Kollegen.
16. Ich werde wütend, wenn andere nicht meinen hohen Anforderungen entsprechen.
17. Ich werde nervös, wenn ich eine Situation nicht im Griff habe.
18. Ich setze mich oft mit knappen Terminen unter Druck.
19. Wenn ich nicht arbeite, fällt es mir schwer, mich zu entspannen.
20. Ich verbringe mehr Zeit mit meiner Arbeit als mit Freunden, Hobbys oder Erholung.
21. Ich stürze mich auf ein Projekt, um einen Vorsprung zu haben, auch wenn noch nicht alle Phasen beendet sind.
22. Ich ärgere mich selbst über die kleinsten Fehler, die ich mache.
23. Ich opfere mehr Zeit und Energie für meine Arbeit als für meine Beziehungen.
24. Ich vergesse oder ignoriere Geburtstage, Familientreffen, Jahrestage oder Feiertage und finde sie unwichtig.
25. Ich treffe wichtige Entscheidungen, bevor ich alle Fakten kenne und durchdacht habe.

Die Auswertung des Risikotests zur Arbeitssucht (Robinson, 2000) sieht vor, dass das Erreichen eines Punktwertes zwischen 67–100 Punkten als Indikator für das Vorliegen einer ausgeprägten Arbeitssucht gilt. Ein Wert zwischen 57–66 Punkten kennzeichnet nach Robinson (2000) den „gemäßigten Workaholic". Unterhalb des Punktwertes von 57 Punkten gilt man nicht als arbeitssüchtig.

Nochmals sei betont, dass solche Fragebögen eher einen anregenden, zur Selbstreflexion animierenden Charakter haben und keineswegs als belastbare diagnostische Instrumente betrachtet werden sollten.

3.3.3.3 Wie viele sind betroffen? Das Problem der Prävalenzaussage bei Arbeitssucht

244 Eine der beliebtesten – und auch berechtigten – Fragen, wenn man über Krankheiten, psychische Auffälligkeiten oder Abweichungen spricht, ist die nach der Häufigkeit des Vorkommens. Wie viele Menschen sind betroffen, z.B. von Krebserkrankungen, von Gedächtnisproblemen und eben auch von Symptomatiken wie der Arbeitssucht? Eine Auffälligkeit gilt dabei umso gravierender, je mehr Menschen damit zu tun haben. Eine genaue Bestimmung der Prävalenz von Arbeitssucht in der deutschen Bevölkerung wird durch ihre unterschiedlichen Operationalisierungen, die verschiedenen definitorischen Merkmale und die uneinheitlich verwendeten Messinstrumente erschwert (Grüsser & Thalemann, 2006). Wie soll man aber angeben, wie viele Menschen von einer Problematik betroffen sind, wenn man noch nicht einmal einig darüber ist, wodurch sich die Problematik genau kennzeichnen und feststellen lässt?

Zahlreiche in jüngerer Zeit feststellbare Entwicklungen belegen jedoch deutlich, dass das Phänomen des süchtigen Arbeitens individuell, gesamtgesellschaftlich und auch wissenschaftlich zunehmend bedeutsam wird. Zu nennen wäre hier eine steigende Zahl von Betroffenen sowie die gehäufte Gründung von Selbsthilfegruppen für Arbeitssüchtige nach dem Vorbild der Anonymen Alkoholiker insbesondere in den USA und Deutschland. Zahlreiche psychosomatische und Rehabilitationskliniken in der Bundesrepublik Deutschland öffnen sich zudem mehr und mehr für den Problembereich des süchtigen Arbeitens, obschon die Arbeitssucht bislang nicht als Krankheit im Sinne der Sozialversicherungsordnung anerkannt ist. Auffällig ist zudem eine starke Präsenz des Themas in den Massenmedien, aber auch zunehmend in der wissenschaftlichen Forschung und Lehre, was auf ein wachsendes Interesse an der Arbeitssuchtproblematik schließen lässt. **245**

Über die Prävalenz der Arbeitssucht kann angesichts der defizitären Forschungslage bislang also nur spekuliert werden. Angaben aus US-amerikanischen Studien, wonach fünf Prozent (Machlowitz, 1981) bzw. zehn Prozent (Cherrington, 1980; Naughton, 1987) der berufs- bzw. erwerbstätigen Bevölkerung von Arbeitssucht betroffen sind, müssen nach gegenwärtigem Forschungsstand allerdings als übertrieben betrachtet werden. Diese Einschätzung wird auch nicht durch die Tatsache geändert, dass Doerfler und Kammer (1986) in einer Stichprobe von Ärzten, Rechtsanwälten und Psychiatern/Therapeuten einen Anteil von 23 Prozent Arbeitssüchtigen ausmachten. Kanai, Wakabayashi und Fling (1996) ermittelten in einer großen Stichprobe von japanischen Managern 21 Prozent Arbeitssüchtige. Erst recht überzogen muss eine von Burke (1999) genannte Zahl gelten: Er geht davon aus, dass bis zu 49 Prozent (!) der US-amerikanischen Bevölkerung am Syndrom der Arbeitssucht leiden. Eine Studie von Windholz (1997; siehe auch Poppelreuter & Windholz, 2001) kommt zu dem Ergebnis, dass – legt man die von Poppelreuter (1996, 1997) definierten Kriterien zur Diagnose von Arbeitssucht an – ca. 13 Prozent der untersuchten Mitarbeiterinnen und Mitarbeiter (N = 185) zweier großer deutscher Industrieunternehmen als zumindest arbeitssuchtgefährdet gelten können. Dies würde bedeuten, dass ungefähr jeder siebte Mitarbeiter von der Arbeitssuchtproblematik betroffen ist oder zumindest gefähr- **246** det ist, eine solche Problematik zu entwickeln. Wolf und Meins (2004) stellten im Rahmen ihrer Studie im Großraum Bremen fest, dass deutliche Hinweise auf die Existenz von Arbeitssucht insbesondere auf den höheren Hierarchieebenen in Betrieben vorliegen und dass die Verbreitung der Arbeitssucht vereinzelte Einzelfälle übersteigt.

Insgesamt jedoch ist die empirische Basis zur Aussage der Häufigkeit von Arbeitssucht immer noch sehr dünn. Angesichts der unterschiedlichen Definitionen und diagnostischen Kriterien zur Differenzierung von Arbeitssüchtigen und Nicht-Arbeitssüchtigen verwundern die immens großen Variationen in der Prävalenz der Symptomatik nicht. Solange es jedoch keine einheitliche Auffassung dessen gibt, was Arbeitssucht ist und sie kennzeichnet, wird eine zuverlässige Schätzung der Häufigkeit des Phänomens schwierig bleiben.

3.3.3.4 Wer ist betroffen? Und wer ist gefährdet?

246 Arbeitssucht wurde (und wird auch immer noch) gerne als ein „Leiden der Leitenden" (Hofstetter, 1987) betrachtet, als typische „Managerkrankheit". Die empirischen Erkenntnisse hierzu sehen allerdings anders aus. Poppelreuter (1996, 1997) kam zu dem Ergebnis, dass sowohl Männer als auch Frauen, leitende Angestellte, Selbstständige und einfache Arbeiter, jüngere wie ältere Menschen, und selbst Nicht-Berufstätige im klassischen Sinne wie beispielsweise Hausfrauen, Rentner oder Studenten arbeitssüchtig sein können (siehe dazu auch Heide, 2000). Die Arbeitssucht ist mithin ein universelles Phänomen, das letztlich jeden betreffen kann, der in irgendeiner Form produktiv tätig ist (oder sein möchte), unabhängig von Alter, Geschlecht, Beruf. Hier ist die Arbeitssucht durchaus vergleichbar mit anderen Abhängigkeitsformen, beispielsweise der Alkoholabhängigkeit. Auch sie ist ein universelles Phänomen. Zahlreiche Versuche nachzuweisen, dass bestimmte Berufsgruppen (wie z. B. Seeleute, Wirte oder Außendienstmitarbeiter) signifikant häufiger von Alkoholproblemen belastet sind als andere, schlugen ebenso fehl, wie die oftmals angestrebte Definition einer „Suchtpersönlichkeit" (siehe dazu auch Hobi, 1982). Hier wurde davon ausgegangen, dass Personen mit bestimmten Persönlichkeitsmerkmalen (z. B. geringe Frustrationstoleranz, hohes Anspruchsniveau an die eigene Leistungsfähigkeit) eher dazu neigen, Sucht- und Abhängigkeitsprobleme zu entwickeln als andere.

247 Es lässt sich also nicht sagen, dass bestimmte Berufsgruppen oder Menschen mit speziellen Persönlichkeitscharakteristika als besonders arbeitssuchtgefährdet betrachtet werden können. Heide (2000) geht aufgrund seiner Studien zum Thema „Arbeitssucht" allerdings davon aus, dass die an Arbeitssucht erkrank-

ten Personen in drei Gruppen eingeteilt werden können. Zunächst sind da die Erwerbstätigen, die einer relativ selbstständigen Arbeit nachgehen (Ärzte, Handwerker, Bauern, Politiker, Manager) bzw. die sich in einem sozialen Berufsfeld bewegen (Seelsorger, Sozialarbeiter, Lehrer). Die persönliche Identität dieses Personenkreises hängt sehr stark mit ihrer Erwerbsarbeit zusammen – oft wird auch von Berufung zur Arbeit gesprochen. Als zweite Gruppe identifiziert Heide (2000) die abhängig Beschäftigten, die durch ein besonderes Vielarbeiten den oftmals geringen Entscheidungsspielraum und die Unselbstständigkeit der eigenen Arbeit kompensieren wollen. Durch neue Arbeitsformen (Teamarbeit, „flache Hierarchien", Heimarbeitsplätze) etabliert sich aber auch bei den abhängig Beschäftigten eine neue Selbstständigkeit, nicht zuletzt auch gefördert durch flexible Arbeitszeiten und mehr Verantwortung hinsichtlich des Unternehmensgewinns (Bohmeyer, 2002). Die dritte Gruppe umfasst nach Heide (2000) Personen außerhalb des Erwerbslebens. Hierzu zählen Hausfrauen und Rentner. Besonders am Beispiel der Rentner lässt sich die hohe Bedeutung der Arbeit für die soziale Anerkennung und damit verbundene Selbstachtung verdeutlichen (Bohmeyer, 2002).

3.3.3.5 Warum Arbeitssucht den Unternehmen schadet

Bislang wurde implizit angenommen, dass es sinnvoll und notwendig ist, *248* etwas gegen das exzessive Vielarbeiten zu unternehmen. Diese Annahme erscheint angesichts der aktuellen Situation überraschend, denn Überstunden und Mehrarbeit belegen es: Vielarbeit ist „in". In Zeiten, wo wegen hoher Personalnebenkosten mit immer weniger Arbeitskräften immer mehr Produktivität erzielt werden soll, ist es nicht verwunderlich, dass die Unternehmen und Organisationen bislang für das Thema „Arbeitssucht" kaum sensibilisiert sind. Generell ist das Bewusstsein für die Arbeitssuchtproblematik in der Mehrzahl der Unternehmen noch sehr gering (Wolf & Meins, 2003). Der renommierte Freizeitforscher Horst W. Opaschowski (2001) hat diese Entwicklung des Arbeitskräfteabbaus einerseits und der Produktivitätssteigerung andererseits auf die interessante Formel „0,5 $\times$ 2 $\times$ 3" gebracht. Damit wird zum Ausdruck gebracht, dass in der heutigen Zeit mit der Hälfte der Mitarbeiter, die doppelt so viel verdienen, dreimal so viel geleistet wird wie früher. Dies führt automatisch dazu, dass aus dem einzelnen Mitarbeiter immer mehr „herausgepresst" werden muss.

Viele Unternehmen scheinen nicht nur nicht sensibilisiert zu sein für die *249* Problematik der Arbeitssucht, im Gegenteil scheinen sie offensichtlich immer noch daran zu glauben, dass der Vielarbeiter *gleichzeitig* immer auch ein guter Arbeiter ist. Dass dies keineswegs generell angenommen werden kann, haben zahlreiche psychologische Forschungsarbeiten eindrucksvoll unter Beweis stellen können. Arbeitszeit und Arbeitsoutput stehen eben nicht in einem linearen Verhältnis zueinander, und schon gar nicht in einem exponentiellen, wie manche Arbeitssüchtige eigenen Angaben zufolge manchmal zu denken geneigt sind. Arbeitssucht schadet nicht nur dem Betroffenen, sondern auch und gerade dem Unternehmen, für das er arbeitet. Arbeitssucht kann aber auch in anderer Hinsicht für ein Unternehmen problematisch werden, denn Galperin und Burke (2006) beispielsweise wiesen erstmals einen Zusammenhang zwischen Arbeitssucht und devianten Verhaltensweisen am Arbeitsplatz nach: Manche Arbeitssuchttypen zeigen gehäufter Verhaltensweisen, die dem Unternehmen sowohl direkt (z.B. Diebstahl) als auch indirekt (z.B. keine kreativen, innovativen Problemlösungen) schaden. Unternehmen täten also gut daran, arbeitssüchtige Verhaltensmuster ihrer Mitarbeiter frühzeitig zu erkennen und entsprechende Gegenmaßnahmen zu ergreifen. Dabei sind die Gründe dafür, eine arbeitssüchtige Belegschaft zu vermeiden, vielfältig (vgl. Steinmann, Richter & Großmann, 1984):

- Arbeitssucht hat einen negativen Einfluss auf die Aufgabenerfüllung (betroffene Mitarbeiter halten sich nicht an Arbeitsteilungen und Kompetenzzuweisungen, sie mischen sich in alles ein, glauben, alles besser zu können).

- Arbeitssucht hat einen negativen Einfluss auf das Interaktionsverhalten (betroffene Mitarbeiter werden zunehmend kommunikationsunfähig, sie ziehen sich zurück, als Vorgesetzte überfordern sie ihre Mitarbeiter, sie delegieren nicht).

- Arbeitssucht hat einen negativen Einfluss auf die individuelle Leistungsfähigkeit (der problematische Arbeitsstil führt mit fortschreitender Zeit zu physischen und psychischen Auffälligkeiten, die krankheitsbedingte Abwesenheit nimmt zu, längere Arbeitsunfähigkeit und/oder Frühinvalidität droht).

Meißner (2005) gibt in ihrer Studie einen umfassenden Überblick auf die durch Arbeitssucht entstehenden Personal- sowie betriebswirtschaftlichen Risiken, wie z.B. Engpass-, Austritts-, Anpassungs- und Motivationsrisiken. Da an dieser Stelle die zahlreichen Auswirkungen der Arbeitssucht auf Unternehmen nicht detaillierter beschrieben werden können, wird für weitere Ausführungen zu diesem Thema auf die Arbeit von Meißner (2005) verwiesen.

3.3.3.6 Was kann ein Unternehmen gegen Arbeitssucht tun?

250 Ziel aller Maßnahmen zur Vermeidung oder Bewältigung einer Arbeitssuchtproblematik ist immer die Beibehaltung oder (Wieder-)Herstellung einer ausgeglichenen Work-Life-Balance. Darunter versteht man ein ausgewogenes Verhältnis der Belastungen und Beanspruchungen aus dem Arbeitsleben ei-

nerseits (Arbeitsinhalte, Rhythmus, Ausmaß der Arbeit etc.) und den sonstigen Verantwortungs- und Lebensbereichen (Familie, sozialer Kontakt, Hobbies etc.) andererseits. Hinter dem Work-Life-Balance-Gedanken steht die Erkenntnis, dass auch die privaten Lebensverhältnisse des Mitarbeiters im Interesse des Unternehmens stärker berücksichtigt werden müssen. Dabei geht es nicht nur darum, dem Mitarbeiter mehr Freizeit einzuräumen. Ziel ist vielmehr, auf Mitarbeiterseite eine persönliche Zufriedenheit und Leistungsstärke durch eine ausgewogene Lebensgestaltung zu erreichen, in der alle für einen Mitarbeiter bedeutsamen Lebensbereiche gleichermaßen Berücksichtigung und Anerkennung finden. Die Erreichung einer ausgewogenen Work-Life-Balance ist daher nicht nur wichtig im Rahmen der Prävention und Behandlung von Arbeitssucht, sondern sie ist eine generelle Zielsetzung im Bemühen um die Etablierung einer humanen Arbeitswelt.

Was aber können Unternehmen konkret tun, um arbeitssüchtige Verhaltensmuster im eigenen Haus gar nicht erst entstehen zu lassen oder um bei Vorliegen einer Arbeitssuchtproblematik Schaden vom betroffenen Mitarbeiter, von Kollegen, aber auch vom Gesamtunternehmen abzuwenden? Zunächst sollten Unternehmen ihre Personalauswahlverfahren und ihre Anforderungsprofile bei Stellenbesetzungen überdenken, um zu vermeiden, dass eine arbeitssüchtiges Verhalten fördernde Organisationsumgebung entsteht. Es ist durchaus mit Skepsis zu betrachten, wenn Unternehmen in Stellenanzeigen nach „hochmotivierten Workaholics" fragen. Dies käme einer Brauerei gleich, die einen „trinkfesten Geschäftsführer" sucht. Zusätzlich sollten die Anreizsysteme, aber auch Arbeitszeit-, Pausen- und Urlaubsregelungen im Hinblick auf suchtfördernde Aspekte untersucht werden. Die zugesagten Urlaubstage sollten beispielsweise auch tatsächlich genommen und nicht ausbezahlt werden. Schließlich sollten Unternehmen sich bemühen, Arbeitssüchtige in ihrer Organisation zu identifizieren, die Mitarbeiter insgesamt für die Problematik zu sensibilisieren und geeignete Maßnahmen zur Prävention und Rehabilitation bei Arbeitssucht zu realisieren.

Auf Unternehmensseite können solche Maßnahmen z.B. abzielen auf die anforderungs- und leistungsgerechte Aufgabenstrukturierung und -verteilung, auf die stärkere Betonung der Partizipation und des Arbeitens in Gruppen, auf die Einrichtung sinnvoller Karriereentwicklungsprogramme und auf die Arbeitsumfeldgestaltung. Durch Maßnahmen wie Rollenanalysen, Zielvereinbarungen, soziale Unterstützung und Teamentwicklung können zudem die Arbeitsplatzbeziehungen verbessert werden. Schließlich können Mitarbeiter darin unterstützt werden, zu einer angemesseneren Koordination von Arbeitsanforderungen und persönlichen Bedürfnissen zu gelangen, z.B. über Stressbewältigungsprogramme, eine individuelle Gestaltung der persönlichen

251

252

Arbeitsumgebung sowie Maßnahmen zur Lebensstilplanung. Entspannungstrainings, körperliche Übungen und Coaching sind ebenfalls denkbar. Wichtig ist, dass organisationale Maßnahmen nur dann Erfolg haben werden, wenn auch der Arbeitssuchtgefährdete oder -betroffene prinzipiell bereit ist, die Problematik aktiv zu bewältigen.

3.3.3.7 Was kann der Einzelne gegen Arbeitssucht tun?

253 Ohne eine gewisse reflektierende Einsicht in die Problemhaftigkeit des eigenen Arbeitsverhaltens kann die Arbeitssucht nämlich nicht erfolgreich überwunden werden. Ist jedoch eine erste Einsicht entstanden, dass mit dem eigenen Arbeitsverhalten etwas „nicht stimmt" und man „etwas tun" möchte, so sind gute Voraussetzungen zur Behebung der Problematik gegeben. Bei der Behandlung von Arbeitssucht ist besonders problematisch, dass eine völlige Abstinenz vom Suchtmittel (wie z. B. bei der Alkoholismustherapie) unmöglich ist (Voigt, 2006), sondern dass eine angebrachte Beziehung zur Arbeit gelernt werden muss (Meißner, 2005). Bislang gibt es keine spezifischen therapeutischen Interventionen oder gar spezielle Trainings zur Überwindung einer Arbeitssuchtproblematik. Die Aufnahme einer individual- oder gruppentherapeutischen Maßnahme oder auch der Besuch einer Selbsthilfegruppe für Personen mit Arbeitsstörungen dürfte jedoch in jedem Fall hilfreich und auch unumgänglich sein, um sich der persönlichen Arbeitssuchtproblematik und insbesondere den dahinterstehenden Gründen und Ursachen anzunähern, um dann darauf aufbauend zu einer Einstellungs- und Verhaltensänderung im Problembereich zu gelangen. Unterschiedliche therapeutische Schulen wenden dabei unterschiedliche Vorgehensweisen an. Letztlich gilt es wie bei jeder Therapiemaßnahme individuell und selbstverantwortlich zu prüfen, ob durch die angefragte Hilfe der Betroffene eigene Wünsche, Bedürfnisse und Zielsetzungen realisieren kann oder nicht. Die zunehmende Zahl von Selbsthilfegruppen für Arbeitssüchtige, aber auch die Spezialisierung von ambulant tätigen Psychotherapeuten und stationär arbeitenden Kliniken verdeutlichen, dass es einerseits offensichtlich sowohl eine Nachfrage nach solchen Leistungen, aber auch eine verstärkte Professionalisierung bei der Bewältigung der Arbeitssuchtproblematik gibt.

3.3.3.8 Was kann die Gesellschaft gegen Arbeitssucht tun?

254 Es fehlt im primärpräventiven Bereich bzgl. der Verhinderung, Vermeidung und/oder Eindämmung süchtigen Arbeitens an Hilfsangeboten und unterstützenden Maßnahmen. Hier wären wünschenswert:

- eine offensivere Öffentlichkeitsarbeit, die auch die möglichen individuellen und gesellschaftlichen Folgekosten eines arbeitssüchtigen Verhaltensstiles berücksichtigt,

- eine Verbesserung des Angebots entsprechender Präventions- und Interventionsmaßnahmen z.b. durch Krankenkassen, die Bundeszentrale für gesundheitliche Aufklärung, Wohlfahrtsverbände, den Berufsverband Deutscher Psychologinnen und Psychologen, Ärztevereinigungen etc.,

- eine stärkere Berücksichtigung des Problems des süchtigen Arbeitens sowohl in der medizinischen als auch in der psychologischen Therapie. Dies erfordert ebenfalls eine stärkere Sensibilisierung der im Gesundheitswesen tätigen Personen für die Arbeitssuchtproblematik, und schließlich

- die Entwicklung und Etablierung geeigneter, zum süchtigen Arbeiten alternativer, auch langfristig stabiler Verhaltensmuster unter besonderer Berücksichtigung der für den Suchtbereich immer wesentlichen Rückfallproblematik.

Eine gesamtgesellschaftliche Diskussion der Arbeitssucht sollte zum einen *255* dazu beitragen, dass interdisziplinäre Forschungsaktivitäten zur Arbeitssuchtproblematik angeregt werden. Zum anderen erscheint – nicht zuletzt unter Berücksichtigung der sehr großen Zahl von Arbeitslosen und einem beständigen Missverhältnis von zur Verfügung stehenden Arbeitskräften einerseits und von zu erledigender Arbeit andererseits – eine gesamtgesellschaftliche Diskussion über den Stellenwert der Arbeit für den Einzelnen wie für die Sozialgemeinschaft notwendig und sinnvoll (siehe dazu auch Bohmeyer, 2002). Kernpunkt sollte dabei sowohl die gleichmäßigere und gerechte Verteilung der Arbeit als auch die Etablierung neuer Arbeitszeitmodelle sein, um so auch langfristig den sozialen Frieden in unserer Gesellschaft zu sichern. Die aktuelle Diskussion um Arbeitsformen und Arbeitsverteilungen der Zukunft inklusive der individuellen wie gesamtgesellschaftlichen Bedeutung von Arbeit bietet die Chance, das süchtige Arbeiten in seiner bislang weithin kaum hinterfragten sozialen Erwünschtheit zu relativieren und eine offenere Problematisierung der Arbeitssucht und ihrer im Einzelfall verheerenden Auswirkungen zu erreichen.

4 Wie können psychische Belastungen erkannt werden?

Im Sinne der Vermeidung gesundheitlicher Einschränkungen und im Sinne 256
der Aufrechterhaltung der Mitarbeiterzufriedenheit und Leistungsfähigkeit
der Organisation sollten gesundheitliche Belastungen möglichst frühzeitig erkannt, eingegrenzt und behoben werden. Eine umfassende Analyse des Ist-
Zustandes ist hierfür wesentlich. Sie hat zum Ziel, Schwachstellen einerseits
und Gestaltungsspielräume für gesundheitsfördernde Maßnahmen andererseits zu ermitteln. Als positiver Nebeneffekt ist dabei immer wieder zu beobachten, dass allein durch die offene Thematisierung der „betrieblichen
Gesundheit" ein anregender und motivierender Effekt eintritt, der die konstruktive Einbeziehung von Mitarbeitern aller Ebenen bei den folgenden Schritten wesentlich erleichtert (Ducki, 1998). Und gerade eine solchermaßen par-
tizipativ durchgeführte Diagnose, Analyse und Lösungssuche verspricht
schließlich gleichermaßen praxisnahe wie relevante Erkenntnisse bezüglich
psychischer Belastungen.

Eine erfolgreiche Umsetzung der resultierenden Verbesserungsvorschläge 257
setzt allerdings zweierlei voraus: Zum einen ist die unbedingte Unterstützung
des gesamten Prozesses durch die oberste Führungsebene notwendig, damit
die entwickelten Konzepte und Lösungen nicht in der Schublade verschwinden, sobald das Projekt abgeschlossen und eventuell hinzugezogene externe
Experten den Betrieb wieder verlassen haben. Zum zweiten ist eine rigoros offene Informationspolitik erforderlich, damit sich die hinzugezogenen Mitarbeiter weder ausgehorcht noch ausgenutzt fühlen: Wer sich einbringt, möchte
auch erfahren, wofür genau, wie es weitergeht und warum gegebenenfalls bestimmte Vorschläge nicht umgesetzt wurden.

Die folgende Abbildung 4.1 zeigt verschiedene Wege und Möglichkeiten,
wie arbeitsbedingte psychische Belastungen erkannt und quantifiziert werden
können.

Die Verfahren zur Erfassung psychischer Belastungen können grob anhand
ihrer Analysetiefe in orientierende, Screening- und Expertenverfahren unterteilt werden. Die Analysetiefe bestimmt sich dabei aus der Anzahl der relevanten Merkmale sowie der Abstufungsfeinheit, in der diese erfasst werden.

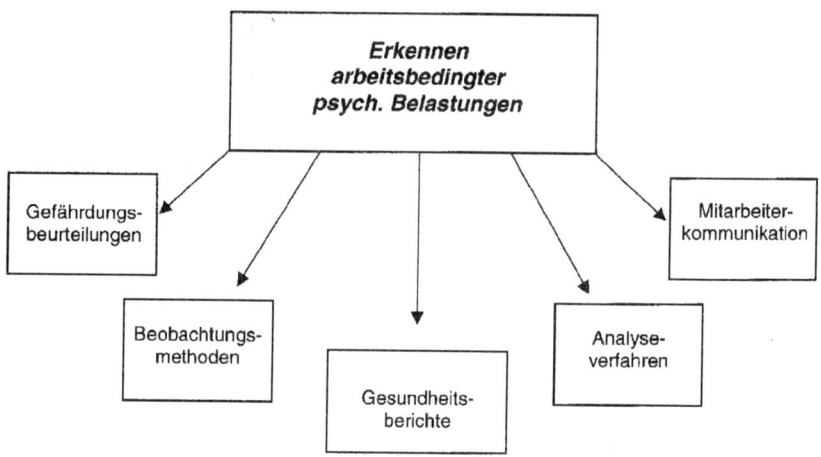

Abb. 4.1: Erkennen von Psychischen Belastungen

4.1 Betriebliche Gesundheitsberichte und Arbeitsunfähigkeitsdaten

4.1.1 Begriffsbestimmung und Reichweite

258 Zumeist gerät die Gesundheit der Beschäftigten ganz konkret durch hohe Fehlzeiten in den Fokus der Aufmerksamkeit. Eigene Fehlzeitenstatistiken eines Betriebes sind insofern der unmittelbarste und erste Zugang, der für einen Einstieg in die Diagnose physischer und psychischer Belastungen am Arbeitsplatz zur Verfügung steht. Diese Zahlen ermöglichen den Verantwortlichen, sich zumindest ein grobes Bild davon zu machen, ob in bestimmten Abteilungen, für bestimmte Tätigkeiten oder für bestimmte Berufs- oder Personengruppen krankheitsbedingte Fehlzeiten gehäuft auftreten. Ist dies der Fall, bietet sich ein Ansatzpunkt für weitere Ursachenforschung. Der Vergleich von Fehlzeitenstatistiken über Betriebe hinweg ist jedoch ausgesprochen problematisch, da die Berechnung beispielsweise von Kuren, Mutterschaftszeiten und dergleichen nicht einheitlich erfolgt.

259 Arbeitsunfähigkeits-(AU)-Datenanalysen werden von Krankenkassen erstellt und beziehen sich auf die AU-Situation der bei dieser Kasse versicherten Mitarbeiter. Ist die Mehrzahl der Mitarbeiter eines (hinreichend großen) Betriebes bei einer bestimmten Krankenkasse versichert, können die Daten, anonymisiert und standardisiert, den Betrieben in Form eines Gesundheitsberichtes zur Verfügung gestellt werden. Besonders interessant ist dann auch der Vergleich mit entsprechenden Daten aus anderen Betrieben der gleichen Branche oder Region. Für kleine und mittlere Betriebe werden teilweise auch in-

nungsbezogene Gesundheitsberichte angeboten. Das Leistungsangebot des Instituts für betriebliche Gesundheitsförderung der AOK Rheinland beispielsweise umfasst

- Betriebliche Krankenstandsanalyse,
- Vergleich der Abteilungen,
- Vergleich mit der Region,
- Vergleich mit der Branche,
- Anonymisierte Auswertung der Diagnoseschwerpunkte,
- Arbeitsplatzbegutachtung nach ergonomischen Gesichtspunkten,
- Gutachten über ergonomische Krankheitsquellen mit Empfehlungen,
- Mitarbeiterbefragung zu den Ursachen des Krankenstandes,
- Betrieblicher Gesundheitsbericht als Zusammenfassung der jeweiligen Analyse,
- Zusammenarbeit mit der zuständigen Berufsgenossenschaft.

Die Analyse von AU-Daten bietet sich als Einstieg in die betriebliche Gesundheitsförderung vor allem deshalb an, weil anhand bereits vorhandener Daten erste Hypothesen gebildet werden können, die den weiteren Analyseprozess (z.B. bei einer Betriebsbegehung und dem Einsatz von Arbeitsanalyseverfahren) leiten können. Darüber hinaus stellen AU-Daten eine solide Ausgangsbasis für eine spätere Evaluation durchgeführter Interventionsmaßnahmen dar, da ein Vorher-Nachher-Vergleich des Krankenstandes möglich wird (Ducki, 1998, 2000). 260

Erfasst werden in der Regel:

- Anzahl und Dauer krankheitsbedingter Fehlzeiten,
- Verteilung innerhalb des Betriebes (z.B. nach Abteilungen oder Tätigkeiten),
- Soziodemographische Merkmale wie Alter oder Geschlecht,
- Krankheitsarten,
- Kassen-, Branchen- und Ländervergleiche,
- Verteilung und Veränderung im zeitlichen Längsschnitt.

Entsprechende Statistiken bieten folglich die Möglichkeit, die Situation im eigenen Unternehmen realistisch und differenziert einschätzen zu können. Von besonderem Interesse für die Ableitung von gesundheitsfördernden Maßnahmen ist, welche Krankheiten wie häufig auftreten und wie lange sie im Schnitt dauern. Allerdings unterliegt die Interpretierbarkeit dieser Daten aber auch einer Reihe teils gewichtiger Einschränkungen.

4.1.2 Einschränkungen der Interpretierbarkeit von AU-Daten

261 Ein zentrales Problem besteht darin, dass die Krankheitsarten lediglich nach dem ICD 10-Diagnoseschlüssel (International Classification of Diseases) in 17 Gruppen unterschieden werden (ICD-10-GM, 2004). Diese sind sehr allgemein, da jeweils zahlreiche, sehr unterschiedliche Krankheiten unter einer Hauptgruppe zusammengefasst sind. In betrieblichen Zusammenhängen am häufigsten sind nach Ducki (1998):

- Krankheiten des Skeletts, der Muskeln und des Bindegewebes,

- Krankheiten der Atmungsorgane,

- Krankheiten des Kreislaufsystems,

- Krankheiten der Verdauungsorgane,

- Verletzungen und Vergiftungen

- sowie zunehmend auch psychiatrische Krankheiten.

Auch muss die Diagnosesicherheit des behandelnden Arztes hinterfragt werden. Diese ist neben dessen fachlicher Kompetenz nicht unwesentlich von der Offenheit des Patienten abhängig.

262 Eine weitere Fehlerquelle ist durch die Klassifikation der Berufszugehörigkeit entsprechend des Berufsgruppenschlüssels der Bundesanstalt für Arbeit gegeben. Die Berufsangabe Schweißer wäre nur zutreffend, wenn überwiegend Schweißtätigkeiten ausgeführt werden. In Klein- und Kleinstbetrieben gibt es aber kaum Schweißer in diesem Sinne. Die Tätigkeit setzt sich aus vielen verschiedenen Tätigkeiten und somit auch aus unterschiedlichen Belastungen zusammen. Überdies sind die Berufsangaben häufig nicht mehr aktuell, da in der Zwischenzeit neue Anforderungen zu neuen Qualifikationen geführt haben.

Schließlich beziehen sich AU-Analysen auf die Daten der Versicherten einer Kasse. Daher sind Rückschlüsse auf die Gesamtpopulation eines Betriebes ebenso wie Verallgemeinerungen auf längere Zeiträume als den im AU-Bericht erfassten (meist 1 Jahr) unzulässig.

263 Insgesamt lässt sich sagen, dass eine eindeutige Interpretation von AU-Daten erst dann möglich ist, wenn weitere Erkenntnisse mit einbezogen werden, insbesondere Daten aus Gefährdungsbeurteilungen, aus Mitarbeiterumfragen und Arbeitsanalysen oder Daten der zuständigen Berufsgenossenschaft zum aktuellen Berufskrankheiten- und Unfallgeschehen.

Ein Beispiel hierfür stellt die groß angelegte und vom Bundesarbeitsministerium geförderte Studie mit dem Titel „Kooperationsprogramm Arbeit und Gesundheit" dar, in der der Zusammenhang von Arbeitsbedingungen und deren Auswirkungen in unterschiedlichen Branchen untersucht wurde. Um diesen Zusammenhang zu ergründen und darauf aufbauend neue Erkenntnisse zu gewinnen, mussten Gefährdungen in umfassender Form ermittelt und beurteilt werden. Der Beurteilung psychischer Belastungen kam dabei eine zentrale Rolle zu.

Daten zu Beanspruchungen und zu deren kurz- und langfristigen Folgen 264 setzten sich aus AU-Daten der Krankenkassen und aus Daten zum Arbeitsunfall- und Berufskrankheitengeschehen zusammen. Ergänzt mit Daten aus Mitarbeiterbefragungen und Analyseverfahren wurde eine solide Datenbasis geschaffen. Unter anderem konnte dabei ein deutlicher Zusammenhang zwischen psychischem Befinden und Arbeitsunfähigkeit festgestellt werden. Dabei zeigte sich, dass ängstliche Gefühle und Anspannungen mit einem schlechteren Gesundheitszustand verbunden sind, während Mitarbeiter mit optimistischen Einstellungen auch unter widrigsten Umständen ihre Gesundheit erhalten können.

4.2 Beobachtung und Gefährdungsbeurteilung im Rahmen von Betriebsbegehungen

Aus systematischen Beobachtungen und Gefährdungsbeurteilungen, die im 265 Rahmen einer Arbeitsstättenbegehung erfolgen können, ergibt sich ein genaueres Bild von der psychischen Belastungssituation der Beschäftigten. Sie bilden gewissermaßen den „Kompromiss" zwischen der relativ groben Orientierung, die anhand von AU-Daten erfolgen kann (s. Abschnitt 4.1) und den oft sehr aufwändigen wissenschaftlichen Arbeitsanalyseverfahren (s. Abschnitt 4.3), die in jedem Fall die Hinzuziehung von Experten erforderlich machen. Systematische Beobachtungen und Gefährdungsbeurteilungen sind vergleichsweise handhabbar und ökonomisch, liefern aber nichtsdestotrotz fundierte Erkenntnisse hinsichtlich besonderer Schwachstellen im Sinne eines Screening-Verfahrens.

4.2.1 Beobachtung

Im betrieblichen Alltag kommen zur Erfassung von Belastungen und Gefähr- 266 dungen in erster Linie standardisierte Beobachtungsverfahren zum Einsatz. Unbeabsichtigte oder zufällige Beobachtungen des Mitarbeiterverhaltens sind dann von Bedeutung, wenn kritische Abweichungen vom Sollverhalten erfasst werden sollen. Gerade bei psychischen Belastungen, bei Überforderung und Unterforderung, sowie bei krankheitsbedingten oder sonstigen Leistungseinschränkungen ist die Wahrnehmung durch Dritte hilfreich, da Mitarbeiter nicht immer von sich aus auf ihre Situation hinweisen, sie möglicherweise auch nicht immer wahrhaben wollen.

267 Abbildung 4.2.1.1 zeigt Indikatoren von Überforderung und Unterforderung, wie sie von Kollegen und Vorgesetzten, gegebenenfalls auch von Funktionsträgern wie Betriebsärzten oder Fachkräften für Arbeitssicherheit erkannt werden können.

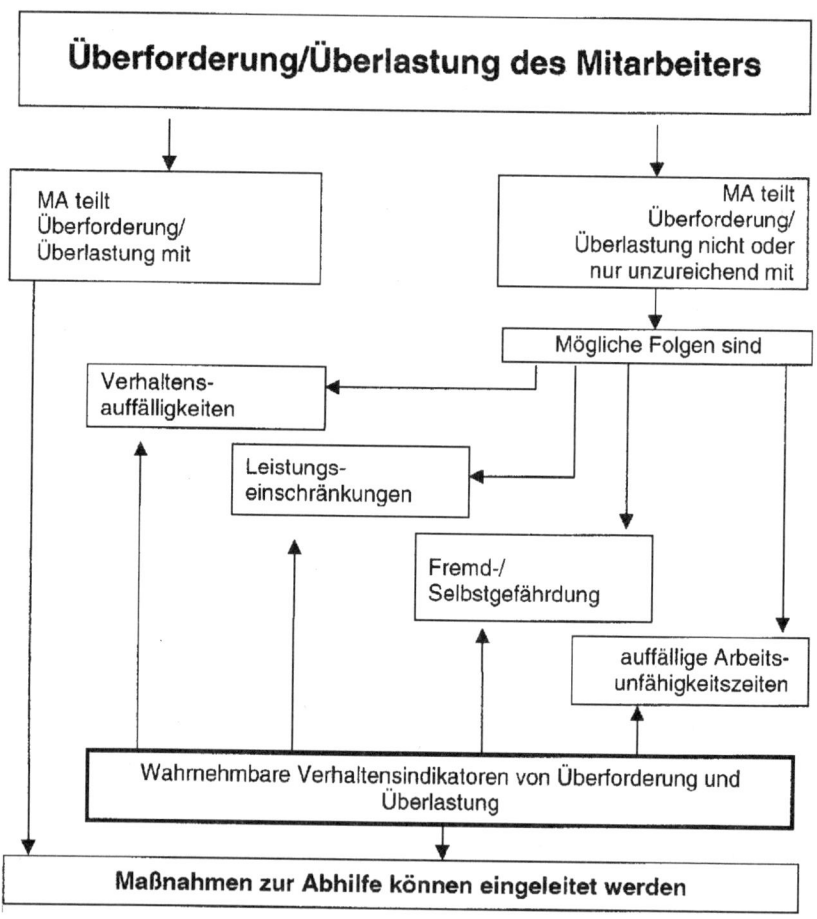

Abb. 4.2.1.1: Verhaltensindikatoren Überforderung

Liegen längerfristige Leistungseinschränkungen oder gar eine Selbstgefährdung vor, muss im Interesse sowohl des Mitarbeiters als auch des Betriebes reagiert werden. Bis das Problem eingegrenzt, analysiert und behoben ist, ist auch eine vorübergehende Befreiung oder Enthebung des Mitarbeiters von der Tätigkeit nicht ausgeschlossen. Dass dem zunächst ein klärendes Gespräch vorangeht, auf das der Mitarbeiter sich hinreichend vorbereiten kann, versteht sich von selbst.

Einschränkend ist zur Interpretierbarkeit von Fremdbeobachtungen anzumerken, dass erstens die regulativen Erfordernisse komplexer, überwiegend geistiger Arbeitstätigkeiten praktisch nicht beobachtbar sind, dass weiterhin seltene, aber wichtige und potentiell stark belastende Tätigkeiten eventuell während des Beobachtungszeitraums gar nicht auftreten und dass schließlich drittens Beobachtungen selbst seitens gut geschulter Beobachter nie ganz objektiv sind. 268

In bestimmten Fällen bieten sich weiterhin bewusst durchgeführte und von außen angeleitete Selbstbeobachtungen an. Dies ist zum einen der Fall, wenn eine Umgestaltung oder Modifikation ablauforganisatorischer Prozesse geplant ist. In diesen Fall werden die betroffenen Mitarbeiter über die Selbstbeobachtung ihres Arbeitsverhaltens aktiv an der Planung und Durchführung solcher Maßnahmen beteiligt. Auch in der Phase von Probe- oder Versuchsläufen können sie selbst am besten Auskunft geben, wo, wie und welche Optimierungen an der Schnittstelle zwischen Mensch und Arbeitssystem vorzunehmen sind. 269

Ein weiteres Beispiel für den systematischen Einsatz von Selbstbeobachtung ist die sogenannte Critical-Incident-Methode nach Flanagan (1954) in Form eines kritischen Tagebuches. Wie der Name schon sagt, werden dabei kritische oder belastende Situationen für nachfolgende analytische Betrachtungen protokolliert. Die Critical-Incident-Methode kommt vor allem im Rahmen von Personalentwicklungsmaßnahmen, bei der Feststellung von Qualifizierungsbedarf oder bei laufenden Coaching-Prozessen auf der Ebene des strategischen oder operativen Managements zum Einsatz. 270

4.2.2 Gefährdungsbeurteilungen

Gefährdungsbeurteilungen sind Verfahren zur Identifikation und Einschätzung von Gefährdungen und Belastungen. Sie können sowohl zur Diagnose als auch zum Abbau psychischer Belastungen beitragen, in dem sie auf Defizite in der Arbeitsgestaltung oder im Arbeitsverhalten hinweisen. Gefährdungsbeurteilungen bilden die Voraussetzung für eine gezielte Einleitung sicherheitstechnischer und gesundheitsfördernder Maßnahmen. 271

4.2.2.1 Rechtliche Rahmenbedingungen

272 Nach dem Arbeitsschutzgesetz von 1996 ist jeder Arbeitgeber verpflichtet Gefährdungsbeurteilungen in seinem Unternehmen durchzuführen. Das Arbeitsschutzgesetz verweist allgemein auf mögliche Gefahrenquellen. Sie werden zum Beispiel für Bildschirmarbeit in der Bildschirmarbeitsverordnung oder für Arbeitsstätten in der Arbeitsstättenverordnung durch Gestaltungsanforderungen konkretisiert. Dabei sind alle arbeitsbedingten Gefährdungen zu berücksichtigen. Dazu gehören Unfallgefährdungen, arbeitsbedingte Gesundheitsgefahren und psychische Belastungen.

§ 5 des ArbSchG fordert dazu:

(1) Der Arbeitgeber hat durch eine Beurteilung der für die Beschäftigten mit ihrer Arbeit verbundenen Gefährdung zu ermitteln, welche Maßnahmen des Arbeitsschutzes erforderlich sind.

(2) Der Arbeitgeber hat die Beurteilung je nach Art der Tätigkeiten vorzunehmen. Bei gleichartigen Arbeitsbedingungen ist die Beurteilung eines Arbeitsplatzes oder einer Tätigkeit ausreichend.

(3) Eine Gefährdung kann sich insbesondere ergeben durch

- die Gestaltung und die Einrichtung der Arbeitsstätte und des Arbeitsplatzes,
- physikalische, chemische und biologische Einwirkungen,
- die Gestaltung, die Auswahl und den Einsatz von Arbeitsmitteln, insbesondere von Arbeitsstoffen, Maschinen, Geräten und Anlagen sowie den Umgang damit,
- die Gestaltung von Arbeits- und Fertigungsverfahren, Arbeitsabläufen und Arbeitszeit und deren Zusammenwirken,
- unzureichende Qualifikation und Unterweisung der Beschäftigten.

273 Gefährdungsbeurteilungen werden insbesondere notwendig

- als Erstanalyse an bestehenden Arbeitsplätzen,
- bei wesentlichen Änderungen am Arbeitsplatz oder in der Arbeitsumgebung, z.B. bei neuen Einrichtungen, Maschinen oder Anlagen,
- bei wesentlichen Änderungen der Art, wie die Einrichtungen genutzt werden,
- nach dem Auftreten von Arbeitsunfällen, Beinahe-Unfällen oder arbeitsbedingten Krankheiten.

4.2.2.2 Vorgehensweise

Hinsichtlich der Vorgehensweise wird zwischen arbeitsbereichs- und tätigkeitsbezogenen Gefährdungsbeurteilungen einerseits und personenbezogenen Gefährdungsbeurteilungen andererseits unterschieden.

Bei arbeitsbereichs- und tätigkeitsbezogenen Gefährdungsbeurteilungen *274* werden die Analysen unabhängig vom Mitarbeiter an einem vorher festgelegten Arbeitsplatz oder einer vorher festgelegten Tätigkeit durchgeführt. Beispiele sind die Bedienung von Werkzeugmaschinen, die Montage von Teilen am Fließband oder Bildschirmarbeitsplätze. Bei gleichartigen Arbeitsplätzen oder Tätigkeiten können dabei die Ergebnisse einer einzigen Beurteilung auf andere Arbeitsplätze übertragen werden.

Personenbezogene Gefährdungsbeurteilungen bieten im Gegensatz dazu die *275* Möglichkeit, Gefährdungen und Gesundheitsrisiken zu erkennen, denen bestimmte Mitarbeiter auch unter identischen Arbeitsbedingungen eher ausgesetzt sind als andere. Sie sind beispielsweise erforderlich für behinderte Arbeitnehmer, jugendliche oder ältere Arbeitnehmer, schwangere und stillende Frauen, unqualifizierte oder unerfahrene sowie immungeschwächte Arbeitnehmer mit Erkrankungen oder Vorerkrankungen.

Personenbezogene Gefährdungsanalysen sind unter Umständen auch bei wechselnden Tätigkeiten oder ortsveränderlichen Arbeitsplätzen angemessen, z.B. bei Betriebsschlossern oder bei Tätigkeiten auf Baustellen.

Die folgende Abbildung 4.2.2.2.1 zeigt schematisch den zeitlichen Ablauf *276* einer Gefährdungsbeurteilung:

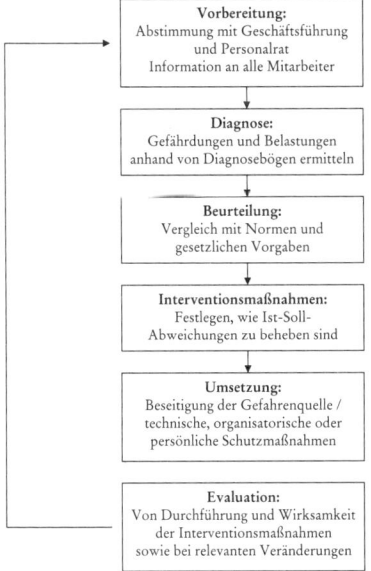

Abb. 4.2.2.2.1: Zeitlicher Ablauf einer Gefährdungsbeurteilung

145

Vorhandene Gefährdungen, festgelegte Maßnahmen, für deren Umsetzung verantwortlich benannte Personen sowie Ergebnisse der Wirksamkeitsevaluation sind hierbei sorgfältig zu dokumentieren.

4.2.2.3 Gefährdungsarten

277 In einer Gefährdungsanalyse werden alle arbeitsbedingten Gesundheits- und Unfallgefahren erfasst. Dabei werden derzeit 13 Gefährdungs-/Belastungskategorien unterschieden, die jeweils wiederum differenziert untergliedert sind:

1. Mechanische Gefährdungen, z.B. ungeschützte bewegliche Maschinenteile
2. Elektrische Gefährdungen, z.B. gefährliche Körperströme
3. Gefahrstoffe, z.B. Gase oder Dämpfe
4. Biologische Gefährdungen, z.B. Infektionsgefahren
5. Brand- und Explosionsgefährdungen, z.B. Explosivstoffe
6. Thermische Gefährdungen, z.B. Kontakt mit heißen oder kalten Medien
7. Gefährdung durch physikalische Einwirkungen, z.B. Lärm oder Schwingungen
8. Gefährdung durch Arbeitsumgebungsbedingungen, z.B. Klima oder Beleuchtung
9. Körperliche Belastung/Arbeitsschwere, z.B. schwere dynamische Arbeit
10. Wahrnehmung und Handhabbarkeit, z.B. Erfassen großer Informationsmengen
11. Sonstige Gefährdungen/Belastungen, z.B. Hautbelastungen
12. Psychische Belastungen (s. Tabelle 4.2.2.3.1)
13. Organisation, z.B. Arbeitsablauf oder Arbeitszeit

278 Mittlerweile liegen Verfahren zur Gefährdungsbeurteilung vor, die explizit psychische Belastungen miterfassen. Ein Beispiel ist das von der Vereinigung der Metall-Berufsgenossenschaften herausgegebene Verfahren, in dem von folgenden Gefährdungs- und Belastungsfaktoren ausgegangen wird (Tabelle 4.2.2.3.1):

Tab. 4.2.2.3.1: Berücksichtigung psychischer Belastungen in Gefährdungsbeurteilungen

Gefährdungs-/ Belastungsfaktoren	Gefährdungen	Erläuterungen und Hinweise
Arbeitstätigkeit		**Beobachtungen/Befragung:**
	– unvollständige Tätigkeitsstrukturen	Sind die Tätigkeiten so gestaltet, dass die Arbeitsaufgabe u. a. ausführende Anteile (z. B. Stanzen), vor- und nachbereitende Anteile (z. B. Einrichten) sowie organisierende und kontrollierende Anteile enthält?
		Werden Tätigkeiten ausgeführt, die neben Routinearbeiten auch ein bewusstes Wahrnehmen, Denken und Planen erfordern?
		Erfordert die Tätigkeit Daueraufmerksamkeit, z. B. Überwachung automatisierter Anlagen (einseitige Belastung, ausführende, aktive Tätigkeiten fehlen)?
	– Einzelarbeit, Kommunikation	Haben Beschäftigte kaum Möglichkeiten zur Kommunikation?
	– Unterforderung	Werden Beschäftigte, z. B. durch eine monotone Tätigkeit, unterfordert?
	– Überforderung	Führt die Schwierigkeit oder Komplexität der zu bewältigenden Arbeitsaufgaben zu einer Überforderung?
	– Information	Kommt es vor, dass Beschäftigten zur Ausführung ihrer Arbeit und/ oder beim Treffen von Entscheidungen Informationen und Handlungshilfen fehlen?
	– Handlungsspielraum	Hat der Beschäftigte nur wenig Einfluss auf Art und Weise der Tätigkeitsausführung (z. B. enge Vorgaben, Taktbindung)?
	– Qualifikation	Sind Beschäftigte bei ihrer Arbeit, z. B. beim Umgang mit Anlagen, Geräten oder Programmen, überfordert?
		Sind Beschäftigte bei ihrer Arbeit unterfordert (sie haben eine höhere Qualifikation, als für das Ausführen der Tätigkeit erforderlich ist)?
		Ist der Beschäftigte in seine Tätigkeit ausreichend eingewiesen und über mögliche Gefährdungen unterwiesen?
	– Gefährdungspotential	Ist der Beschäftigte am Arbeitsplatz besonderen Gefahren oder Risiken ausgesetzt (z. B. Absturzgefahr, Straßenverkehr)?

147

Gefährdungs-/ Belastungsfaktoren	Gefährdungen	Erläuterungen und Hinweise
Arbeitsorganisation	– Zeitdruck	**Beobachtung/Befragung:** Müssen Beschäftigte unter starkem Zeit- bzw. Termindruck arbeiten? Ist die Arbeitsmenge in der Regelarbeitszeit zu bewältigen?
	– Störungen	Kommt es oft vor, dass der Arbeitsablauf häufig geändert oder unterbrochen wird und ein kontinuierliches Arbeiten nicht möglich ist?
Soziale Bedingungen	– Rückmeldung	**Beobachtung/Befragung:** Erhalten Beschäftigte nur unregelmäßig Rückmeldung (Anerkennung oder Kritik) für die geleistete Arbeit?
	– Führungsstil	Leidet das soziale Klima im Betrieb unter dem Führungsstil des Chefs (z.B. zu autoritär)?
	– Gruppenverhalten	Bestehen durch die Art der Tätigkeit hohe emotionale Belastungen?

Selbst mit extrem differenzierten Beurteilungsverfahren wird es nie möglich sein, alle Belastungen oder Gefährdungen zu erfassen. Die Gründe liegen einerseits in den Verfahren selbst, die relevante Arbeitsmerkmale wie etwa täglich wechselnde Arbeitsbedingungen oder besondere Betriebszustände nicht oder nur unzureichend berücksichtigen, andererseits bei den befragten Personen, die unter Umständen nicht alle Belastungen kommunizieren (wollen).

4.2.2.4 Besondere Betriebszustände

279 Wie die Erfahrung zeigt, ereignen sich Unfälle gehäuft während besonderer Betriebszustände, beispielsweise bei Wartungs- und Instandhaltungsarbeiten. Dennoch werden die Beurteilungen gewöhnlich bei störungsfreiem Betrieb oder gar bei Stillstand vorgenommen. Die Ergebnisse vernachlässigen dann just die Gefährdungen und Belastungen, die während anderer Betriebszustände gegeben sind. Damit erhöht sich unter Umständen sogar das Unfallrisiko, da die Ergebnisse eine hohe Sicherheit „vorgaukeln" und so die Achtsamkeit der Mitarbeiter herabsetzen.

Folgende Betriebszustände sind bei Beurteilungen stets zu prüfen:

• Normalbetrieb
• Inbetriebnahme/Probebetrieb
• Einrichtung
• Stilllegung

- Instandhaltung/Wartung/Pflege
- Störungen, Havarien
- Montage/Demontage

Werden Arbeitsplätze oder Tätigkeiten vor dem Hintergrund der oben genannten besonderen Betriebszustände beurteilt, sind differenziertere Ergebnisse zu erwarten, die nicht nur für den störungsfreien, relativ sicheren Normalbetrieb gelten. Weiterhin sollte eine Gefährdungsbeurteilung sich nicht auf eine Beurteilung des aktuellen Ist-Zustandes beschränken, sondern auch eine rückblickende Analyse kritischer Ereignisse, Unfälle oder besonderer Belastungen aus der Vergangenheit mit einbeziehen.

4.3 Arbeitsanalyse

Wissenschaftliche Arbeitsanalyse-Verfahren stellen standardisierte Vorgehensweisen dar, die in der Regel auf differenzierten Fragebögen, Beobachtungen und Mitarbeiterinterviews basieren und von erfahrenen Experten durchgeführt und ausgewertet werden. Um den zentralen testtheoretischen Gütekriterien der Objektivität, Reliabilität und Validität gerecht zu werden, müssen die Verfahren entsprechend wissenschaftlich abgesichert sein. Arbeitsanalyseverfahren entsprechen der dritten Differenzierungsstufe bei der Ermittlung psychischer Fehlbelastungen am Arbeitsplatz, sie liefern gewissermaßen die Feinanalyse durch eine systematische Beschreibung von Arbeitssituation, Arbeitsablauf und Arbeitsanforderungen. Zur Anwendung ist fast ausnahmslos eine Schulung erforderlich. *280*

Welches Verfahren für die Diagnose psychischer Belastungen am Arbeitsplatz im Einzelfall am besten geeignet ist, sollte nach Ducki (1998, 2000) anhand folgender Aspekte entschieden werden: *281*

- Untersuchungsgegenstand: Arbeitsaufgabe oder Person
- Erhebungsmethode: Fragebogen, Interview oder Dokumentenanalyse
- Analysedimensionen: Erhebung von aufgabenbezogenen Belastungen und Anforderungen
- Anwendungsbereich: nach spezifischen Branchen oder Organisationsformen
- Theoretische und methodische Grundlagen: Operationalisierung der erhobenen Merkmale, testtheoretische Gütekriterien
- Aufwand an Zeit und Personal
- Handhabbarkeit
- Art der gelieferten Ergebnisse: beschreibend, bewertend oder verändernd

149

Die Analyseverfahren gehen dabei grob von drei unterschiedlichen Ansätzen aus. Wie in der folgenden Abbildung 4.3.1 dargestellt, lassen sich dabei Verfahren danach unterscheiden, ob sie in personenunabhängiger Form die jeweiligen Belastungssituationen erfassen, ob die subjektive Wahrnehmung des Mitarbeiters bezüglich seiner Beanspruchungen im Mittelpunkt steht oder ob der Schwerpunkt der Analyse auf längerfristigen Beanspruchungsfolgen liegt.

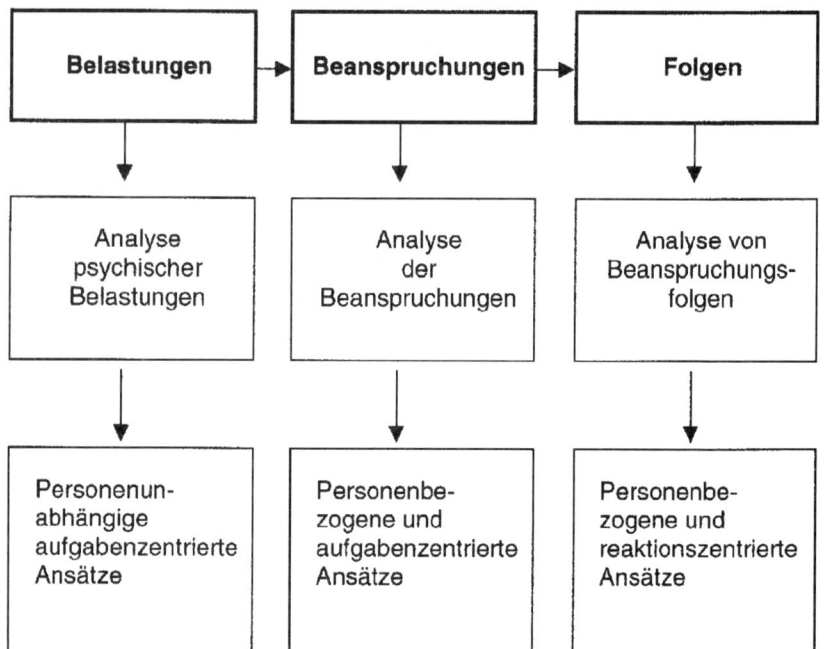

Abb. 4.3.1: Allgemeine Merkmale von Arbeitsanalyseverfahren, in Anlehnung an Wieland-Eckelmann (1992)

Eine vergleichende Darstellung sämtlicher am Markt befindlicher Analyseverfahren würde den Rahmen dieses Buches mehr als sprengen. Einen guten Überblick samt praktischer Auswahlkriterien vermittelt das entsprechende Handbuch von Dunckel (1999). Insbesondere sei hierzu auch auf die praxisnahen und stets aktuell gehaltenen Internetseiten zahlreicher Arbeitsschutzverbände, Gewerkschaften und Institute zur betrieblichen Gesundheitsförderung hingewiesen (Adressen s. Abschnitt 7.3.3). Ziel der folgenden Abschnitte ist es daher, lediglich einen ersten Eindruck davon zu vermitteln, welche Arten von Verfahren überhaupt existieren und wo deren Schwerpunkte und Anwendungsgebiete jeweils liegen.

4.3.1 Analyse psychischer Belastungen

Darunter fallen objektive, personenunabhängige und aufgabenzentrierte Ana-   282
lyseverfahren. Individuelle Besonderheiten werden nicht berücksichtigt, allein
die zu bewältigenden Arbeitsaufgaben stehen im Mittelpunkt, weshalb auch
von bedingungsbezogenen Verfahren gesprochen wird. Hierzu gehören beispielsweise folgende Verfahren, die alle auch zur Evaluation von Veränderungen am Arbeitsplatz geeignet sind:

• **TAI – Tätigkeitsanalyseinventar** (Frieling, Facaoaru, Benedix, Pfaus &   283
Sonntag, 1993)
Das TAI ist für geistige und manuelle Tätigkeiten einsetzbar und umfasst
vier Teilverfahren zu den Problemschwerpunkten emotionale, kognitive,
qualifikationsbedingte und veränderungsbedingte beanspruchungsrelevante
Faktoren.

• **TBS – Tätigkeitsbewertungssystem** (Hacker, Fritsche, Richter & Iwa-   284
nowa, 1995)
Das TBS analysiert den Ist-Zustand eines Arbeitsplatzes bezüglich seiner
Persönlichkeitsförderlichkeit, u.a. der Freiheitsgrade des Arbeitnehmers im
Sinne einer vollständigen Tätigkeit, der Kommunikation und Kooperation,
der Verantwortung sowie der Lernerfordernisse. Es liegen Kurz- und Lang-
formen für bestimmte Tätigkeiten (z.B. Montage, Bauwesen, geistige Tätigkeiten) vor.

• **VERA – Verfahren zur Ermittlung von Regulationserfordernissen in**   285
der Arbeitstätigkeit (Volpert, Oesterreich, Gablenz-Kolakovic, Krogoll &
Resch, 1983)
VERA erfasst den Entscheidungsspielraum am Arbeitsplatz als Niveau der
Handlungsregulation nach einem 10-Stufen-Modell; zentrales Bewertungs-
kriterium ist die Persönlichkeitsförderlichkeit der Arbeitstätigkeit. Das Verfahren ist geeignet zur Gestaltung industriell gewerblicher Arbeitstätigkeiten, sowie seit einiger Zeit auch in adaptierter Form für Sachbearbeitung
(VERA B) und geistige Arbeit (VERA G).

• **RHIA – Verfahren zur Ermittlung der Regulationshindernisse in der**   286
Arbeitstätigkeit (Leitner, Volpert, Greiner, Weber & Hennes, 1987)
RHIA erfasst in Ergänzung zum Verfahren VERA die psychischen Belas-
tungen, die durch Regulationshindernisse (Unterbrechungen, informatori-
sche Erschwerungen) und aufgabenimmanente sowie aufgabenunspezifische
Regulationsüberforderungen am Arbeitsplatz entstehen.

4.3.2 Analyse der Beanspruchungen

287 Eine weitere Verfahrensgruppe fokussiert die beim Mitarbeiter durch bestimmte Belastungen hervorgerufenen Beanspruchungen, ist also an der Schnittstelle zwischen Bedingungen und Person angesiedelt. Die entsprechenden Verfahren sind folglich sowohl aufgaben- als auch personenzentriert. Es geht um die von Mitarbeitern individuell wahrgenommenen und erlebten Tätigkeitsmerkmale, weshalb die Erhebung in der Regel durch standardisierte Befragungen erfolgt.

Beispiele sind:

288 • **ISTA – Instrument zur stressbezogenen Arbeitsanalyse** (Semmer, 1984)
Schwerpunkt ist die Identifikation von Faktoren, die zur Stressentwicklung beitragen können, wie Über- und Unterforderung, geringer Handlungsspielraum, Regulations- und Zielunsicherheit sowie (auf der anderen Seite) allgemeine Ressourcen. Das Verfahren ist universell einsetzbar.

289 • **FEMA – Fragebogen zur Erfassung mentaler Arbeitsbelastungen** (Tielsch, Hofmann & Häcker, 1993)
FEMA findet Anwendung bei der Ermittlung von mentalen Anforderungen an industriellen Arbeitsplätzen. Dabei stehen die Bedingungen der Informationsaufnahme, -verarbeitung und -weitergabe im Vordergrund.

290 • **JDS – Job Diagnostic Survey** (Schmidt & Kleinbeck, 1999)
Das JDS erfasst das subjektive Erleben des Mitarbeiters in konkreten Arbeitssituationen, indem Aussagen zu vorgegebenen Tätigkeitsmerkmalen ausgewertet werden. Diese sind Anforderungsvielfalt, Ganzheitlichkeit der Aufgabe, Bedeutung der Aufgabe, Selbstständigkeit und Rückmeldung. Aus einer Verrechnung dieser fünf Tätigkeitsmerkmale ergibt sich das Motivationspotenzial einer Arbeitstätigkeit. Das Verfahren ist universell einsetzbar.

291 • **SAA – Verfahren der subjektiven Arbeitsanalyse** (Udris & Alioth, 1980)
Das SAA erfasst die subjektiv wahrgenommene Arbeitssituation anhand der Bewertungsaspekte Handlungsspielraum, Transparenz, Verantwortung, Qualifikation, soziale Struktur und Arbeitsbelastung. Es erlaubt einen Vergleich von Belastungsstrukturen in der Arbeitstätigkeit und ist ebenfalls universell einsetzbar.

4.3.3 Analyse der Beanspruchungsfolgen

292 Wie wirken sich Beanspruchungen langfristig auf Leistungsverhalten, Wohlbefinden und Gesundheit aus? Bei diesen Betrachtungen spielt der zeitliche Bezug zur Tätigkeit und den erlebten Beanspruchungen eine große Rolle.

Kurzfristige Beanspruchungsreaktionen können anhand physiologischer Stress-Parameter wie Herzschlagfrequenz, Blutdruck oder Hautleitfähigkeit erfasst werden, während bei langfristigen Reaktionen eher Leistungsparameter (Fehlerhäufigkeit, Erfassung kritischer Situationen) sowie klinische Daten von Bedeutung sind. Letztlich sind hier klar personenbezogene Verfahren erforderlich, da die Beanspruchungsfolgen weniger von Merkmalen der Tätigkeit als von deren subjektivem Erleben und den dem Individuum verfügbaren Bewältigungsressourcen abhängen. Ein Beispielverfahren ist

- **SALSA – Salutogenetische Subjektive Arbeitsanalyse** (Rimann & Udris, 1997)   *293*
  Analysiert werden qualitative und quantitative Über- und Unterforderung sowie organisationale und soziale Gesundheitsressourcen, z.b. soziale Unterstützung durch Vorgesetzte. Das Verfahren ist wenig aufwändig (15-minütiger Fragebogen) und universell einsetzbar. Wie bei allen anderen Verfahren auch sind Gestaltungsempfehlungen ableitbar und Veränderungsprozesse können evaluiert werden.

4.3.4 Neuere Screening-Verfahren

Es kann und soll an dieser Stelle kein erschöpfender Überblick über neuere   *294*
Diagnoseverfahren gegeben werden. Auf drei Neuerungen sei jedoch kurz hingewiesen, da sie sich direkt auf psychische Anforderungen, Belastungen und Beanspruchungen bzw. Fehlbeanspruchungen beziehen. Zudem erfüllen sie die Forderung, in Form eines Screenings weniger aufwändig als klassische Arbeitsanalysen, aber aussagekräftiger als z.b. AU-Datenanalysen oder Gefährdungsbeurteilungen zu sein (vgl. Ducki, 1998).

- **SIGMA – Screening Instrument zur Bewertung und Gestaltung menschengerechter Arbeitstätigkeiten** (Windel, Salewski-Renner, Hilgers & Zimolong, 1997)   *295*
  SIGMA stellt ein praxisnahes Instrument zur Bewertung und Gestaltung von menschengerechten Arbeitstätigkeiten und der Erfassung von psychischen Belastungen an allen Arbeitsplätzen dar. Es ist modular aufgebaut und sowohl in der Produktion als auch in der Verwaltung einsetzbar. Durch die relativ einfache und schnelle Anwendung und Auswertung kann das Verfahren nach einer Einweisung auch von Praktikern angewendet werden. Die Sigma-Module werden unter anderem vom staatlichen Arbeitsschutz in NRW eingesetzt.

- **SPA – Screening pathogener Arbeitsbelastungen** (Metz & Rothe, 1999)   *296*
  SPA steht für ein Verfahren, das objektive Daten zur Arbeitstätigkeit mit dem subjektiven Erleben des Mitarbeiters an diesem Arbeitsplatz kombi-

niert. Das Verfahren besteht aus drei Teilen: Im Teilverfahren Situation wird unabhängig vom Mitarbeiter die Arbeitssituation nach einem vorgegebenen Analyseraster beurteilt, im Teilverfahren Person steht die subjektive Bewertung der Beanspruchung durch den Mitarbeiter selbst im Mittelpunkt. Anhand von Fragebögen wird nach dem gleichen Analyseraster vorgegangen. Im Teilverfahren Wirkungen schließlich wird anhand einer vorgegebenen Liste erfasst, ob pathogene Arbeitsbelastungen psychische und somatische Beschwerden mit sich bringen.

297 • **REBA – Rechnergestütztes Dialogverfahren zur psychologischen Bewertung von Arbeitsinhalten** (Jordan, Pohlandt, Hacker & Richter, 1997) REBA ist ein Screening-Verfahren zur Bewertung von Gestaltungslösungen industrieller Tätigkeiten mit und ohne bildschirmunterstützte Aufgaben, wie Bedienen, Montieren, Überwachen und Steuern. Die Bewertung erfolgt auf vier Ebenen: Die Ebenen Ausführbarkeit und Schädigungslosigkeit prüfen die Gestaltungsgüte der Arbeitsbedingungen. Die Arbeitsinhalte werden mit den Ebenen Beeinträchtigungsfreiheit sowie Lern- und Persönlichkeitsförderlichkeit erfasst. Eine Besonderheit von REBA 6.0 ist die prognostische Abschätzung der Auftretenswahrscheinlichkeit von Fehlbeanspruchungsfolgen wie psychische Ermüdung, Monotonie, psychische Sättigung und Stress mittels eines multiplen linearen Regressionsmodells (AOS TU Dresden, 2004).

4.4 Mitarbeiterkommunikation

298 Es ist bereits deutlich geworden, dass Mitarbeiterkommunikation in ihren unterschiedlichen Formen eine der zentralen Informationsquellen beim Erkennen und Eingrenzen psychischer Belastungen darstellt. Gemeint ist dabei mit Mitarbeiterkommunikation ganz allgemein der Austausch von relevanten Informationen zwischen Mitarbeitern und Führungskräften bzw. verantwortlichen Funktionsträgern. Dieser kann einerseits im Rahmen der bereits genannten Diagnoseverfahren erfolgen, andererseits aber auch zusätzlich dazu oder unabhängig davon. Die wesentlichen Formen der organisierten, also nicht einfach informellen Kommunikation stellen dabei Mitarbeiterumfragen per Fragebogen, Mitarbeiterinterviews und betriebliche Gesundheitszirkel dar.

4.4.1 Mitarbeiterumfragen

299 Mit Hilfe von standardisierten Fragebögen haben insbesondere die gesetzlichen Krankenkassen ein praktikables Instrumentarium geschaffen, um Mitarbeiter zu ihren Arbeitsbedingungen zu befragen. Umfang und Schwerpunkt der Fragen können dabei flexibel festgelegt und zusammengestellt werden.

Fragen und Antwortvorgaben sind standardisiert, d. h. vorformuliert. Dadurch können innerhalb eines kurzen Zeitraums viele Mitarbeiter befragt und deren Antworten systematisch und mit quantitativen statistischen Verfahren ausgewertet werden.

Nachteilig kann sich auswirken, dass keine Rückfragen möglich sind und Sonderfälle nur schwer berücksichtigt werden können. Es hat sich bewährt, zusätzlich ein bis zwei offene Fragen mit einzuschließen, bei deren Beantwortung die Mitarbeiter Gelegenheit erhalten, ergänzende Informationen oder Anregungen mitzuteilen, z. B.: „Was wäre Ihnen darüber hinaus noch wichtig?", „Was klappt besonders gut, was besonders schlecht?". „Haben Sie konkrete Vorschläge, wie die Probleme behoben werden können?".

Weiterhin hat sich bewährt, die Ergebnisse in aufbereiteter Form an die Mitarbeiter zurückzumelden. Dieses aus dem so genannten Survey-Feedback-Ansatz stammende Vorgehen will über die Bewusstmachung zu einer Problemidentifikation beitragen. Untersuchungen zu dieser Methode belegen, dass die Rückkopplung der Ergebnisse an die Befragten in der Tat aktivierend und motivierend wirkt. *300*

Akzeptanz und Motivation sind auf Dauer natürlich nur gegeben, wenn erkannte Defizite oder Mängel auch tatsächlich beseitigt werden. Defizite, die erkannt aber in der Folge nicht in Angriff genommen werden, führen über kurz oder lang zu Resignation bei den Arbeitnehmern. Wenn die Mitarbeiter den Eindruck bekommen, es ändere sich ohnehin nichts, sinkt verständlicherweise nicht nur ihre Bereitschaft, sich weiterhin in den diagnostischen Prozess einzubringen, sondern auch ihre Arbeitszufriedenheit insgesamt. Dass Diagnostik ohne anschließende Intervention Geldverschwendung ist, sollte den Verantwortlichen daher eindringlich im Vorfeld bewusst gemacht werden. *301*

4.4.2 Mitarbeiterinterviews

Mitarbeiterinterviews erlauben zwar im Vergleich zum Fragebogen eine noch *302* gezieltere Erhebung von Informationen, da das Gespräch Rückfragen und freie Ergänzungen eher zulässt oder gar von vornherein in halbstandardisierter oder ganz unstrukturierter Form geführt werden kann. Allerdings wird beim Interview zu einem gewissen Grad auf die Anonymität verzichtet, die für viele Mitarbeiter Voraussetzung dafür ist, sich wirklich frei kritisch zu äußern. Interviews zu psychischen Belastungen am Arbeitsplatz sollten bevorzugt von externen Experten oder neutralen betrieblichen Funktionsträgern, aber nicht vom eigenen Vorgesetzten geführt werden. Zudem ist der zeitliche und damit auch der finanzielle Aufwand wesentlich größer als bei Fragebogenverfahren. Dennoch gibt es immer wieder Anlässe, in denen persönliche Befragungen notwendig und sinnvoll sind.

Das Interview sollte in Ich-ferner Form durchgeführt werden, das heißt, der Mitarbeiter sollte keine Fragen beantworten müssen, die seine Persönlichkeitssphäre verletzen könnten, unangenehme Gefühle wecken, verunsichern oder anderweitig sozial erwünschtes Antwortverhalten provozieren. Beispiele für Ich-nahe Fragen sind: „Was halten Sie von Ihrem Vorgesetzten?" oder „Wie zufrieden sind Sie mit Ihrem Arbeitsplatz?" Eine Ich-ferne Frage wäre beispielsweise: „Welche ablauforganisatorischen Veränderungen würden Sie an diesem Arbeitsplatz vorschlagen?"

303 Von Mitte der 70er Jahre bis Ende der 80er Jahre wurden unter dem Oberbegriff „Humanisierung des Arbeitslebens" (HdA) eine Reihe vielfältiger Forschungsvorhaben als Beiträge zur menschengerechten Gestaltung von Arbeitstätigkeiten realisiert. Diese Projekte, die vom Bundesforschungsministerium gefördert wurden, führten zu einem erheblichen Erkenntnisgewinn, der sich bis heute auswirkt und zu einem neuen Forschungsprogramm mit dem Titel „Mensch und Arbeit" geführt hat. Im Rahmen des HdA-Projektes wurden Mitarbeiterbefragungen zur Arbeitszufriedenheit durchgeführt. Auffallend waren dabei sehr hohe Zufriedenheitswerte, obwohl die objektiven Arbeitsbedingungen häufig als unzureichend eingestuft werden mussten. Diese unerwarteten Ergebnisse führten zu weiteren Forschungsanstrengungen, in denen einige dieser Ungereimtheiten aufgeklärt werden konnten.

Es fand sich, dass die Art der Datenerhebung zu einer Verzerrung des Antwortverhaltens geführt hatte. Dies war z.B. der Fall, wenn der Mitarbeiter fürchten musste, dass Äußerungen von Unzufriedenheit oder Kritik unangenehme Folgen nach sich ziehen könnten. Verzerrungen und Fehler können auch durch die Interviewform hervorgerufen werden. Zu allgemeine oder suggestive Fragen sind unbedingt zu vermeiden.

304 Generell kann zwischen strukturierten und unstrukturierten Interviews unterschieden werden. Bei strukturierten Interviews sind die Fragen konkret vorgegeben, auf die geantwortet werden soll, beispielsweise „Was würden Sie tun, wenn in diesem Betriebszustand folgende Systemabweichungen eintreten?". Steht dazu ein festes Antwortschema zur Verfügung (z.B. „Welche der folgenden Maßnahmen würden Sie ergreifen?" „Wie zufrieden sind Sie mit der Pausenregelung auf einer Skala von 1 bis 7?"), könnte die Befragung nahezu ebenso gut in schriftlicher Form erfolgen und so ein höheres Maß an wahrgenommener Anonymität gewährleistet werden.

305 In unstrukturierten Interviews sind die Fragen nicht vorgegeben. Die zu stellende Frage leitet sich aus den vorher gegebenen Antworten ab, wodurch an den Interviewer deutlich höhere Anforderungen gestellt werden. Eine standardisierte Datenauswertung ist in diesem Fall nicht möglich. Unstrukturierte

Interviews sind gut geeignet, um überhaupt einen ersten Eindruck zu gewinnen, sie können also quasi explorativ genutzt werden. Weiterhin bieten sich unstrukturierte Interviews an, wenn nur wenige Mitarbeiter als besondere Experten intensiv befragt werden sollen.

Interviews zu psychischen Belastungen und den daraus resultierenden Folgen müssen, wie andere Verfahren auch, eine Reihe wichtiger Merkmale erfüllen, wenn sie zu brauchbaren Ergebnissen führen sollen. Unter anderem sind dies: *306*

- Anonymität und Vertraulichkeit aller Angaben,
- Durchführung durch geschulte Interviewer,
- Transparenz des Untersuchungszwecks und des weiteren Vorgehens,
- Beachtung wissenschaftlicher Erkenntnisse zur Gestaltung von Frage- und Antwortformaten,
- Ableitung weiterer Feindiagnose-Schritte und gezielter Veränderungsmaßnahmen.

4.4.3 Mitarbeiterzirkel und -arbeitskreise

Unter Mitarbeiterzirkeln sind betriebliche Problemlösegruppen zu verstehen, die regelmäßig oder unregelmäßig gemäß ihres Auftrags und ihrer Zielsetzung zusammenkommen. Die Größe eines Zirkels umfasst dabei idealerweise sechs bis zehn Personen. Beispiele sind Qualitätszirkel, Gesundheitszirkel, Sicherheitszirkel usw. *307*

Arbeitskreise sind im Gegensatz zu Zirkeln stärker institutionalisiert und in ihrer Zusammensetzung häufig vorgeschrieben. Wichtige Arbeitskreise sind z.B. der Arbeitsschutzausschuss (ASA) oder der Arbeitskreis Gesundheit.

Beispiel: Gesundheitszirkel

Die Tätigkeit eines Gesundheitszirkels gliedert sich im Wesentlichen in zwei Hauptaufgaben. Der erste Aufgabenbereich besteht darin, zu erkennen und einzuschätzen, welche belastenden und gefährdenden Tätigkeiten in einem bestimmten Arbeitsbereich vorkommen und zu welchen Folgen sie führen. Der zweite Aufgabenbereich umfasst alle Aspekte der Entwicklung und Einleitung von Gestaltungsmaßnahmen zum Abbau erkannter Belastungen. Im Mittelpunkt stehen dabei verhaltens- und verhältnispräventive Maßnahmen. *308*

Die bisherigen Erfahrungen mit Gesundheitszirkeln sind sehr ermutigend, denn sie zeigen, dass positive Effekte in mehrfacher Hinsicht zu erwarten sind. Neben dem Abbau von Belastungen und Gesundheitsgefährdungen und einer Verbesserung der Leistungsfähigkeit ist besonders hervorzuheben, dass auch *309* die Arbeitszufriedenheit steigt. Da die Mitarbeiter als Betroffene bei der Lösung arbeitsplatzspezifischer Probleme beteiligt werden, erhöht sich nicht nur die Qualität der entwickelten Problemlösungen, sondern auch die Identifikation mit den durchgeführten Maßnahmen.

In einer Analyse von elf Studien, die die Ergebnisse von 81 Gesundheitszirkeln repräsentierten, kommen Aust und Ducki (2004) zu dem Ergebnis, dass neben positiven Effekten auf Gesundheit und Wohlbefinden auch ein geringerer Krankenstand zu verzeichnen ist.

310 Entscheidend für den Erfolg eines Gesundheitszirkels sind seine Zusammensetzung sowie die Unterstützung durch die Unternehmensleitung. Die folgende Abbildung 4.4.3.1 zeigt, welche Personengruppen idealerweise vertreten sein sollten.

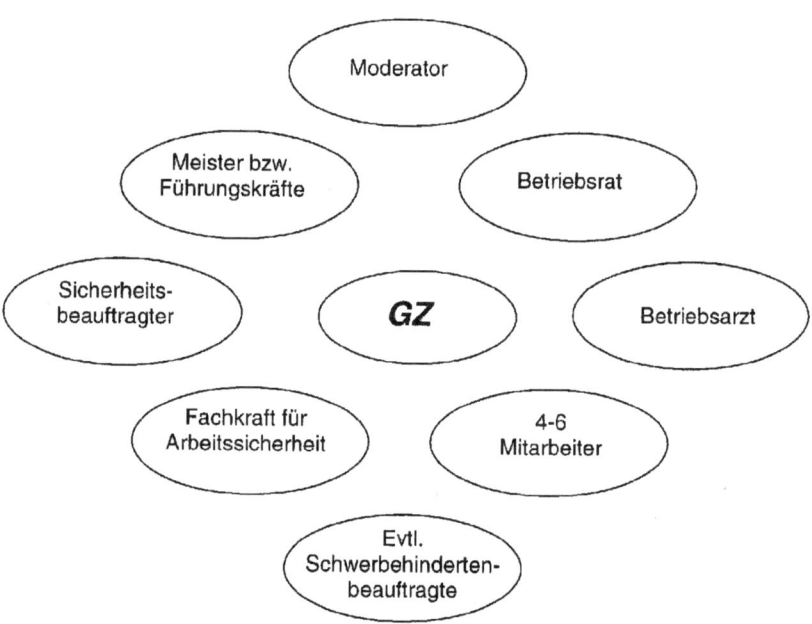

Abb. 4.4.3.1: Teilnehmer des Gesundheitszirkels

311 Für den Erfolg der Arbeit des Gesundheitszirkels sind die Fähigkeiten des Moderators von erheblicher Bedeutung, da dieser auch kontroverse Situationen in neutraler Weise sicher zu handhaben wissen muss. Die Rolle des Moderators sollte von einem geschulten Experten wahrgenommen werden. Dessen Kompetenz liegt dabei zentral in der Beherrschung von Modera-

tionstechniken, Kenntnisse der betrieblichen Verhältnisse sind nicht unbedingt notwendig. Externe Moderatoren haben aufgrund ihrer Unabhängigkeit und Neutralität in der Regel einen Vorteil gegenüber internen Moderatoren. Andererseits ist ihr Einsatz natürlich mit erhöhten Kosten und organisatorischem Aufwand verbunden.

Beispiel: Arbeitssituationsanalyse

Die Arbeitssituationsanalyse (Nieder, 1997) stellt eine effektive Form der 312 Gruppendiskussion dar, an der die Mitarbeiter als Experten ihrer eigenen Arbeitsplätze aktiv teilnehmen. In Gruppen von bis zu 15 Teilnehmern werden qualitative Daten zur Arbeitssituation erhoben bzw. erfragt. Die Teilnehmer sollten dabei aus dem selben Funktionsbereich oder der selben Abteilung kommen.

Die Arbeitssituationsanalyse läuft in drei Schritten ab:

Im ersten Schritt werden die Mitarbeiter befragt, ob sie eine Veränderung ihrer Arbeitssituation für wichtig oder nicht wichtig halten. Die Antworten werden dabei für alle sichtbar auf Flipcharts platziert.

Im zweiten Schritt wird der zuvor festgestellte Veränderungsbedarf konkretisiert. Auch hier werden die Teilnehmer gebeten, zu vorgegebenen Bereichen ihrer Arbeitssituation jeweils Punkte zu vergeben, die das Ausmaß der Veränderungsnotwendigkeit kennzeichnen sollen. Diese Bereiche sind beispielsweise:

• Umgebung des Arbeitsplatzes,
• Organisation,
• Vorgesetztenverhalten,
• Tätigkeit,
• Gruppenklima.

Die Teilnehmer legen eine Prioritätenliste fest. Die drei am häufigsten genannten Bereiche werden im abschließenden dritten Schritt in Form einer Gruppenarbeit bezüglich konkreter Verbesserungsvorschläge bearbeitet. Die Ergebnisse werden in schriftlicher und mündlicher Form präsentiert. Sie bilden die Grundlage für eine Gruppendiskussion, in der weitere Maßnahmen zur Verbesserung der Arbeitssituation entwickelt werden. Den Abschluss bildet ein Umsetzungsplan, in dem festgelegt wird, welche Maßnahmen bis wann realisiert werden sollen.

Die Vorteile der Arbeitssituationsanalyse liegen auf der Hand: 313

• Betroffene werden zu Beteiligten gemacht, womit einem Grundsatz der Organisationsentwicklung Rechnung getragen wird.

159

- Durch die aktive Beteiligung wird eine hohe Motivation und eine hohe Identifikation der Mitarbeiter mit den Veränderungen erzeugt.
- Die Kommunikation wird durch die Gruppendiskussion angeregt und verbessert – auch über die Gruppentreffen hinaus.
- Der gesamte Vorgang ist durch eine hohe Transparenz gekennzeichnet, alle Ergebnisse sind für alle Teilnehmer sichtbar und vor allem nachvollziehbar.

Die beiden hier nur kurz umrissenen Beispiele des Gesundheitszirkels und der Arbeitssituationsanalyse mögen veranschaulichen, wie Mitarbeiterkommunikation in effektiver und zielgerichteter Art und Weise gestaltet werden kann. Alle arbeitsbedingten Belastungsarten, so auch arbeitsbedingte psychische Belastungen, können auf diese Weise mit hoher Akzeptanz angegangen werden. Neben privaten Dienstleistern bieten auch einige gesetzliche Krankenkassen die Arbeitssituationsanalyse im Rahmen ihrer Präventionsmaßnahmen an.

5 Vorbeugung und Abhilfe – Welche Möglichkeiten hat der Betrieb?

Im folgenden Kapitel stehen Möglichkeiten zur Prävention und Intervention *314* bei psychischen Belastungen am Arbeitsplatz im Mittelpunkt. Was kann der Betrieb tun? Und was muss er tun? Auf welchen Wegen und mit Hilfe welcher Maßnahmen, Instrumente und ggf. externer Unterstützung kann ein Unternehmen psychische Belastungen am Arbeitsplatz eindämmen oder idealerweise sogar gänzlich abbauen? Übergeordnetes Ziel ist es, bei jedem Mitarbeiter eine gesunde Leistungsfähigkeit zu erreichen.

5.1 Arbeitssicherheit und Gesundheitsschutz als Voraussetzungen gesunder Leistungsfähigkeit

5.1.1 Rechtliche Grundlagen

Die betriebliche Arbeitssicherheit wie auch der betriebliche Gesundheits- *315* schutz haben eine lange Tradition, die mit der Gründung der Berufsgenossenschaften und der Gewerbeaufsicht vor weit über 100 Jahren institutionalisiert wurde. In dieser Zeit ist das staatliche und autonome Arbeitsschutzrecht entstanden, das bis in unsere Zeit stets fortentwickelt wurde. In der Abbildung 5.1.1.1 wird ersichtlich, dass beide Rechtssysteme die gleiche Aufbaustruktur haben und sich am EU-Recht orientieren. Die Vorgaben des staatlichen und autonomen Arbeitsschutzrechtes werden durch Gesetze, Verordnungen und berufsgenossenschaftliche Vorschriften umgesetzt.

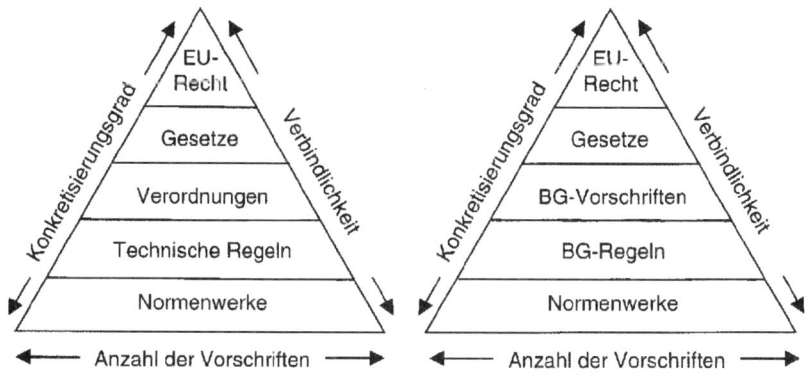

Abb. 5.1.1.1: Staatliches und autonomes Arbeitsschutzrecht

316 Im Jahre 1996 wurde das Arbeitsschutzgesetz (ArbSchG) als nationale Realisierung der Europäischen Arbeitsschutzrahmenrichtlinie 89/391/EWG sowie der Ergänzungsrichtlinie 91/383/EWG in Kraft gesetzt. In diesem Gesetz sind die allgemeinen Grundpflichten und Rechte für Arbeitgeber und Arbeitnehmer enthalten. Es gilt für alle Betriebe und Verwaltungen in Deutschland. Neben der Rahmenrichtlinie 89/391 wurden weitere Europäische Richtlinien in nationales Recht umgesetzt, wie der nachfolgenden Abbildung 5.1.1.2 auszugsweise zu entnehmen ist.

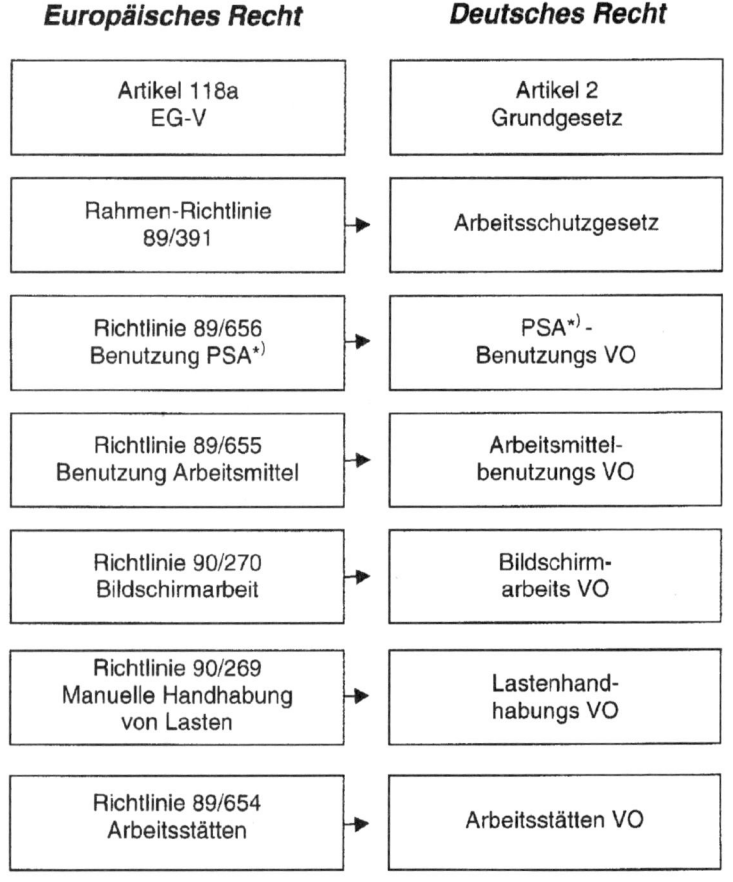

*) Persönliche Schutzausrüstung

Abb. 5.1.1.2: Europäische Richtlinien und deren nationale Umsetzung (Auswahl)

Die Weltgesundheitsorganisation (WHO) hat bereits 1964 Gesundheit als *317* einen Zustand des vollkommenen körperlichen, geistigen, seelischen und sozialen Wohlbefindens und nicht nur des Freiseins von Krankheiten und Gebrechen definiert (LASI, 2002). Weiterentwickelt wurde der Gesundheitsbegriff in der Ottawa-Charta der Weltgesundheitsorganisation von 1988: Gesundheit wird verstanden als die Fähigkeit des Individuums, die eigenen Gesundheitspotenziale auszuschöpfen und auf die Herausforderungen der Umwelt zu reagieren. Auf diesem Verständnis von Gesundheit baut u.a. die Richtlinie des Europäischen Rates vom 12. 6.1989 über die Durchführung von Maßnahmen zur Verbesserung der Sicherheit und des Gesundheitsschutzes der Arbeitnehmer bei der Arbeit auf.

Mit dem Arbeitsschutzgesetz (ArbSchG) wurde 1996 der aus dem europä- *318* päischen Recht (EG-Recht) resultierende, umfassende Arbeitsschutzansatz auf der Grundlage dieses Gesundheitsverständnisses in deutsches Recht umgesetzt. Es versteht Maßnahmen des Arbeitsschutzes als „Maßnahmen zur Verhütung von Unfällen bei der Arbeit und arbeitsbedingten Gesundheitsgefahren einschließlich Maßnahmen der menschengerechten Gestaltung der Arbeit" (§ 2 ArbSchG) und verpflichtet den Arbeitgeber, diese „Maßnahmen (...) mit dem Ziel zu planen, Technik, Arbeitsorganisation, sonstige Arbeitsbedingungen, soziale Beziehungen und Einfluss der Umwelt auf den Arbeitsplatz sachgerecht zu verknüpfen" (§ 4 Nr. 4 ArbSchG).

Ein solches ganzheitliches Arbeitsschutzverständnis mit dem Zielkriterium der menschengerechten Gestaltung der Arbeit bezieht in jedem Fall auch psychische Fehlbelastungen und deren Ursachen in die Gesamtbetrachtung ein. Psychische Belastungen am Arbeitsplatz sind also in ihrer Bedeutung für die Präventions- und Interventionsarbeit physischen Belastungen gleichgesetzt.

Welche Maßnahmen des Arbeitsschutzes konkret erforderlich sind, hat der *319* Arbeitgeber durch eine Beurteilung der für die Beschäftigten mit ihrer Arbeit verbundenen Gefährdung zu ermitteln (§ 5 Abs. 1 ArbSchG). Er hat dabei zu berücksichtigen, dass sich eine Gefährdung nicht nur durch die „klassischen" Unfall- und Gesundheitsgefahren ergeben kann, sondern auch durch Faktoren wie die „Gestaltung von Arbeits- und Fertigungsverfahren, Arbeitsabläufen und Arbeitszeit und deren Zusammenwirken" (§ 5 Abs. 3 ArbSchG) oder „unzureichende Qualifikation und Unterweisung der Beschäftigten" (§ 5 Abs. 3 ArbSchG).

Zumindest mittelbar haben all diese Faktoren einen Einfluss auf die psychische Belastungssituation am Arbeitsplatz. Der Arbeitgeber hat schließlich die auf dieser Grundlage getroffenen Maßnahmen „auf ihre Wirksamkeit zu überprüfen und erforderlichenfalls sich ändernden Gegebenheiten anzupassen"

(§ 3 Abs. 1 Satz 2 ArbSchG). Der gesamte betriebliche Prozess ist somit auf eine andauernde und dynamische Verbesserung von Sicherheit und Gesundheit der Beschäftigten ausgerichtet.

320   Das Arbeitsschutzgesetz fordert mit seinem systematischen, auf Nachhaltigkeit angelegten Ansatz darüber hinaus eine geeignete betriebliche Organisationsstruktur aufzubauen (§ 3 Abs. 2 ArbSchG). Hierdurch sollen die vom Arbeitgeber formulierten Ziele zum Arbeitsschutz einschließlich des Aspektes „Psychische Fehlbelastungen" wirksam in die Tat umgesetzt werden.

321   Präventiv können nicht nur auf der Ebene des betrieblichen Arbeitsschutzes, sondern bereits bei der sicherheitstechnischen und ergonomischen Gestaltung einer Maschine oder eines Gerätes psychische Fehlbelastungen vermieden werden. Dem trägt das EU-Recht mit seiner ganzheitlichen Zielsetzung von Arbeitsschutz in der Maschinenrichtlinie Rechnung (seit dem 29. 12. 2009 gilt die Richtlinie 2006/42/EG). Mit dem Fokus auf Hersteller und Importeure fordert die Maschinenverordnung in Verbindung mit Anhang I der Maschinenrichtlinie in einem ihrer Grundsätze für die Integration der Sicherheit bei Entwicklung und Bau von Maschinen, dass „bei bestimmungsgemäßer Verwendung (…) Belästigung, Ermüdung und psychische Belastung (Stress) des Bedienungspersonals unter Berücksichtigung der ergonomischen Prinzipien auf das mögliche Mindestmaß reduziert werden (müssen)".

322   Von den Rechtsverordnungen zur Durchführung des Arbeitsschutzgesetzes enthält die Bildschirmarbeitsverordnung explizit den Terminus „psychische Belastungen" als Kriterium bei der Beurteilung der Arbeitsbedingungen. Der Arbeitgeber hat danach „bei der Beurteilung der Arbeitsbedingungen nach § 5 des Arbeitsschutzgesetzes (…) bei Bildschirmarbeitsplätzen die Sicherheits- und Gesundheitsbedingungen insbesondere hinsichtlich einer möglichen Gefährdung des Sehvermögens sowie körperlicher Probleme und psychischer Belastungen zu ermitteln und zu beurteilen" (§ 3 BildscharbV).

323   Daneben wirken Verordnungen wie die Lastenhandhabungsverordnung, die Arbeitsmittelbenutzungsverordnung, die PSA-Benutzungsverordnung und die Arbeitsstättenverordnung mit ihren Regelungen etwa zur Arbeitsplatzgestaltung und der Arbeitsumgebungsbedingungen (Lärm, Klima, Beleuchtung, Ergonomie etc.) sowie das Arbeitszeitgesetz mit seinen Regelungen zur werktäglichen Arbeitszeit, zu Ruhezeiten, zur Nacht- und Schichtarbeit usw. wiederum mittelbar auf die Reduzierung psychischer Fehlbelastungen hin.

5.1.2 Maßnahmen zur Optimierung von Arbeitssicherheit und Gesundheitsschutz

Maßnahmen der menschengerechten Arbeitsgestaltung vereinen zwei Pers- *324* pektiven: Zum einen sollen Fehlbelastungen vermieden oder vermindert, zum anderen gesundheitsförderliche Ressourcen aufgebaut oder gefördert werden. Sie können institutionell und somit an einer Veränderung der Verhältnisse ansetzen, aber auch individuell auf eine Verhaltensänderung bei den Mitarbeitern gerichtet sein (Tab. 5.1.2.1).

Tab. 5.1.2.1: Verhaltens- und verhältnisorientierte Ansatzpunkte zur Belastungsoptimierung und Gesundheitsförderung (LASI, 2002; Udris & Frese, 1988)

	Institutionell (Situation, Betrieb) *verhältnisorientiert*	Individuell (Person) *verhaltensorientiert*
Belastungen und Beanspruchungen (korrektiv)	z.B. Belastungsabbau, Pausen, Arbeitsplatzgestaltung	z.B. Stressmanagement, Entspannungsübungen
Ressourcen (präventiv/korrektiv)	z.B. Erhöhung des Handlungs- und Kontrollspielraumes, Verbesserung des Kooperationsklimas	z.B. Qualifizierung, Schulung, Kompetenztraining

Dabei haben verhältnispräventive Maßnahmen (Rangfolge der Maßnahmen *325* gemäß ArbSchG: technisch – organisatorisch – personenbezogen) Vorrang vor verhaltenspräventiven Maßnahmen; dies kommt in den allgemeinen Grundsätzen des Arbeitsschutzgesetzes (§ 4 ArbSchG) klar zum Ausdruck. Verhaltenspräventive Maßnahmen (z.B. Stressbewältigungsprogramme) zur Steigerung der persönlichen Ressourcen sollten nicht als isolierte Maßnahmen eingesetzt werden. Maßgebliche Veränderungen im Arbeitssystem sind durch Informationen, Schulungen und Unterweisungen zu begleiten.

Mit dieser erweiterten belastungs- und ressourcenorientierten Perspektive *326* wird das herkömmliche Spektrum von Arbeitsschutzmaßnahmen maßgeblich verbreitert. Die Ansatzpunkte institutioneller und individueller Intervention müssen bei der Aufgabenübertragung an die Führungskräfte und besonderen Funktionsträger berücksichtigt werden. Auch gilt es, bei der Durchführung betrieblicher Maßnahmen, wie z.B. der Beschaffung von Arbeitsmitteln, der Neuplanung und Veränderung von Arbeitsplätzen und bei der Erstellung der

Gefährdungsbeurteilung, die Vermeidung psychischer Fehlbelastungen als Teilziel zu definieren und in das Handeln zu integrieren.

326 Werden im Betrieb Maßnahmen zur Reduzierung von Fehlbelastungen durchgeführt, muss zudem – im Sinne einer Qualitätskontrolle – überprüft werden, ob diese tatsächlich zielführend waren. Die regelmäßige Überprüfung der Wirksamkeit von Arbeitsschutzmaßnahmen und die kontinuierliche Anpassung an sich ändernde Gegebenheiten gehören zu den Pflichten des Arbeitgebers (§ 3 ArbSchG). Der Prozess und die Ergebnisse müssen dokumentiert werden.

5.2 Arbeitsschutzmanagementsysteme

327 Arbeitsschutzmanagementsysteme (AMS) dienen unter anderem der Erkennung und Vermeidung von psychischen Belastungen am Arbeitsplatz. Schon 1997 hat das Bundesministerium für Arbeit und Soziales (BMA) zusammen mit den obersten Arbeitsschutzbehörden der Bundesländer, den Trägern der gesetzlichen Unfallversicherung und den Sozialpartnern in einem gemeinsamen Standpunkt Argumente und Rahmenbedingungen für sowie Anforderungen an ein AMS im Hintergrund des europäischen Handlungsbedarfs veröffentlicht (Bundesministerium für Arbeit und Soziales, 1997). Um einen einheitlichen Standard für solche AMS sicherzustellen, wurden vom Bundesministerium für Arbeit und Soziales (BMA) Eckpunkte formuliert (Bundesministerium für Arbeit und Soziales, 1999), die gewissermaßen eine Messlatte für die Entwicklung und für die Bewertung von AMS darstellen. Auf der Basis dieser Eckpunkte können AM-Modelle entwickelt werden. Mit diesen wiederum ist die Grundlage geschaffen, um auf der betrieblichen Ebene ein AMS einzuführen, das alle Besonderheiten des Unternehmens berücksichtigen kann. Im Unterschied zu den Eckpunkten des BMA wenden AMS-Konzepte sich unmittelbar an die Organisationen. Sie dienen der Entwicklung eines organisationsspezifischen AMS sowie dessen Einführung, dem Betreiben und der Weiterentwicklung. AMS-Konzepte sind immer unter Berücksichtigung von betriebsgrößen- und branchenspezifischen Erfordernissen zu formulieren. AMS dienen dazu, ein professionelles und effizientes Arbeitsschutz- und Gesundheitssystem in einer Organisation zu etablieren. Somit tragen sie in indirekter Art und Weise auch zum Abbau von arbeitsbedingten psychischen Belastungen bei. Darüber hinaus leisten einige AMS inhärente Teilelemente auch einen direkten Beitrag zur Prävention bzw. zum Abbau psychischer Belastungen am Arbeitsplatz.

Die Anwendung von AMS – und damit auch von AMS-Konzepten und der Eckpunkte des BMA (1999) – ist freiwillig. Die von einer Organisation zu erfüllenden Pflichten im Arbeitsschutz ergeben sich allein aus den Vorschriften. Eine Zertifizierungspflicht von AMS leitet sich aus der Anwendung der Eckpunkte nicht ab.

Ziel der Formulierung von Eckpunkten nach dem Beispiel des BMA (1999) ist es:

- eine einheitliche Orientierungsgrundlage für die Entwicklung und Weiterentwicklung von AMS-Konzepten zu schaffen,
- Bausteine für die Inhalte von AMS-Konzepten zu formulieren und
- die Bewertung vorliegender AMS-Konzepte zu ermöglichen und Entscheidungshilfen für die Auswahl von AMS-Konzepten anzubieten.

5.2.1 Eckpunkte des BMA für die Entwicklung und Bewertung von AMS-Konzepten

Ein AMS-Konzept soll folgende Inhalte haben: 328

Es sollen Vorgaben zur Entwicklung, Einführung, zum Betreiben und zur Weiterentwicklung organisationsspezifischer AMS gemacht werden. Da ein AMS im Wesentlichen aus spezifischen Führungselementen und einer entsprechenden Aufbau- und Ablauforganisation (strukturellen Festlegungen und Prozessen) besteht, soll sich ein AMS-Konzept an den Kernelementen und -prozessen orientieren und auf das individuelle Unternehmen abstimmen. Die Kernelemente sind:

1. Arbeitsschutzpolitik und -strategie,
2. Verantwortung, Aufgaben und Befugnisse,
3. Aufbau des AMS,
4. Interner und externer Informationsfluss sowie Zusammenarbeit,
5. Verpflichtungen,
6. Einbindung von Sicherheit und Gesundheitsschutz in betriebliche Prozesse,
7. Dokumentation und Dokumentenlenkung und
8. Ergebnisermittlung, -bewertung und Verbesserung des AMS.

Die Kernelemente und -prozesse werden unter 5.2.2 noch genauer beleuchtet.

Ein AMS-Konzept soll Hilfestellungen für den Anwender, z.B. in Form von Umsetzungsanleitungen, Anwendungshinweisen und Musterbeispielen geben. Ein AMS-Konzept soll darüber hinaus eine Erklärung des Entwicklers des AMS-Konzeptes beinhalten, welche die Übereinstimmung seines AMS-Konzeptes mit den Eckpunkten des BMA (1999) bestätigt. Die wesentlichen verwendeten Begriffe des AMS sollen erläutert werden.

5.2.2 Kernelemente und -prozesse für AMS-Konzepte

329 *Arbeitsschutzpolitik und -strategie*

Die oberste Führungsebene einer Organisation, Institution oder Verwaltung soll eine auf die Organisation zugeschnittene Politik und Strategie für Sicherheit und Gesundheitsschutz als Teil der Gesamtpolitik der Organisation entwickeln, innerbetrieblich abstimmen und bekannt machen. Grundlage hierfür sind insbesondere die Ziele und Grundsätze der Organisation (Organisationsleitlinien, Führungsleitlinien, Betriebsvereinbarungen etc.) sowie der Präventionsgedanke des Arbeitsschutzgesetzes.

330 Die Arbeitsschutzpolitik und -strategie soll mindestens umfassen:

a) eine Grundsatzerklärung zum Stellenwert der Sicherheit und des Gesundheitsschutzes;

b) die grundlegenden Ziele bezüglich Sicherheit und Gesundheitsschutz; diese sollen klar formuliert und durch fest umrissene Einzelziele, die möglichst quantifizierbar sind, konkretisiert werden;

c) grundsätzliche Aussagen zu den Pflichten und Aufgaben der obersten Unternehmensleitung, der Führungskräfte und der Beschäftigten sowie zu Handlungs- und Verhaltensgrundsätzen;

d) einen Hinweis, dass die Pflichten und Rechte der Beschäftigten und der Interessenvertretungen der Beschäftigten nach BetrVG und ArbSchG zu beachten sind;

e) die Zusicherung, die erforderlichen Mittel bereitzustellen;

f) die Festlegung, dass die Wirksamkeit des AMS regelmäßig geprüft wird und bei Bedarf Verbesserungsmaßnahmen eingeleitet werden.

Die Arbeitsschutzpolitik und -strategie soll schriftlich festgelegt, durch Unterschrift der Unternehmensleitung in Kraft gesetzt und in ihrer praktischen Umsetzung regelmäßig überprüft und bei Bedarf fortgeschrieben werden. Die Arbeitsschutzpolitik kann öffentlichkeitswirksam vom Unternehmen eingesetzt werden.

331 *Verantwortung, Aufgaben und Befugnisse*

Ein AMS-Konzept soll eine Festlegung von Verantwortlichkeiten, Aufgaben und Befugnissen bezüglich Sicherheit und Gesundheitsschutz enthalten. Festlegungen sollen (soweit zutreffend) erfolgen für

a) die Unternehmensleitung,

b) die Führungskräfte,

168

c) die besonderen Funktionsträger (insbesondere Fachkräfte für Arbeitssicherheit, Betriebsärzte, Beauftragte im Arbeits- und Gesundheitsschutz und die Interessenvertretung der Beschäftigten),

d) die weiteren Beschäftigten,

e) den Beauftragten für das AMS, sofern diese Funktion nicht durch die Unternehmensleitung wahrgenommen wird, sowie

f) die Ausschüsse/Arbeitskreise des betrieblichen Arbeitsschutzes.

Bei den Festlegungen soll darauf geachtet werden, dass die für eine sachgerechte Erledigung der übertragenden Aufgaben erforderlichen Befugnisse zugewiesen werden. Die für die sachgerechte Erledigung der Aufgaben erforderlichen Qualifikationen sollen sichergestellt werden. Die Festlegungen sollen zudem schriftlich erfolgen und dokumentiert sowie den Beteiligten bekannt gegeben werden.

Aufbau des AMS

Ein AMS-Konzept soll den Aufbau des AMS beschreiben. Die organisatorische Struktur (Aufbauorganisation) des AMS soll mindestens folgende Beteiligte und Instanzen umfassen: *332*

a) Funktionsträger (einschließlich der Funktion eines Beauftragten für das AMS), die leitende, beratende sowie überwachende Aufgaben im Rahmen des AMS übernehmen;

b) innerbetriebliche Ausschüsse/Arbeitskreise.

Für die Beteiligten und die Instanzen sollen Regelungen für deren Bestellung bzw. Bildung sowie die Festlegung ihrer Verantwortung, Aufgaben und Befugnisse getroffen werden. Der Aufbau des AMS soll zudem eine Mitwirkung der Beschäftigten an der Entwicklung und Weiterentwicklung des AMS sowie der Umsetzung der Arbeitsschutzpolitik und -strategie vorsehen und die Beteiligungsrechte der Interessenvertretung der Beschäftigten berücksichtigen.

Der Aufbau des AMS soll eine Verknüpfung mit anderen bereits vorhandenen, sich im Aufbau befindlichen oder geplanten Managementsystemen vorsehen und Möglichkeiten der Verknüpfung bzw. Integration beschreiben. Darüber hinaus soll der Aufbau des AMS dargestellt und dokumentiert werden. Als Beschreibungsform wird ein AMS-Handbuch mit Verfahrens- und Arbeitsanweisungen empfohlen. Dieses AMS-Handbuch kann eigenständig geführt werden oder Teil des Handbuches eines übergreifenden Managementsystems sein.   *333*

Interner und externer Informationsfluss sowie Zusammenarbeit

334 Ein AMS-Konzept soll folgende Festlegungen zum Informationsfluss und zur Zusammenarbeit im Rahmen des AMS enthalten:

Für die interne wechselseitige Kommunikation und Zusammenarbeit sollen Verfahrensweisen festgelegt werden (soweit zutreffend) zwischen

a) Beschäftigten, besonderen Funktionsträgern und Führungskräften,

b) Fachabteilungen (z.B. mit den Aufgaben Beschaffung, Instandhaltung, Aus- und Weiterbildung) und besonderen Funktionsträgern,

c) innerbetrieblichen Ausschüssen/Arbeitskreisen, die sich mit Sicherheit und Gesundheitsschutz unmittelbar oder mittelbar befassen,

d) innerbetrieblichen Ausschüssen/Arbeitskreisen, Führungskräften, besonderen Funktionsträgern und Beschäftigten sowie

e) der eigenen und anderen Organisationen (z.B. Fremdfirmen und Leiharbeitsunternehmen), die an gemeinsamen Arbeitsplätzen der eigenen Organisation oder in nicht voneinander getrennten Arbeitsbereichen tätig sind.

Für die Kommunikation und Zusammenarbeit mit externen Stellen sollen ebenfalls Verfahrensweisen festgelegt werden. Diese sollen insbesondere umfassen:

a) die Anlässe (z.B. Erfüllung von Anzeige- und Meldepflichten),

b) die Partner (z.B. Behörden, Unfallversicherungsträger, überbetriebliche Dienste, Sachverständige) sowie

c) Forderungen an die Art der Kommunikation bzw. Zusammenarbeit.

Für den Fall, dass es in einer Organisation zu Sachverhalten kommt, die von öffentlichem Interesse sind, sollte ein Verfahren zu deren Bekanntmachung und Handhabung festgelegt und dokumentiert werden. Beispielhaft sei hier auf Anregungen zur Organisation und Gestaltung von Produktrückrufaktionen verwiesen (Poppelreuter, Klindt, Heinzen & Kloos, 2004).

Verpflichtungen

335 Ein AMS-Konzept soll die Ermittlung der Verpflichtungen bezüglich Sicherheit und Gesundheitsschutz und die Sicherstellung ihrer Einhaltung regeln. Es sollen demnach Maßnahmen zur regelmäßigen Ermittlung der relevanten öffentlich-rechtlichen Verpflichtungen, einschließlich von Auflagen, die sich z.B. aus Genehmigungen, Erlaubnissen von Behörden, aus Sachverständigenprüfungen oder aus behördlichen Betriebsrevisionen ergeben, getroffen werden. Hierbei sind auch Tarifverträge, technische Regelwerke, Normen u.a. einzubeziehen. Diese Verfahrensweisen sollen dokumentiert werden.

Die zu diesen Verpflichtungen ermittelten Dokumente sind zu sammeln und einem festgelegten innerbetrieblichen Personenkreis bekannt zu geben. Zusätzlich sind Verfahren zur dauerhaften Einhaltung der Vorgaben bereitzustellen und zu dokumentieren.

Einbindung von Sicherheit und Gesundheitsschutz in betriebliche Prozesse
Die betrieblichen Prozesse, die sicherheits- und gesundheitsschutzrelevant 336 sind oder speziell zur Förderung der Sicherheit und des Gesundheitsschutzes initiiert sind, sollen ermittelt, analysiert und bei Bedarf mit dem Ziel einer konsequenten Prävention und weiteren Verbesserung modifiziert werden. Dies richtet sich nach den organisationsspezifischen Gegebenheiten. Insbesondere in diesem Kernelement eines AMS kommt die Prävention bzw. Intervention im Zusammenhang mit psychischen Belastungen am Arbeitsplatz zum Tragen. Durch die entsprechenden Analysen lassen sich psychische Belastungen am Arbeitsplatz erfassen, systematisieren und gezielt bearbeiten.

Für die ermittelten sicherheits- und gesundheitsschutzrelevanten Prozesse 337 sollen darüber hinaus die bei der täglichen Arbeit zu beachtenden Sicherheits- und Gesundheitsschutzforderungen definiert, mit den Beteiligten beraten und Verfahren zu deren Beachtung mit den Betroffenen festgelegt und dokumentiert werden. Festlegungen sind erforderlichenfalls zu treffen für:

a) den Personaleinsatz,

b) die Beschaffung,

c) die Gestaltung der Arbeitsorganisation (Arbeitszeit, Arbeitsaufgaben und Arbeitsabläufe), Arbeitsstätten und Arbeitsplätze,

d) die Neuplanung oder Änderung des Einsatzes von Arbeitsmitteln und Arbeitsstoffen,

e) die Inbetriebnahmen, den Normalbetrieb und die vorübergehende oder dauernde Außerbetriebnahme von Arbeitsmitteln,

f) die Instandhaltung (Inspektion, Wartung und Instandsetzung) von Arbeitsmitteln,

g) spezielle Fertigungsprozesse,

h) Prüfungen (z.B. an Werkstoffen und Arbeitsmitteln),

i) Betriebsstörungen und Notfälle,

j) die Planung des Einsatzes von Fremdfirmen,

k) die Qualifizierung (Schulung, Unterweisung u.a.) der Beschäftigten, einschließlich der Führungskräfte, sowie

l) das betriebliche Vorschlagwesen.

338 Die ermittelten, speziell zur Förderung von Sicherheit und Gesundheitsschutz initiierten Prozesse sollen geregelt und dokumentiert werden. Festlegungen sind erforderlichenfalls zu treffen für:

a) die Ermittlung und Bewertung von Gefahren und Gefährdungen,

b) Sicherheitsbegehungen und Sicherheitsunterweisungen,

c) Kennzeichnungspflichten,

d) den Schutz besonderer Personengruppen (z.B. werdende oder stillende Mütter, Jugendliche sowie leistungsgewandelte Mitarbeiter),

e) die Erste Hilfe,

f) die arbeitsmedizinische Vorsorge,

g) die Einbindung der betrieblichen Gesundheitsförderung,

h) Aktionsprogramme,

i) die Auswertung von Unfällen und wesentlichen Betriebsstörungen,

j) Verfahren zur kontinuierlichen Verbesserung (im Sinne eines Regelkreises) sowie

k) Abhilfe- bzw. Korrekturmaßnahmen.

Dokumentation und Dokumentenlenkung

339 Ein AMS-Konzept soll die Dokumentation und Dokumentenlenkung regeln. Die Dokumentation soll die systematisierte Sammlung und Aufbewahrung aller relevanten Dokumente und Aufzeichnungen umfassen, deren Inhalte

a) Arbeitsschutzpflichten enthalten (Gesetze, Verordnungen, Unfallverhütungsvorschriften),

b) eine Wirkung auf die Sicherheit und den Gesundheitsschutz haben (z.B. Regeln, Vereinbarungen),

c) das AMS und seine Leistung beschreiben,

d) einen Nachweis der Einhaltung relevanter Verpflichtungen ermöglichen (z.B. Ergebnis der Gefährdungsbeurteilung, Gefahrstoffverzeichnis, Lärmkataster).

340 Die Unternehmensleitung soll unter Beachtung relevanter rechtlicher Vorgaben und organisationsspezifischer Gegebenheiten definieren, was zu dokumentieren ist. Wesentliche Bestandteile der Dokumentation sollten das AMS-Handbuch (z.B. Richtlinien, Verfahrensanweisungen, Arbeitsanweisungen) und Aufzeichnungen sein. Durch Verfahrensanweisungen soll insbesondere festgelegt werden, in welcher Form und durch wen die Dokumentation zu erstellen ist, wie bei Bedarf eine Aktualisierung erfolgt und wie lange die Dokumente aufzubewahren sind.

Für die Verteilung aller erforderlichen Dokumente sind geeignete Verfahren festzulegen und zu dokumentieren. Ebenso ist eine Regelung zur Einsichtnahme in das AMS, welche die Organisation, Institution oder Verwaltung ggf. Externen gewährt, zu treffen und zu dokumentieren.

Ergebnisermittlung, -bewertung und Verbesserung des AMS

Managementsysteme sind nur wirksam, wenn sie zielorientierte Verbesse-   *341*
rungsprozesse beinhalten. Ein AMS-Konzept muss daher Verfahren zur regelmäßigen Ermittlung und Bewertung der Ergebnisse des AMS beinhalten. Hierfür sollen

a) Indikatoren und (soweit möglich) Parameter benannt,

b) Verfahren beschrieben und

c) die Vorgehensweise sowie die Anforderungen an die Durchführenden festgelegt werden.

Die Bewertung muss dabei auch Aussagen zur kontinuierlichen Verbesserung   *342*
des AMS enthalten und mit den Betroffenen beraten werden. Sie soll ggf. vorsehen:

a) die Nutzung vorliegender Ergebnisse,

b) die Festlegung von Maßnahmeplänen für Verbesserungen,

c) die Wirkungskontrolle der Verbesserungsmaßnahmen und

d) erforderlichenfalls die Einleitung eines neuen Verbesserungsprozesses.

Weitere Anlässe für die Einleitung eines Verbesserungsprozesses können z.B. Unfälle oder Schadensfälle, besondere gesundheitsrelevante Problemschwerpunkte sowie gravierende Umstrukturierungsmaßnahmen sein.

Die Durchführung der Ergebnisbewertung muss immer durch die Unternehmensleitung erfolgen, nicht zuletzt auch, um den Stellenwert der Thematik Arbeits- und Gesundheitsschutz zu verdeutlichen. Das Ergebnis der Bewertung wird dokumentiert.

Für sogenannte Audits sollen folgende Regelungen getroffen werden: *343*

a) Sie sollen anhand von vorgegebenen Bewertungskriterien die Prüfung des Aufbaus, der Leistungsfähigkeit und der Ergebnisse des AMS (Systemaudit) sowie gleichzeitig auch die Einhaltung des geltenden Rechts (Compliance-Audit) umfassen.

b) Die Ergebnisse sollen auch mögliche organisatorische Ursachen sicherheits- und gesundheitsschutzrelevanter Mängel erkennen lassen.

Für eine externe Systemkontrolle betrieblicher AMS durch die zuständige   *344*
Behörde sind, falls gewünscht, bilaterale Regelungen zu vereinbaren. Um eine

Systemkontrolle betrieblicher AMS durch die zuständige Behörde zu ermöglichen, sollen AMS-Konzepte Verfahrensweisen interner Kontrollen inhaltlich und funktional so gestalten, dass ein Vertrauen der Behörden in die Funktionsfähigkeit des Systems und in die Einhaltung der einschlägigen Rechtsvorschriften gerechtfertigt werden kann.

Diese Eckpunkte des BMA (1999) sind sozusagen eine Messlatte für die Entwicklung und Bewertung von AMS. Auf Basis dieser Eckpunkte wurden und werden AM-Modelle entwickelt, die ihrerseits wieder die Grundlage für ein individuelles betriebliches Arbeitsschutzmanagementsystem bilden, in dem dann alle Besonderheiten des Unternehmens berücksichtigt werden können.

345   Beispiele für AMS-Standards, die derzeit in Deutschland Anwendung finden, sind

- OHSAS (Occupational Health and Safety Assessment Series – Reihe zur Beurteilung des Arbeits- und Gesundheitsschutzes) (Reinartz, 2007),
- SCC initiiertes AMS (Sicherheits Certifikat Contractoren) (Wilmers, 2007),
- OHRIS bzw. bayrischer Modellentwurf (Occupational, Health and Risk Management System) (Kappelmaier, 2007),
- ASCA initiiertes AMS als hessisches Modell (Arbeitsschutz und sicherheitstechnischer Check in Anlagen) (Brückner, 2007).

5.2.3 Beispiel: OHRIS

346   OHRIS ist ein aus insgesamt zehn Systemelementen mit jeweiligen Unterelementen bestehendes Arbeitsschutzmanagementsystem. Diese Systemelemente müssen auf der Ebene des strategischen und operativen Managements umgesetzt werden. Drei Hauptziele wurden definiert, die mit OHRIS erreicht werden sollen:

1. Es sollen die Vorgaben des Arbeitsschutzgesetzes effizient umgesetzt werden,

2. die Zusammenarbeit zwischen staatlichen Stellen und Betreibern von Anlagen auf eine neue Vertrauensbasis gestellt und

3. eine freiwillige Beteiligung der Betreiber sichergestellt werden (Kappelmaier, 2007).

Die Revision des Arbeitsschutzmanagementsystems OHRIS:2005 machte es in der Weiterentwicklung auch leichter in vorhandene Qualitätsmanagementsysteme nach DIN EN ISO 9001 bzw. Umweltmanagementsysteme nach DIN EN ISO 14001 integrierbar. Wie die einzelnen Elemente des Systems helfen, auch die Vorgaben des Arbeitsschutzgesetzes bzw. die entsprechenden EG-Richtlinien zu erfüllen, zeigt Tabelle 5.2.3.1.

Unter Berücksichtigung der hier im Fokus stehenden psychischen Belastungen am Arbeitsplatz kann gesagt werden, dass alle Systemelemente in OHRIS einen notwendigen Beitrag leisten bzw. eine notwendige Voraussetzung darstellen, um das Management zur Arbeitssicherheit und zum Gesundheitsschutz zu bewältigen. Somit tragen sie in indirekter Weise auch zum Abbau von arbeitsbedingten psychischen Belastungen bei. Darüber hinaus leisten einige Systemelemente auch einen direkten Beitrag zur Prävention bzw. zum Abbau dieser Belastungen. 347

Die diesbezüglich wichtigsten Systemelemente (siehe auch Tabelle 5.2.3.1) sind: 348

- Das Systemelement „Aufgaben und Verantwortung (oberste Leitung)"
  Die Unterelemente dieses Systemelements enthalten Vorgaben, die von der Unternehmensleitung umgesetzt werden müssen. Unter anderem geht es um die Bereitstellung notwendiger Mittel und Ressourcen und die Organisation der internen und externen Kommunikation zur Erreichung eines optimalen Arbeitsschutz- und Gesundheitsmanagements. Werden in diesem Zusammenhang innerhalb einer Organisation Mängel erkannt und deren Ursachen beseitigt, so wird dadurch ein Beitrag beispielsweise auch zum Abbau von psychischen Belastungen geleistet.

- Das Systemelement „Prävention"
  Die Umsetzung dieses Elements trägt in mehrfacher Hinsicht zur Prävention psychischer und anderer Belastungen bei. So ist hier das Unterelement „Arbeitsmedizinische Vorsorge" ebenso zu erwähnen wie das Unterelement „Minimierung von Gefahren, Gefährdungen und Risiken". Ein hohes Gefährdungspotenzial stellt immer auch eine psychische Belastung dar.

- Das Systemelement „Personal"
  Dieses Systemelement besteht aus vier Unterelementen, die alle als relevant zu betrachten sind, wenn es um den Abbau und die Vorbeugung von psychischen Belastungen geht. So stellt „Schulung" in Form von Aus-, Fortund Weiterbildung einen notwendigen Beitrag dar, um qualitative Überforderung und Überlastung bei Mitarbeitern zu vermeiden.

Auch wenn die Systemelemente von OHRIS (zu näheren Informationen siehe Kappelmaier, 2007) hier nur kurz angedeutet werden, ist zu erkennen, dass ein AMS neben den intendierten Zielen wie der Integration von Sicherheit und Gesundheit in die Führung und Organisation des Unternehmens, der menschengerechten Gestaltung von Arbeitsplatz, Arbeitsumwelt und Arbeitsablauf und der Wahrung von wirtschaftlichen Interessen durch störungsfreie Betriebsabläufe auch zum Abbau von gesundheitsschädlichen psychischen Belastungen beitragen kann.

349 Die oben genannten Beispiele orientieren sich an dem bayerischen Modellentwurf OHRIS. Eine Übertragung auf andere AMS-Modelle ist unter Vorbehalt spezifischer Unterschiede möglich. Eine informative Zusammen- und Gegenüberstellung von ausgewählten AMS findet sich bei Ritter und Langhoff (1998), sehr detaillierte Informationen zu Themen des Arbeitsschutzes im Allgemeinen und zu AMS im Besonderen finden sich bei Ecker und Kohstall (2007).

Tab. 5.2.3.1: Die wesentlichen Inhalte der 10 OHRIS-Elemente und die Regelungen des ArbSchG (Tabelle entnommen aus Kappelmeier, 2007)

Element	Inhalte/Themen	Forderungen aus dem Arbeitsschutzgesetz	
1	Aufgaben/Verantwortung (oberste Leitung)		
	• Politik/Ziele	§ 3 (1):	Verbesserung von Sicherheit und Gesundheitsschutz anstreben
	• Organisation/ Verantwortung	§ 3 (2)/1: § 13:	Für geeignete Organisation sorgen Verantwortliche Personen
	• Bewertung des Managementsystems	§ 3 (1):	• Maßnahmen auf Wirksamkeit prüfen • Ggf. anpassen
	• Kommunikation	§ 3 (2)/2: § 4/7:	Beschäftigten Mitwirkung ermöglichen Geeignete Anweisungen erteilen
	• Mittel	§ 3 (2)/1:	Erforderliche Mittel bereitstellen
2	Managementsystem		
	• Aufbau	§ 3 (2)/2:	Einbindung in betriebliche Führungsstruktur
	• Ablauf		
	• Verknüpfbarkeit	§ 4/7:	Geeignete Anweisungen erteilen
3	Verpflichtungen	§ 1 (3):	Sonstige Rechtsvorschriften bleiben unberührt
	• öffentlich-rechtliche		
	• eigene		
4	Prävention	§ 5:	Beurteilen der Arbeitsbedingungen/ Maßnahmen
	• Gefährdungsermittlung		
	• Gefährdungsminimierung		
	• Aktionsprogramme		
5	Überwachung	§ 6 (1):	Überprüfung der Maßnahmen des Arbeitsschutzes
	• Verfahren		
	• Korrektur		
6	Notfallmanagement	§ 10:	Erste Hilfe und sonstige Notfallmaßnahmen
7	Beschaffung	§ 5 (3)/3:	Auswahl von Arbeitsmitteln
8	Lenkung von Aufzeichnungen	§ 6:	Dokumentation
9	Beschäftigte		
	• Einbeziehung	§ 17:	Rechte der Beschäftigten
	• Pflichten	§ 15:	Pflichten der Beschäftigten
	• Qualifikation	§ 5 (3)/5:	Unzureichende Qualifikation
	• Schulung	§ 12:	Unterweisung
10	Audit	§ 3:	Maßnahmen auf Wirksamkeit prüfen

5.3 Betriebliche Gesundheitsförderung

Betriebliche Gesundheitsförderung (BGF) umfasst alle gemeinsamen Maßnah- *350*
men von Arbeitgebern, Arbeitnehmern und Gesellschaft zur Verbesserung von
Gesundheit und Wohlbefinden am Arbeitsplatz. Grundlage für die aktuellen
europaweiten Aktivitäten zur betrieblichen Gesundheitsförderung sind zwei
Faktoren. Einerseits hat die EG-Rahmenrichtlinie Arbeitsschutz (Richtlinie
des Rates 89/391/ EWG) eine Neuorientierung des traditionellen Arbeitsschutzes in Gesetzgebung und Praxis eingeleitet. Zum anderen wächst die Bedeutung des Betriebes als Handlungsfeld der öffentlichen Gesundheitsvorsorge
(Public Health). Nach diesem Verständnis sind gesunde und qualifizierte Mitarbeiter sowohl in sozialer wie ökonomischer Hinsicht eine wesentliche Voraussetzung für den zukünftigen Erfolg der Europäischen Union. Der zuständige Dienst der Europäischen Kommission hat daher eine Initiative zum
Aufbau eines europäischen Netzwerkes für betriebliche Gesundheitsförderung
unterstützt. Mitglieder des Europäischen Netzwerkes sind Organisationen aus
den Mitgliedsstaaten und den Ländern des Europäischen Wirtschaftsraumes.
Sie sind gleichzeitig nationale Kontaktstellen. Ziel des Netzwerkes ist es – auf
der Basis eines kontinuierlichen Erfahrungsaustausches – models of best
practice zur betrieblichen Gesundheitsförderung zu identifizieren und zu ver-
breiten. Die EU ermutigt damit die Mitgliedsstaaten, der betrieblichen Gesundheitsförderung einen höheren Stellenwert einzuräumen und Fragen der
Gesundheit am Arbeitsplatz bei politischen Entscheidungen mit einzubeziehen.

5.3.1 Grundlagen der betrieblichen Gesundheitsförderung

Unter dem Begriff Gesundheitsförderung werden vielfältige Maßnahmen zu *351*
sammengefasst, die zu einer Verbesserung der Gesundheitssituation im Unternehmen beitragen sollen. Eine Grundlage dieses Anliegens entspringt dem
Gesundheitsbegriff, wie er von der Weltgesundheitsorganisation (WHO) vertreten wird. Danach ist Gesundheit nicht nur als Abwesenheit von Krankheit
zu verstehen. Gesundheit ist vielmehr ein Zustand des völligen körperlichen,
geistigen, seelischen und sozialen Wohlbefindens des Menschen. Nach der
Ottawa-Charta der WHO von 1986 zielt Gesundheitsförderung auf einen
Prozess ab, der allen Menschen ein hohes Maß an Selbstbestimmung über ihre
Gesundheit ermöglicht und sie damit zur Stärkung ihrer Gesundheit befähigt.
Ziel ist ein umfassendes körperliches, seelisches und soziales Wohlbefinden
durch Befriedigung der Bedürfnisse, durch die Verwirklichung von Wünschen
und Hoffnungen sowie durch die Möglichkeit, die Umwelt zu verändern und
zu meistern. Diese Auffassung stellte eine Abkehr vom klassischen Risikover-
meidungskonzept und der klassischen Gesundheitserziehung dar, hin zu einer

Befähigung des Einzelnen, sein Leben in befriedigender und verantwortungsvoller Weise zu gestalten (Frieling, Sonntag & Stegmaier, 2012).

352 Menschen können ihr Gesundheitspotenzial aber nur dann weitgehend entfalten, wenn sie auf die Bedingungen, die ihre Gesundheit gefährden, selbst auch Einfluss nehmen können. Betriebliche Gesundheitsförderung kann dieses Anliegen unterstützen, wenn sie auf partizipativen Strukturen aufbaut. Mitarbeiter werden als Betroffene zu Beteiligten gemacht. Grundsätzlich geht es darum, den einzelnen Mitarbeiter zu befähigen, sich mit belastenden Arbeitsbedingungen auseinander zu setzen, um gesund zu bleiben (Allmer, 1992). Dies schließt die Identifikation und Förderung personaler und organisationaler Ressourcen ebenso ein wie die Veränderung von belastenden Arbeitsbedingungen (Westermayer & Bähr, 1994).

5.3.2 Ziele und Effekte der betrieblichen Gesundheitsförderung

353 Betriebliche Gesundheitsförderung verfolgt demnach mehrere Ziele:

• Die Mitarbeiter sollen zu gesundheitsförderlichem Verhalten angehalten und befähigt werden.

• Gesundheitsförderliche Arbeitsbedingungen sollen geschaffen werden, in denen gesundes und sicheres Verhalten überhaupt erst möglich ist.

• Die Kooperation und Kommunikation zwischen allen Beteiligten im Betrieb soll gefördert werden, d.h. beispielsweise auch Fachleute, Entscheidungsträger, Interessensvertreter und Mitarbeiter zu unterstützen, wenn es um Belange der Gesundheitsförderung geht.

• Schließlich soll die betriebliche Gesundheitsförderung auch zu einer Unternehmenskultur beitragen, in der bei allen Veränderungen betrieblicher Strukturen den Aspekten der Gesundheitsförderlichkeit Rechnung getragen wird.

354 Von der Umsetzung dieser Ziele profitieren sowohl der einzelne Mitarbeiter als auch das Unternehmen. Aus der Sicht des Unternehmens können folgende positive Effekte betrieblicher Gesundheitsfördermaßnahmen genannt werden:

• Rückgang des Krankenstandes,

• Rückgang der Fluktuation,

• Erhöhung der Produktivität,

• Verbesserung der Produkt- bzw. Dienstleistungsqualität,

• Verbesserung der innerbetrieblichen Kooperation,

• Verbesserung der Corporate Identity,

• Verbesserung des Unternehmensimages.

Aus der Sicht der Beschäftigten bringen Maßnahmen zur Gesundheitsförderung Vorteile wie: *355*

- Verringerung von Arbeitsbelastungen,
- Verringerung gesundheitlicher Beschwerden,
- Steigerung des Wohlbefindens,
- Verbesserung der Beziehung zu Kollegen und Vorgesetzten,
- Mehr Freude bei der Arbeit,
- Aufbau von Gesundheitskompetenz.

5.3.3 Maßnahmen zur Gesundheitsförderung

Von ganzheitlicher Gesundheitsförderung kann erst dann gesprochen werden, *356* wenn sowohl das Verhalten der Mitarbeiter in Bezug auf ihre Gesundheitskompetenz als auch die Arbeitsbedingungen ausreichend Berücksichtigung finden. Wie umfangreich das Spektrum möglicher Maßnahmen zur betrieblichen Gesundheitsförderung in den Bereichen Gestaltung des Arbeitsplatzes, Gestaltung der Rahmenbedingungen und Förderung der Gesundheitskompetenz ist, zeigt eine Zusammenstellung der BKK (1994) (Tabelle 5.3.3.1).

Tab. 5.3.3.1: Maßnahmen zur Gesundheitsförderung in den Bereichen Arbeitsgestaltung, Gestaltung der Rahmenbedingungen der Arbeit sowie Förderung der Gesundheitskompetenz (BKK, 1994)

Arbeits-gestaltung	Rahmen-bedingungen	Rahmenbedingungen und Gesundheits-kompetenz	Gesundheits-kompetenz
– Arbeitsplatz-gestaltung	– Nichtraucher-schutz	– Fort- und Weiterbildung	– Stressbewältigung
– Arbeits(re)orga-nisation	– Vollwertme-nüs	– Klimagruppen	– Cholesterin-Screening
– Führungsstil	– Jodsalz in der Kantine	– Gesundheitszirkel	– Fitness-Test
– Arbeitszeit-gestaltung	– Wiederein-gliederung nach langer Krankheit	– Suchtprävention und -hilfe	– Rückenschule
– Schichtplan-gestaltung		– Pausengymnastik	– Ausgleichssport
– Software-Ergonomie		– Gymnastik am Arbeitsplatz	– Schutz-impfungen
– Ersatz von Gefahrstoffen		– Gesundheitsberatung	– AIDS-Aufklärung
– Lärmschutz		– Vereinbarkeit von Beruf und Familie	– Blutdruck-Messaktion
			– Vorbereitung auf den Ruhestand

179

357 In der Realität der betrieblichen Gesundheitsförderung sieht es jedoch so aus, dass größtenteils individuumsbezogene Maßnahmen angeboten und durchgeführt werden. Damit wird die Verantwortung für die Bewahrung der Gesundheit vor allem in die Hände der Mitarbeiter gelegt. Dies ist wiederholt kritisiert worden (Mohr & Udris, 1997; Murza & Laaser, 1994). Der Tenor ist, dass Gesundheitsförderung zu viel Verhaltens- und zu wenig Verhältnisprävention betreibt.

Bezogen auf die Reduktion bzw. Prävention psychischer Belastungen am Arbeitsplatz leistet die Realisierung gesundheitsförderlicher Maßnahmen in zweifacher Hinsicht einen Beitrag. Zum einen können belastende Arbeitsbedingungen entschärft werden, zum anderen kann auf Mitarbeiterseite der Gesundheitszustand verbessert und die Gesundheitskompetenz erhöht werden.

359 So führte beispielsweise ein von der BKK durchgeführtes Präventionsprogramm (BKK, 1994) zu Herz-Kreislauf-Erkrankungen, das in drei Betrieben der Elektrobranche realisiert wurde, zu durchschlagenden Erfolgen. Die Aktion, an der 87 Prozent von insgesamt 3.600 Beschäftigten teilnahmen, beinhaltete Beratungen und Informationen zu Risikofaktoren bezüglich Herz-Kreislauf-Erkrankungen, Screeningverfahren, Stressbewältigungskurse sowie entsprechende Fitnessangebote. Nach zwei Jahren zeigte sich der Erfolg: Vor Beginn der Maßnahmen hatten 29 Prozent der Teilnehmer Bluthochdruck, nach Ablauf von zwei Jahren war diese Zahl auf nur noch 17 Prozent gesunken. Die Zahl der Beschäftigten, die einen erhöhten Cholesterinwert aufwiesen, senkte sich in diesem Zeitraum von 26 Prozent auf 19 Prozent. Über 40 Prozent der Teilnehmer, die zu Beginn der Maßnahmen Raucher waren, verzichteten nach zwei Jahren gänzlich auf Zigaretten. In Mitarbeiterbefragungen konnte außerdem eine Verbesserung des Betriebsklimas festgestellt werden. Dieser Maßnahmenkomplex zur Gesundheitsförderung war so erfolgreich, dass er als dauerhaftes Programm in allen drei Betrieben etabliert wurde. Mittlerweile gibt es auf der Datenbank des Europäischen Informationszentrums für Gesundheitsförderung (http://www.enwhp.org) eine Vielzahl dokumentierter Praxisbeispiele, die die Wirksamkeit und auch den ökonomischen Nutzen von Maßnahmen der betrieblichen Gesundheitsförderung belegen.

Ein erfolgreiches Unternehmen, das auf leistungsfähige Mitarbeiter Wert legt, kann also eigentlich auf betriebliche Gesundheitsförderung nicht verzichten. In der Realität sieht dies jedoch leider oft noch anders aus. Insbesondere kleine und kleinste Unternehmen weisen im Bereich der betrieblichen Gesundheitsförderung Defizite auf.

5.4 Herstellen gesunder Leistungsfähigkeit

Der Begriff gesunde Leistungsfähigkeit besagt, dass dauerhafte Leistungsfähigkeit nur bei entsprechender Gesundheit zu erwarten ist und dass ein leistungsadäquater Mitarbeitereinsatz zur Gesunderhaltung des Mitarbeiters beitragen kann. Die Arbeitstätigkeit hat demnach, wenn die Rahmenbedingungen stimmen und entsprechende Interessen, Kompetenzen und Fähigkeiten auf Seiten des Mitarbeiters gegeben sind, einen salutogenen, sprich einen gesundheitsförderlichen Einfluss. In der Literatur gibt es populär gewordene Beispiele, die auf die positive Wirkung des Tätigseins hinweisen. So hat der amerikanische Psychologe Mihaly Csikszentmihalyi (2010) den Begriff vom „Flow-Phänomen" geprägt. Danach kann eine Person, die sich sinnvollen Zielen gegenüber sieht und die zudem über entsprechende Ressourcen und Qualifikationen verfügt, so sehr in ihren Arbeitsaufgaben aufgehen, dass sie das Zeitgefühl verliert und in einen Glückszustand gerät. Mühelos kann dabei eine hohe Konzentrations- und Arbeitsleistung gezeigt werden – auch oder gerade bei komplexen Herausforderungen und hohen Belastungen. Die Tätigkeit hat in diesem Moment salutogenen Charakter. Ähnliche Erlebnisse berichten im Übrigen auch Arbeitssüchtige aus der Frühphase ihrer Erkrankung (Poppelreuter, 1997). Die völlige Vereinnahmung durch die Arbeit sowie die Arbeitserfolge vermitteln ein Gefühl des Glücks. Die Tatsache, dass auch Arbeit zur Sucht werden kann, belegt, dass auch solche Flow-Zustände nicht uneingeschränkt positiven und auf jeden Fall gesundheitsförderlichen Charakter haben. Hier gilt wohl auch wieder das alte Paracelsus-Wort „die Menge macht's!". Csikszentmihalyi (2010) betont zudem ausdrücklich, dass zur Erreichung eines Flow-Zustandes bestimmte Voraussetzungen erforderlich sind (sinnvolle Ziele, Ressourcen, Qualifikationen). Hier schließt sich wieder der Kreis zum Thema psychische Belastungen am Arbeitplatz, denn damit von der Arbeit eine salutogene Wirkung ausgehen kann, müssen bestimmte Bedingungen erfüllt werden, sowohl auf der Seite der Mitarbeiter (Verhaltensprävention) als auch auf der Seite der Arbeitsbedingungen (Verhältnisprävention).

360

5.4.1 Basisvoraussetzungen

Der Abbau arbeitsbedingter Gesundheitsgefahren bzw. arbeitsbedingter psychischer Belastungen ist im verhältnispräventiven Sinne primär Aufgabe der Arbeitgeber. Ebenso fällt es in den Zuständigkeitsbereich der Arbeitgeber, die Arbeitsprozesse und Arbeitsbedingungen so zu gestalten, dass sie leistungsförderlicher Natur sind. Die Reduktion bzw. Vermeidung gesundheitsgefährdender oder psychischer Belastungen einerseits und der Aufbau leistungsförderlicher Arbeitsbedingungen andererseits unterliegen keinem Zielkonflikt, im Gegenteil, sie ergänzen einander und bedingen sich wechselseitig. Die Be-

361

dingungen, die erfüllt sein müssen, damit ein Mitarbeiter leistungsfähig und auch leistungsbereit ist, sind vergleichbar mit denen, die zu psychischer und körperlicher Gesundheit beitragen.

Die bislang dargestellten Beispiele für psychische Belastungen am Arbeitsplatz, wie etwa Überforderung, Mobbing oder Burnout haben eine Gemeinsamkeit: Sie können zu verringerter Leistungsfähigkeit, zu Frustration oder auch zu erhöhten Fehlzeiten führen, und das nicht nur bei den unmittelbar Betroffenen, sondern häufig auch bei Kollegen und Vorgesetzten.

362 Die Vermeidung dieser negativen Konsequenzen erfordert eine ganzheitliche Betrachtung des Arbeitsprozesses und Maßnahmen bei allen Beteiligten. Das gesamte Arbeitssystem in seinen technischen, organisatorischen und sozialen Dimensionen übt Einfluss auf das Verhalten der Mitarbeiter aus. Dieser Einfluss kann motivierend oder demotivierend, kann krankmachend, aber auch gesundheitsförderlich sein. Wenn von Mitarbeitern gesundheitsförderliches und motiviertes Verhalten gefordert wird, müssen dafür die betrieblichen Voraussetzungen geschaffen werden. So ist sicheres Verhalten beispielsweise nur dann zu erwarten, wenn auch die Arbeitsbedingungen sicher sind. Mit anderen Worten: Verhältnisprävention steht vor der Verhaltensprävention. Wenn man sich die aktuelle Situation im Bereich der Gesundheitsförderung anschaut muss man feststellen, dass dieser Grundsatz noch längst nicht in alle Betriebe, Unternehmen, Verwaltungen und Institutionen Einzug gefunden hat.

364 Der massive Wandel, der sich bei Arbeitsinhalten, Arbeitsprozessen, Arbeitsmethoden und Arbeitstechniken in den letzten Jahren vollzogen hat, und der sich auch in Zukunft mit unverminderter Stärke fortsetzen wird, hat auch zu Veränderungen in den Anforderungen an das Mitarbeiterverhalten geführt. Die von einem Mitarbeiter zu erfüllenden Voraussetzungen sind vielfältiger geworden und haben sich vor allem im Hinblick auf soziale Kompetenzen und Fähigkeiten der Mitarbeiter verändert (Böhm & Poppelreuter, 2003). Abbildung 5.4.1.1 verdeutlicht, im Rahmen welcher Anforderungsbereiche die Arbeitgeber heute Kompetenzen auf Mitarbeiterseite erwarten.

365 Dabei ist der Prozess der Mitarbeiterauswahl heute keine „Einbahnstraße" mehr. Selbst in Zeiten der Rezession und hoher Arbeitslosigkeit müssen Arbeitgeber immer noch, und dies zukünftig noch vermehrt, auch die Anforderungen und Erwartungen der (potenziellen) Mitarbeiter an ihren Arbeitgeber und ihren Arbeitplatz berücksichtigen, um tatsächlich auch geeignete Mitarbeiter für das Unternehmen gewinnen (oder halten) zu können (Böhm & Poppelreuter, 2003). Abbildung 5.4.1.2 stellt die Erwartungen der Arbeitgeber an das Mitarbeiterverhalten und daraus resultierende Erwartungen der Mitarbeiter an den Arbeitgeber speziell im Hinblick auf die Umsetzung gesundheits- und motivationsförderlichen Verhaltens gegenüber.

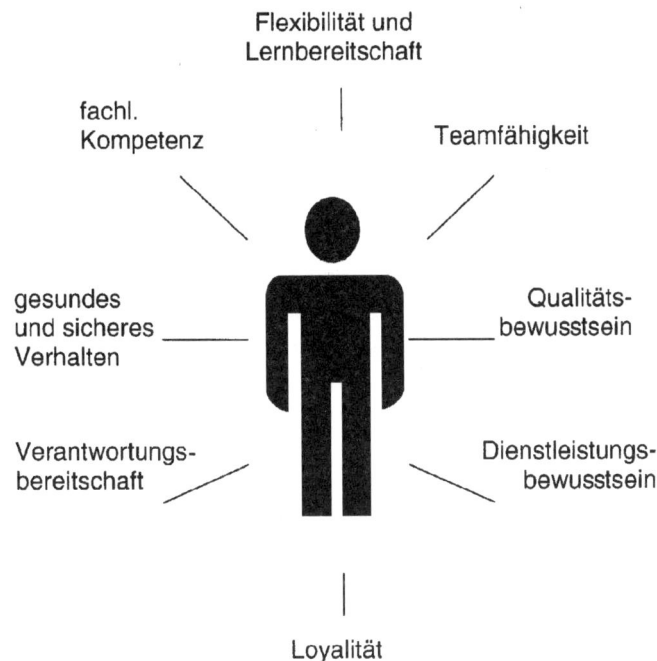

Loyalität

Abb. 5.4.1.1: Gefordertes Anforderungsprofil

Was kann der ...

... Betrieb vom Mitarbeiter erwarten?	... Mitarbeiter vom Betrieb erwarten?
• sicheres Verhalten	• sichere und ergonomische Arbeitsplätze
• qualitätsorientiertes Verhalten	• zeitgemäße MA-Führung
• loyales Verhalten	• tätigkeitsbezogene Qualifikation
• verantwortungsvolles Verhalten	• umfassende, klare Informationen
• teamorientiertes Verhalten	• klare Regeln und Vereinbarungen
• kundenorientiertes Verhalten	• notwendiger Handlungs- und Entscheidungsspielraum
• umweltbewusstes Verhalten	• MA-Förderung, MA-Unterstützung
• kostenbewusstes Verhalten	• MA-Beteiligung
• ...	• ...

Abb. 5.4.1.2: Anforderungen an Stellen und Stelleninhaber

183

366 Je mehr es gelingt, diese Anforderungen und Erwartungen in ein ausgeglichenes Verhältnis zu bringen, umso unwahrscheinlicher werden Überforderung und Überlastung am Arbeitsplatz. Bringt man die dazu notwendigen arbeitgeberseitigen Vorleistungen in eine logische Priorität, dann müssen zunächst die räumlichen, technischen und organisatorischen Voraussetzungen gegeben sein, bevor personenorientierte Maßnahmen ihre volle Wirksamkeit entfalten können (Abbildung 5.4.1.3).

367 Die Erfüllung dieser Basisvoraussetzungen kann als notwendige, aber noch nicht als hinreichende Bedingung für die Entwicklung gesunder Leistungsfähigkeit angesehen werden. Sie sind einerseits durch entsprechende Rechtsgrundlagen verbindlich vorgegeben und beruhen andererseits auf allgemeinen Regeln der Betriebsführung, auf konkreten Erfahrungen des Unternehmens und auf arbeitswissenschaftlichen und technischen Regeln bzw. Erkenntnissen.

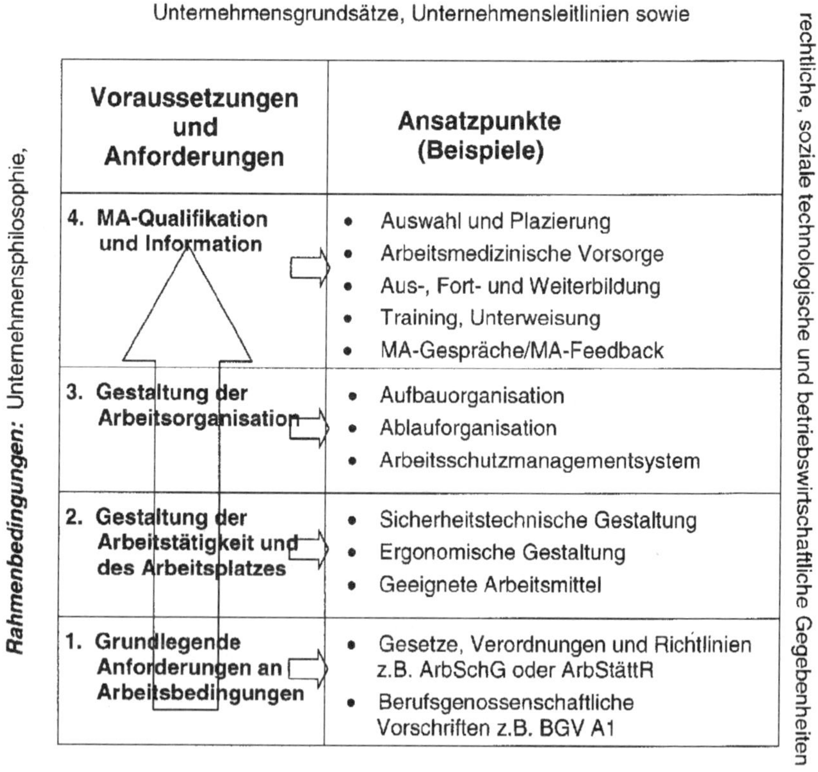

Abb. 5.4.1.3: Basisvoraussetzungen gesunder Leistungsfähigkeit

Fänden die bereits erwähnten Arbeitsschutzgesetze konsequente Anwendung, so könnten pathogene Einflüsse der Arbeit im Wesentlichen beseitigt bzw. vermieden werden. Eine Abnahme arbeitsbedingter Erkrankungen wäre die Folge, aber nicht notwendigerweise auch eine Zunahme des gesundheitlichen Wohlbefindens. Um eine gesunde Leistungsfähigkeit zu erreichen, bedarf es weiterer Voraussetzungen.

5.4.2 Die Berücksichtigung individueller Voraussetzungen

Arbeitskompetenz, Arbeitsmotivation und Arbeitserfolg sind Variablen, deren Umsetzung nicht nur von entsprechenden betrieblichen Voraussetzungen, sondern ebenso von individuellen Faktoren auf Seiten des Arbeitnehmers abhängig ist. Hacker und Richter (1980) haben ein hierarchisches System zur psychologischen Bewertung von Arbeitsgestaltungsmaßnahmen entwickelt, das aus vier Ebenen besteht: 368

1. Ausführbarkeit
2. Schädigungslosigkeit
3. Beeinträchtigungsfreiheit
4. Persönlichkeitsförderlichkeit

Dem hierarchischen Aufbau entsprechend müssen Arbeitstätigkeiten grundlegende, allgemeingültige Anforderungen erfüllen (Ausführbarkeit und Schädigungslosigkeit), bevor individuell variable Aspekte (Beeinträchtigungsfreiheit und Persönlichkeitsförderlichkeit) zum Tragen kommen können.

Die Grenzen der menschlichen, d.h. der körperlichen und geistigen Leistungsfähigkeit bestimmen, ob eine Tätigkeit *ausführbar* ist. Die Arbeit muss *schädigungslos* und für den Mitarbeiter erträglich sein. Durch Verhältnisprävention kann diese Grundbedingung, wie oben bereits dargestellt, erfüllt werden. Bei den Kriterien *Beeinträchtigungsfreiheit* und *Persönlichkeitsförderlichkeit* spielen individuelle Voraussetzungen und Anspruchshaltungen gegenüber der Tätigkeit eine große Rolle. Was den einen zufrieden stellt, ist für den anderen Ursache von Unzufriedenheit. Daraus leitet sich die Forderung nach individueller Gestaltung von Arbeitsplatzbedingungen ab. 369

Wenn es um das Ziel der gesunden Leistungsfähigkeit geht, müssen alle Gestaltungskriterien in hinreichender Form erfüllt sein. Das in Kapitel 2 beschriebene Belastungs-Beanspruchungs-Modell soll an dieser Stelle in erweiterter Form wieder aufgegriffen werden. Wie aus der Abbildung 5.4.2.1 ersichtlich wird, wurde das Modell um die Möglichkeiten so genannter externer Ressourcen als Quelle der Mitarbeiterunterstützung erweitert. Auf der Grundlage dieses erweiterten Modells können unterschiedliche, individuell durchaus variable 369

Vorgehensweisen zum Abbau von krankmachenden und die Leistungsfähigkeit behindernden Belastungen am Arbeitsplatz abgeleitet werden.

Belastungen und Gefährdungen individuell vermeiden bzw. abbauen

370 Primäres Ziel in der betrieblichen Gesundheitsarbeit ist in der Regel der Abbau oder die vollständige Vermeidung von Belastungen und Gefährdungen.

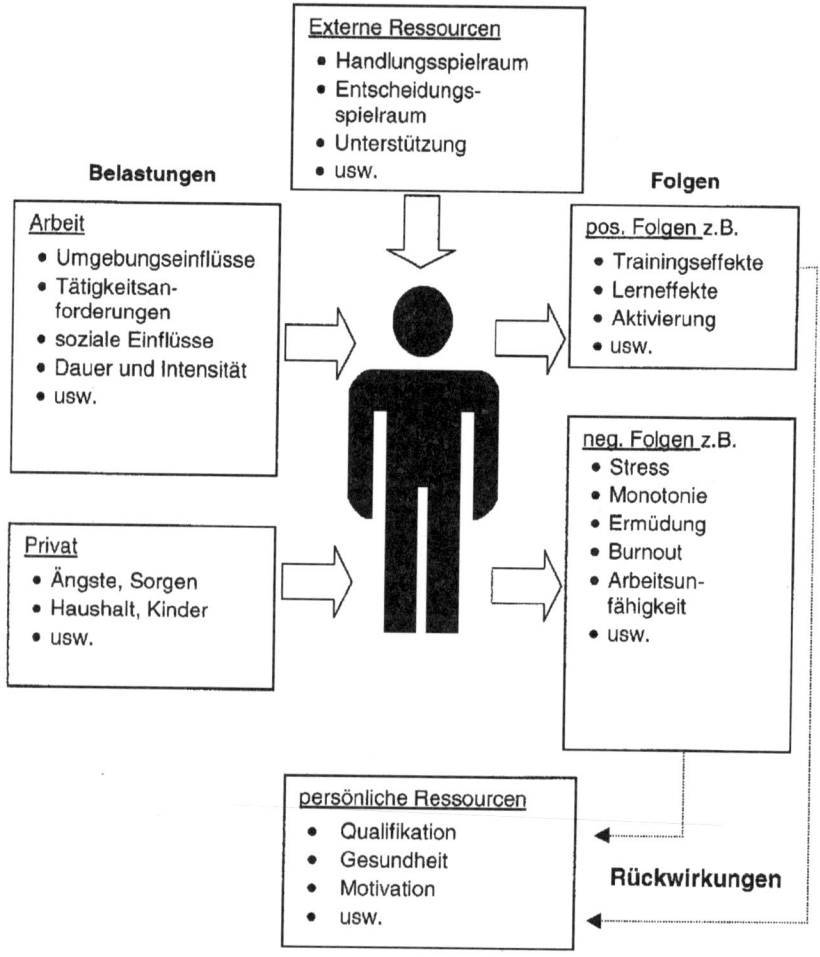

Abb. 5.4.2.1: Belastungen, Beanspruchungen und deren Folgen (2)

186

Dieses Ziel ist jedoch aus Kostengründen, technischen Gegebenheiten oder auch arbeitsprozessimmanenten Sachzwängen nicht immer erreichbar. Belastungen können und sollen auch nicht auf Null gesetzt werden. Das Ziel besteht darin, gesundheitsschädliche Belastungen zu vermeiden und leistungsförderliche Herausforderungen etwa durch qualitative Anforderungen aufzubauen. Ein Zuwenig an Belastungen führt zu psychischer Sättigung oder zu Monotonieerleben. Ebenso wird das Leistungspotenzial des Mitarbeiters nicht gefordert und somit auch nicht gefördert. Ein Zuviel an Belastungen führt zu Überforderung, Überlastung, Stress und damit verbunden zu vorzeitigem Leistungsabbau. Hier zeigt sich die Notwendigkeit, die von Arbeitsplätzen ausgehenden Gefährdungen und Belastungen nicht nur generell, sondern auch im Hinblick auf die individuellen Voraussetzungen, Kompetenzen, Wünsche und Bedürfnisse des (zukünftigen) Stelleninhabers hin zu bewerten.

Leistungsvoraussetzungen des Mitarbeiters schaffen und erhalten

Eine fundierte und professionelle Personalauswahl, die individuelle Bedingun-   *371* gen berücksichtigende Platzierung von Mitarbeitern, eine zielgerichtete Ausbildung und bedarfsorientierte Personalentwicklung stellen sicher, dass den Leistungsanforderungen der Tätigkeit entsprechende Leistungsvoraussetzungen auf Seiten des Mitarbeiters gegenüberstehen (Böhm & Poppelreuter, 2003). Angebote der betrieblichen Gesundheitsförderung können hier ergänzend und unterstützend wirken, beispielsweise um die individuell niedrige Stressresistenz bei einem Mitarbeiter zu verbessern.

Möglichkeiten zur Unterstützung des Mitarbeiters schaffen

Unter dem Begriff „externe Ressourcen" sind eine Vielzahl von Gestaltungs-   *372* und Unterstützungsmöglichkeiten zusammengefasst. Beispiele externer Ressourcen sind die Erweiterung des Handlungs- und Entscheidungsspielraumes im Rahmen von Arbeitsstrukturierungsmaßnahmen oder die soziale Unterstützung des Mitarbeiters. Diese kann in unterschiedlicher Form notwendig werden, etwa durch Supervision bei Sozialberufen mit emotionaler Belastung, als Coaching bei Führungskräften oder als aktive Unterstützung von Mitarbeitern durch deren direkte Vorgesetzte in Form von Anerkennung und Bestätigung (Poppelreuter, 2003). Über solche Unterstützungsangebote lassen sich auch die persönlichen Ressourcen der Mitarbeiter nutzen und ausbauen. Oftmals sind die Mitarbeiter nämlich durchaus in der Lage und bereit, mit Belastungen und Gefährdungen am Arbeitsplatz angemessen umzugehen, ihnen fehlt es letztlich nur an Unterstützung zur Realisierung des Verhaltens. Eine zusätzliche Qualifikation oder auch „nur" gezielte motivationsfördernde Maßnahmen des Vorgesetzten können hier einen wesentlichen Beitrag leisten.

187

Beanspruchungsfolgen frühzeitig erkennen

373 An dieser Stelle wird der Bereich der klassischen, generellen Prävention verlassen, denn hier geht es um individuelle pathogene Folgen von Beanspruchungen und somit um konkrete Interventionsmaßnahmen. Indikatoren kurzfristiger Beanspruchungsfolgen können über das Verhalten des Mitarbeiters erschlossen werden, z.B. sichtbare Gereiztheit oder Fehlhandlungen bei Überforderung. Individuelle Überforderungen und Überlastungen können sich aber auch ergeben aus den Ergebnissen von Gesundheitsberichten und Mitarbeiterbefragungen, oder auch Gesundheitszirkeln. Ein wichtiger Indikator für das Vorliegen individueller Beanspruchungen sind außerdem Mitarbeitergespräche, Rückkehrgespräche oder Mitarbeiterbeschwerden. Je früher gesundheitliche Folgen erkannt werden, desto weniger werden langfristige Konsequenzen zu erwarten sein. Daher ist es für jedes Unternehmen wichtig, ein entsprechendes „Frühwarnsystem" aufzubauen.

5.4.3 Der Aufbau und die Förderung externer Ressourcen

374 Die Gestaltung des Arbeitsplatzes, der Arbeitsprozesse und der Arbeitsanforderungen birgt vielfältige Möglichkeiten, um gesundheitsförderliche und leistungssteigernde Bedingungen zu schaffen. Damit leisten solche Maßnahmen einen wesentlichen Beitrag zur Erreichung einer gesunden Leistungsfähigkeit. Folgende, in Anlehnung an Ulich (2011) erstellte Tabelle 5.4.3.1 beinhaltet die wichtigsten Merkmale zur gesundheits- und motivationsförderlichen Gestaltung von Arbeitsaufgaben.

Tab. 5.4.3.1: Arbeitsgestaltungsmerkmale (in Anlehnung an Ulich, 2011)

Gestaltungsmerkmal	Realisierung durch ...
Ganzheitlichkeit	... Arbeit mit planenden, organisierenden, ausführenden und kontrollierenden Elementen.
Anforderungsvielfalt	... Arbeit mit ausreichenden Anforderungen an Körper, Geist und Sinnesorgane.
Autonomie, Handlungs- und Entscheidungsspielraum	... Arbeit mit individuellen Entscheidungsmöglichkeiten über Art und Zeit der Aufgabenerfüllung.
Soziale Interaktion, Rückmeldungen	... Arbeit, deren Bewältigung Kooperation und Kommunikation nahe legt oder voraussetzt.

Gestaltungsmerkmal	Realisierung durch ...
Lern- und Entwicklungs-möglichkeiten	... problemhaltige Aufgaben, die zur Erweiterung von Qualifikationen führen.
Sinnhaftigkeit	... Arbeit, deren gesellschaftlicher Nutzen nicht in Frage gestellt wird und Akzeptanz besitzt.
Verstehbarkeit	... anfallende Arbeitsaufgaben, deren Schwierigkeiten und deren Herausforderungen verstanden und be- bzw. verarbeitet werden können.
Handhabbarkeit	... Arbeitsanforderungen, auch problemhaltige, die im Wesentlichen handhabbar, d.h. bewältigbar sind.

Ganzheitlichkeit und Anforderungsvielfalt

Die Mitarbeiter erkennen bei ganzheitlichen Arbeitsaufgaben die Bedeutung und den Stellenwert ihrer Tätigkeit. Sie erhalten aus der Tätigkeit selbst Rückmeldung über den eigenen Arbeitsfortschritt. Arbeitstätigkeiten sollten zudem so gestaltet sein, dass sie Körper, Geist und Sinnesorgane des Mitarbeiters fordern aber nicht überfordern. Unterschiedliche Fähigkeiten, Kenntnisse und Fertigkeiten sollten eingesetzt werden können, nicht zuletzt werden dadurch einseitige Beanspruchungen vermieden. `375`

Autonomie, Handlungs- und Entscheidungsspielraum

Damit Tätigkeiten eine gewisse Anforderungsvielfalt beinhalten können, müssen sie dem Mitarbeiter auch ein Mindestmaß an Autonomie in Form von Handlungs- und Entscheidungsspielräumen bieten. Eine solche Autonomie stärkt das Selbstwertgefühl des Mitarbeiters und dessen Bereitschaft zur Übernahme von Verantwortung. Der Mitarbeiter erlebt, nicht einfluss- und bedeutungslos zu sein. Wird Autonomie gefordert, ohne Handlungs- und Entscheidungsspielräume zu bieten, entsteht eine Situation mit erheblichem Belastungspotenzial. `376`

Wenn hohe psychische Anforderungen an die Mitarbeiter gestellt werden, aber gleichzeitig entsprechende Ressourcen bereitgestellt und notwendige Unterstützung gewährt wird, kann von einem so genannten „active job" ausgegangen werden. Dieser ist dadurch gekennzeichnet, dass trotz hoher Anforderungen (Belastungen) und hoher Leistungserbringung Fehlbeanspruchun- `377` gen mit Krankheitsfolgen kaum auszumachen sind. Arbeitsstrukturierende Maßnahmen können zu einer Erweiterung des Handlungs- bzw. Tätigkeits- und Entscheidungsspielraumes des Mitarbeiters führen. Dazu gehören:

Job-Rotation

378 Im Falle der Job-Rotation führt der Mitarbeiter mehrere gleichartige oder ähnliche Arbeitsaufgaben im zeitlichen Wechsel aus. Dieser Wechsel kann geplant oder ungeplant, selbstbestimmt oder fremdbestimmt sein und sich beispielsweise auf ein oder mehrere Produkte erstrecken. Die Dauer eines Wechselintervalls beträgt in der Regel Tage oder Wochen, seltener Stunden oder Monate.

Job-Enlargement

379 Beim Job-Enlargement werden mehrere strukturell gleichartige, miteinander in Beziehung stehende (vor- oder nachgelagerte) Arbeitsfunktionen oder Aufgaben zu einer größeren Gesamtaufgabe zusammengefasst; dadurch erfolgt für den Mitarbeiter eine quantitative Erweiterung des Tätigkeitsspielraums. Bei Job-Enlargement werden vorwiegend Arbeitsfunktionen für ein Produkt zusammengefasst, um dem Mitarbeiter die Identifikation mit dem Ergebnis seiner Arbeit zu erleichtern.

Job-Enrichment

380 Diese Form von Arbeitsstrukturierung beinhaltet die Zusammenfassung von qualitativ unterschiedlichen Tätigkeiten zu einer neuen Aufgabe. Durch die qualitative Bereicherung des Arbeitsinhaltes wird der Handlungsspielraum des Mitarbeiters vergrößert, d. h. er hat mehr Entscheidungs-, Kontroll-, Durchführungs- und Verantwortungskompetenzen als vorher. Typische Maßnahmen, die unter das Job-Enrichment fallen, sind die Einführung von Planungs-, Kontroll-, Wartungs-, Instandhaltungs- und Entscheidungsaufgaben als Ergänzung zur alten Arbeitsaufgabe.

Gruppenarbeit

381 Eine (teil-)autonome Arbeitsgruppe besteht aus ca. drei bis zehn Personen und erstellt im Arbeitsprozess komplette (Teil-) Produkte oder Dienstleistungen. Die Gruppe kann innerhalb eines gewissen Rahmens die Arbeit selbst organisieren. Dies betrifft in der Regel die Aufgabenverteilung, Zeitvorgaben, die Gruppenzusammensetzung, die Auswahl des Gruppensprechers und die Festlegung der Gruppenziele innerhalb des vorgegebenen Rahmens.

Alle Maßnahmen der Aufgabenstrukturierung beinhalten Aspekte der Autonomieerhöhung und damit auch der Erweiterung des Handlungs- und Entscheidungsspielraums.

Soziale Interaktion, Rückmeldungen

Zu Prozessen der sozialen Interaktion und der Rückmeldung gehören sowohl 382 der Austausch arbeitsbedingt notwendiger Informationen, als auch informelle Kommunikationsmöglichkeiten unter Kollegen. Sozialer Austausch in Form von Kommunikation hat elementare Bedeutung. Über Kommunikation können Schwierigkeiten gemeinsam gemeistert werden, gegenseitige Unterstützung hilft, Belastungen besser zu ertragen. Deutlich wird dieser Zusammenhang da, wo Kommunikation unterbleibt. So hat etwa das Kommunikationsverhalten von Führungskräften großen Einfluss auf die Zufriedenheit und Leistungsbereitschaft der Mitarbeiter. Je weniger Kommunikation stattfindet, desto mehr besteht die Gefahr unerwünschter Entwicklungen – bei den Mitarbeitern wie auch bei den Führungskräften.

Rückmeldungen stellen einen wichtigen Bereich sozialer Interaktion dar. Sie 383 sind Informationen, die der Mitarbeiter über die Erfüllung seines Arbeitsauftrages oder sein Verhalten erhält. Sie können von anderen Kollegen oder vom Vorgesetzten gegeben werden. Rückmeldungen erfüllen mehrere Funktionen. So stellen sie für den Mitarbeiter eine wichtige Informationsquelle für die eigene Leistungsbewertung und somit für die Selbstmotivation dar. Sie geben Hinweise, wie das Arbeitsverhalten verändert und verbessert werden kann und sie bieten und beinhalten immer auch die Möglichkeit nach weiterer Kommunikation. Häufige Probleme im Zusammenhang mit Rückmeldungen können sich z. B. einstellen, wenn sie zu spät kommen, so dass Korrekturen nicht mehr möglich sind. Ebenso stellen unklare oder unsachliche Rückmeldungen eher eine zusätzliche Arbeitsbelastung dar. Hierauf wird in Abschnitt 6.1 noch näher eingegangen.

Rückmeldungen sind notwendig, aber nicht ausreichend, um motivations- 384 fördernd zu wirken. Erst in Verbindung mit gezielter Unterstützung kann von einer gesundheits- und leistungssteigernden Wirkung ausgegangen werden. Wie bedeutsam soziale Unterstützung als moderierender Effekt zu werten ist, konnte eindrucksvoll von Theorell (1986) in einer Längsschnittstudie zur Herz-Kreislauf-Mortalität belegt werden. Danach sind selbst bei einem hohen Ausmaß betrieblicher Stressoren nur wenige psychosomatische Beschwerden zu erwarten, wenn gleichzeitig ein hoher Grad sozialer Unterstützung gewährleistet ist. Fehlt hingegen diese Unterstützung, ist selbst bei einer geringen Belastung ein höheres Ausmaß an psychosomatischen Beschwerden zu erwarten. Geteiltes Leid, das weiß schon der Volksmund, ist eben halbes Leid! Führungskräfte bzw. Vorgesetzte erfüllen eine zentrale Funktion, wenn es um soziale Unterstützung geht. Ebenso bedeutsam sind in diesem Zusammenhang aber familiärer Rückhalt oder freundschaftliche Beziehungen, die auch als externe Ressourcen anzusehen sind.

Lern- und Entwicklungsmöglichkeiten

385 Eine Arbeitsaufgabe muss Lern- und Entwicklungsmöglichkeiten bieten, um die allgemeine geistige Flexibilität zu erhalten. Darüber hinaus werden Lern- und Entwicklungsmöglichkeiten als Herausforderung erlebt, deren Bewältigung der Bewahrung und Weiterentwicklung der beruflichen Qualifikationen dient.

Sinnhaftigkeit, Verstehbarkeit und Handhabbarkeit

386 Die Sinnhaftigkeit der Arbeitsaufgabe vermittelt dem Mitarbeiter das Gefühl, an der Erstellung/Erbringung gesellschaftlich nützlicher Produkte oder Dienstleistungen beteiligt zu sein. Hieraus erwächst das Gefühl der Übereinstimmung individueller und gesellschaftlicher Interessen. Von wesentlicher Bedeutung ist auch die Einschätzung der Einflussfaktoren durch den Mitarbeiter selbst. So ist die Bedrohlichkeit regulierbarer Belastungen gering, während Belastungen, die nicht regulierbar, d.h. handhabbar sind, umso bedrohlicher wirken.

387 Wie wichtig Verstehbarkeit und Handhabbarkeit im Sinne von Leistungsfähigkeit und Gesundheit sind, wurde von dem amerikanisch-israelischen Medizinsoziologen Aaron Antonovsky (1987) in dem von ihm entwickelten Salutogenese-Konzept beschrieben. Der Begriff „Salutogenese" steht für das Gesundwerden und Gesundbleiben von Menschen. Im Gegensatz zur rein pathogenetischen Sichtweise stellt die salutogenetische Sichtweise die Frage, warum Menschen gesund bleiben. Die Bedingungen von Gesundheit stehen im Mittelpunkt der Betrachtung. Nach Antonovsky (1987) ist von einem so genannten Kohärenzgefühl und damit von einer gesundheitsförderlichen Wirkung der Arbeit auszugehen, wenn die auszuübende Tätigkeit durch folgende Merkmale gekennzeichnet ist:

• Gefühl von Sinnhaftigkeit bzw. Bedeutsamkeit (Sense of meaningfulness)

388 Hier geht es um das Ausmaß, in dem das Leben oder die ausgeübte Tätigkeit von einem Menschen als sinnvoll empfunden wird. Gerade diese Erfahrung

von Sinnhaftigkeit ist entscheidend für den Aufbau einer stabilen Motivation. Im Arbeitsleben spielt diese Dimension eine besondere Rolle, etwa wenn vom Mitarbeiter nur die repetitive Verrichtung von Teiltätigkeiten gefordert ist und der Blick für das Endprodukt verloren geht.

• Gefühl von Verstehbarkeit (Sense of comprehensibility)

Dieses Gefühl steht für die Erwartung und die Fähigkeit von Menschen, be-   *389*
kannte und unbekannte Umweltstimuli als geordnete und strukturierte Informationen aufzunehmen, verarbeiten und verstehen zu können. Der Mensch will nicht mit willkürlichen, zufälligen und unerklärlichen Umweltreizen konfrontiert werden. Verstehbarkeit und Nachvollziehbarkeit erhöhen das Gefühl der Kontrolle und damit auch den Eindruck, steuernd und beeinflussend eingreifen zu können.

• Gefühl von Handhabbarkeit und Bewältigbarkeit (Sense of manageability)

Dieses Merkmal beschreibt die Überzeugung eines Menschen, dass auch   *390*
schwierige Aufgaben lösbar sind und bewältigt werden können. Das Gefühl von Handhabbarkeit und Bewältigbarkeit beruht auf dem Bewusstsein der eigenen Fähigkeiten und Ressourcen und dem Vertrauen darauf. Dazu gehört auch das Wissen, dass andere Personen mit ihren Kompetenzen und Ressourcen helfen können. Je stärker das Gefühl der Handhabbarkeit ausgeprägt ist, desto weniger bedrohlich werden reale oder antizipierte Problemsituationen wahrgenommen. Übertragen auf die Welt der Arbeit steht dieses Gefühl für die Schaffung von entsprechenden Ressourcen, z.B. die Unterstützung durch Experten bei bestimmten Problemen und die Aneignung von tätigkeitsbezogenen Kompetenzen durch Maßnahmen der Qualifikation, des Trainings und der Unterweisung.

5.4.4 Information als spezielle Ressource

Um die genannten Arbeitsgestaltungsmaßnahmen zielführend und nutzbrin-   *391*
gend ein- und umzusetzen ist Transparenz und Offenheit im Kommunikations- und Informationsfluss unerlässlich. Dazu gehören arbeitsbedingte Informationen ebenso wie Informationen zum Unternehmen, kurzfristige Informationen zur Tätigkeit ebenso wie langfristige Informationen beispielsweise zur wirtschaftlichen Entwicklung des Unternehmens oder zu den Perspektiven am Arbeitsplatz.

Wie wichtig Informationen sind wird deutlich, wenn ihr Fehlen zu psychischen Belastungen führt. Eine solche Situation liegt beispielsweise vor, wenn von der Unternehmensleitung mitgeteilt wird, in Zukunft 20 Prozent des Personals abzubauen, weitere konkretisierende Informationen jedoch nicht gegeben werden. Es tritt Ungewissheit ein, verbunden mit Negativannahmen, die in der Folge zu starker Angst und Unsicherheit führen können (vgl. Abbildung 5.4.4.1).

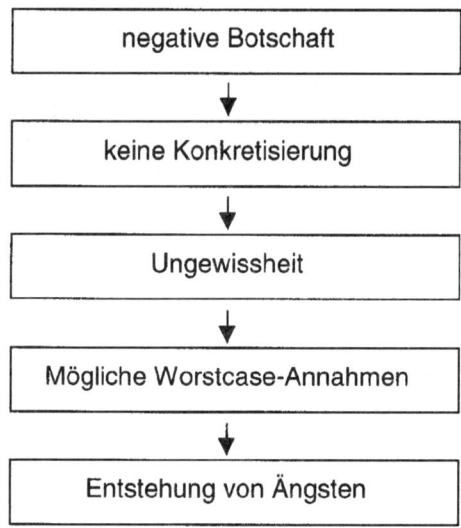

Mögliche Folgen negativer Botschaften

Abb. 5.4.4.1: Auswirkungen unzureichender Informationen

392   Ängste dieser Art stellen psychische Dauerbelastungen dar, die zu Krankheiten führen können. Allerdings ist gerade in einer solchen Situation die Bereitschaft zur krankheitsbedingten Abwesenheit als eher gering einzuschätzen. Die Folgen sind nicht selten Suchtmittel- und Medikamentenmissbrauch. Eindeutige und rechtzeitige Informationen schaffen Klarheit und verhindern das Aufkommen von unbegründeten Ängsten. Belastungen, die mit diesen Ängsten gekoppelt sind, werden ebenfalls vermieden.

6 Vorbeugung und Abhilfe – Welche Möglichkeiten haben die Beteiligten?

Informations- und Kommunikationstransparenz tragen, wie oben ausgeführt, nachhaltig zur Prävention von Ängsten und den vielschichtigen Folgen dieser Ängste bei. Für Offenheit und Transparenz im täglichen Austausch zu sorgen, sei er sachlicher oder sozialer Natur, ist dabei natürlich vor allem Sache der direkten Beteiligten und insbesondere eine wichtige Führungsaufgabe. Daher soll in den folgenden beiden Abschnitten ausführlicher auf die Rolle der Führungskräfte bei der Gestaltung eines gesundheitsförderlichen Arbeitsklimas durch geeignete Motivation und Kommunikation eingegangen werden. Ein dritter Abschnitt behandelt die Rolle der Mitarbeiter als Gestalter ihrer Arbeitsorganisation und ihres Zeit- und Selbstmanagements.

6.1 Die Rolle der Führungskräfte: Gesunde Motivation

Untersuchungen zur Frage des beruflichen Engagements und der Arbeitsmotivation bringen immer wieder unterschiedliche und widersprüchliche Ergebnisse hervor (Poppelreuter, 2003). Da wird einerseits im Rahmen der jährlich durchgeführten Untersuchungen des Instituts Gallup darüber geklagt, dass das Engagement am Arbeitsplatz in Deutschland unverändert auf niedrigem Niveau ist. Dort wird unterschieden zwischen engagierten Mitarbeitern (sie sind loyal, sehr produktiv und beschreiben ihre Arbeit als befriedigend), unengagierten Mitarbeitern (sie machen „Dienst nach Vorschrift" und fühlen sich ihrem Unternehmen gegenüber nicht wirklich verpflichtet) und aktiv unengagierten Mitarbeitern (sie sind verstimmt, unmotiviert und zeigen ihre negative Einstellung zu ihrer Arbeit und ihrem Arbeitgeber oftmals sehr deutlich). Sie können schlicht unproduktive Angestellte sein, oder aber sie haben aufgrund ihres schlechten Verhältnisses zu ihrem Vorgesetzten die innere Kündigung bereits vollzogen. Nach den Ergebnissen der Befragung sind nur 15 Prozent der Mitarbeiter in Deutschland engagiert im Job. 85 Prozent der Arbeitnehmer in Deutschland verspüren keine echte Verpflichtung der Arbeit gegenüber, wobei 16 Prozent von ihnen sogar „aktiv unengagiert" sind. Der berechnete gesamtwirtschaftliche Schaden ist immens und wird aufgrund schwacher Mitarbeiterbindung, hoher Fehlzeiten und niedriger Produktivität auf ca. 220 Mio. Euro pro Jahr taxiert. **393**

Als wichtigster Grund für das fehlende Engagement derart vieler Mitarbeiter wird schlechtes Management genannt. Die befragten Arbeitnehmer geben unter anderem an, dass sie nicht wissen, was von ihnen erwartet wird, dass ihre Vorgesetzten sich nicht für sie als Menschen interessieren, dass sie eine Position ausfüllen, die ihnen nicht liegt, und, dass ihre Meinungen und Ansichten **394** kaum Gewicht haben. Noch gravierender ist, dass Mitarbeiter offensichtlich immer unengagierter werden, je länger sie bei ihrem Unternehmen bleiben. So verliert das „menschliche Kapital", welches eigentlich durch Weiterbildung und Entwicklung wachsen sollte, zu oft an Wert, da Manager und Unternehmen es versäumen, in die Ressource Mensch zu investieren.

395 Andererseits kommen andere Studien zum Thema Leistungsbereitschaft zu völlig anderen Erkenntnissen. Hier fand man u.a. Folgendes heraus (Poppelreuter, 2003):

• Der „Beruf, der mir gefällt" und die „Freizeitaktivität, die mir gefällt" werden gleichermaßen aufgewertet. D.h., die Realisation persönlicher Bedürfnisse und Interessen in Freizeit und Beruf wird zunehmend wichtig.

• Ein tendenziell wachsender Teil der Arbeitnehmer will im Beruf mehr Verantwortung übernehmen, wobei die „zweite Reihe" häufiger als früher bevorzugt wird. D. h., nicht jeder Mitarbeiter strebt auf Gedeih und Verderb eine Führungsposition an.

• Menschen sind in dem Maße signifikant zufriedener mit ihrer Arbeitstätigkeit, in dem ihr Handlungsspielraum wächst.

• „Arbeit, die Spaß macht" ist für Berufstätige genauso wichtig wie ein höheres Einkommen. Geld alleine ist nicht alles.

• „Arbeit, die Sinn macht" erhält eine wachsende Bedeutung gegenüber Status und Karriere.

• Besonders wichtig: Es wird kein Unterschied mehr zwischen Arbeitssphäre und den übrigen Lebensbereichen gemacht. Arbeit und Freizeit verlieren ihre Autonomie. Die Mitarbeiter erwarten in zunehmendem Maße, dass sich die Unternehmenspolitik auf diese veränderten Sichtweisen einstellt, z.B. indem Freizeit und Arbeit flexibler miteinander verwoben werden können (über entsprechende Arbeitszeitregelungen, Heimarbeitsplätze etc.). Eine ausgeglichene Work-Life-Balance wird angestrebt.

• Freizeitideale wie Spaß und Selbstentfaltung beeinflussen das Verhalten am Arbeitsplatz zunehmend.

Das Fazit aus diesen Studien lautet also: Trotz einer zunehmenden Freizeitorientierung des Lebens findet die vielfach befürchtete Leistungsverweigerung im Berufsleben nicht statt. Im Gegenteil: Das Bedürfnis, in der Arbeit etwas zu leisten, was Sinn und Spaß macht, ist größer denn je.

Mitarbeiter sind offenbar nicht prinzipiell faul und arbeitsscheu. Vielmehr wollen Menschen Leistung zeigen, sie wollen etwas erreichen und schaffen. Es kommt nur darauf an, den Menschen ein Umfeld zu bieten, in dem sie ihre Leistung zeigen können und zeigen wollen. Die Gestaltung solcher motivations- und gesundheitsförderlicher Arbeitsumgebungen ist insbesondere eine Führungsaufgabe.

6.1.1 Motivation: Eine Begriffsklärung

Aus psychologischer Perspektive versteht man unter Motivation ganz allge- 396
mein die Vorgänge, die das menschliche Verhalten initiieren und steuern, also den Anreiz für ein bestimmtes Verhalten. Dabei wird klassischerweise zwischen der so genannten *intrinsischen* und der *extrinsischen* Motivation unterschieden. Intrinsische Motivation entwickelt sich von innen heraus, beispielsweise durch Interesse und Freude an der Aufgabe *an sich* oder aufgrund der wahrgenommenen Sinnhaftigkeit einer Arbeit. Die Tätigkeit wird um ihrer selbst willen gern ausgeübt, da sie geeignet ist, unmittelbar zur Befriedigung zentraler Bedürfnisse beizutragen. Dies können die Entfaltung und der Ausbau der eigenen Fähigkeiten, Selbstbestimmung, oder – wie in vielen sozialen Berufen – das Sinnerleben sein, das entsteht, wenn man anderen effektiv helfen kann. Extrinsische Motivation basiert demgegenüber auf äußeren Anreizen, z.B. Geld, Status oder Anerkennung. Extrinsisch motivierte Menschen arbeiten als Mittel zum Zweck, also, weil sie dafür bezahlt werden. Bei der Arbeitsmotivation wirken in aller Regel intrinsische und extrinsische Faktoren gleichermaßen, wobei die intrinsischen Anreize idealerweise überwiegen sollten.

Wichtige Aspekte der Motivation sind die Richtung des Handelns, die Intensität des Handelns (anders ausgedrückt: die Anstrengungsbereitschaft), sowie die Ausdauer des Handelns. Eine für den Arbeitsprozess ideale Motivation liegt dann vor, wenn zielorientiert, intensiv und ausdauernd gearbeitet wird.

Motivierung ist der Versuch des Vorgesetzten, bestimmte zielorientierte, in- 397
tensive und ausdauernde Verhaltensweisen des Mitarbeiters zu erzeugen, zu erhalten oder zu steigern. Je nachdem, wie gut dies gelingt, entsteht auf Mitarbeiterseite eine niedrige oder eine hohe Arbeitsmotivation. Abbildung 6.1.1.1 veranschaulicht die Auswirkungen niedriger oder hoher Arbeitsmotivation.

Es wird deutlich, dass eine niedrige Arbeitsmotivation gravierende negative Auswirkungen hat und letztlich zu einer niedrigen Produktivität führt, während eine hohe Arbeitsmotivation nachweislich zahlreiche positive Konsequenzen mit sich bringen kann.

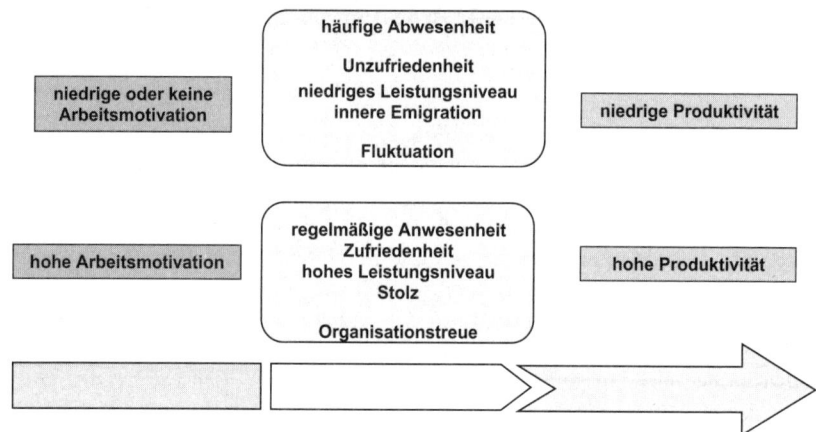

Abb. 6.1.1.1: (Aus-)Wirkungen von Arbeitsmotivation

6.1.2 Einflussfaktoren auf die Arbeitsmotivation

398 Ob ein Mitarbeiter motiviert ist oder nicht hängt von verschiedenen Einflussfaktoren ab. Dem Vorgesetzten kommt dabei eine entscheidende Rolle zu, denn Mitarbeitermotivation ist nicht nur, aber eben auch „Chefsache". Um die Motivation eines Mitarbeiters beeinflussen zu können, muss man Informationen über eine Reihe von Aspekten haben:

- Was sind die Bedürfnisse des Mitarbeiters? Was sind seine Fähigkeiten? Welche Dinge sind ihm wichtig? Und wie ist seine Arbeitsleistung generell?

- Wie ist die familiäre Situation des Mitarbeiters? Welche Wertschätzung bringt die Familie dem Arbeitseinsatz, der Firma und dem Beruf des Mitarbeiters entgegen? Von welcher Qualität ist z.B. die Partnerbeziehung des Mitarbeiters?

- Wie ist das gesellschaftliche Umfeld? Welche Werte und Ziele spielen aktuell eine Rolle in der Gesellschaft (z.B. Selbstverwirklichung, materieller Wohlstand, ökologische Werte etc.)?

399 Nur wenn man als Vorgesetzter zumindest grobe Informationen zu all diesen Fragen hat, kann es gelingen, beim Mitarbeiter die „gute", die intrinsische Motivation anzusprechen. Um es mit einem Beispiel zu verdeutlichen: Mitarbeiter, die aufgrund einer Erbschaft materiell abgesichert sind, werden über monetäre Anreize schwieriger zu motivieren sein als Mitarbeiter, die sich gerade ein Haus gebaut und dafür Schulden gemacht haben. Ebenso werden Mitarbeiter, die gerne Verantwortung und freie Handlungsspielräume am Ar-

beitsplatz übernehmen, mit der Übertragung der Aufgabe einer Projektleitung eher angesprochen werden können als Mitarbeiter, die einen geregelten und zeitlich wie inhaltlich möglichst fixierten Arbeitstag vorziehen. Bei der konkreten Realisierung von Motivatoren sind natürlich nicht zuletzt die Ziele der Organisation, der übliche Führungsstil und der Handlungsspielraum vorhandener Be- und Entlohnungssysteme zu berücksichtigen.

Aus der Vielfalt der Einflussvariablen auf die Arbeitsmotivation wird aber auch deutlich, dass einfache, pauschale Lösungen nicht erwartet werden dürfen. Hier gilt, was auch schon für die betriebliche Gesundheitsförderung gesagt wurde: Motivation ist ein individuelles Phänomen, das auch einer individuellen „Betreuung" bedarf.

6.1.3 Was Führungskräfte für die Motivation ihrer Mitarbeiter tun können

Bei der Vielzahl von Einflussfaktoren auf die Arbeitsmotivation stellt sich die Frage, ob der Vorgesetzte alleine überhaupt in der Lage ist, einen Mitarbeiter zu motivieren. Schließlich könnte es ja beispielsweise sein, dass der Chef seinen Mitarbeiter mit interessanten Projektleitungsaufgaben betrauen möchte, die diesem neue Erfahrungen und Aufstiegschancen bieten, ihn gleichzeitig aber auch stärker zeitlich belasten. Auf der anderen Seite wünscht sich die Familie des Mitarbeiters eigentlich, dass der Partner und Vater eher häufiger denn seltener als jetzt schon zu Hause ist. Allzu schnell kann der Vorgesetzte hier eklatante Fehler machen, wenn er entweder den Mitarbeiter zu sehr drängt, oder aber, wenn er ihn bei seinen Überlegungen vernachlässigt und dadurch demotiviert. Aufgabe des Vorgesetzten ist mithin nicht, den Mitarbeiter zu motivieren, sondern vielmehr, durch geeignete Maßnahmen zu verhindern, dass der Mitarbeiter demotiviert wird. Mit anderen Worten: Der Vorgesetzte muss Rahmenbedingungen schaffen, die es dem Mitarbeiter ermöglichen, Motivation aufzubauen. **400**

Nicht nur die Gallup-Untersuchung, auch zahlreiche andere Studien haben immer wieder bestätigt, dass Führen vor allem das Vermeiden von Demotivation bedeutet (Sprenger, 2007). Mit anderen Worten: Bei aller Vielfalt von Einflussvariablen übt der Vorgesetzte den größten motivierenden oder eben auch demotivierenden Effekt auf den Mitarbeiter aus. So machten in einer Untersuchung von Sprenger (2007) die Befragten in 56 Prozent aller Fälle von Demotivation die Beziehung zum direkten Vorgesetzten hierfür verantwortlich. Führungskräfte müssen sich also nicht nur fragen: „Was muss ich tun, um meine Mitarbeiter zu motivieren?", sondern auch und viel stärker: „Wie kann ich durch mein Verhalten Demotivation vermeiden?" **401**

402   Motivationspsychologisch bedeutsam sind vor allem folgende Führungsgrundsätze (Poppelreuter, 2003):

- Um andere motivieren zu können, muss der Vorgesetzte selbst motiviert
  sein. Glaubwürdigkeit, Authentizität und Überzeugungskraft sind die Qualitäten, über die ein Vorgesetzter verfügen muss. Eine Führungskraft, die
  von ihren Mitarbeitern höchste Einsatzbereitschaft fordert, kann nicht Tag
  für Tag um 16:30 Uhr Feierabend machen. Der Vorgesetzte hat eine Vorbildfunktion, die auch bei der Mitarbeitermotivation gefordert ist.

- Wenn ein Mitarbeiter über Anreize zu mehr Engagement und Leistungsbereitschaft geführt werden soll, müssen sich diese Anreize an den Bedürfnissen des Mitarbeiters orientieren. Pauschale Lösungen („Wenn wir das
  Produktionsziel erreichen, kriegen alle eine Sonderzahlung von € 500,–!")
  sind nicht angezeigt, denn die (De-)Motivierung von Mitarbeitern ist eine
  individuelle Angelegenheit. Zudem müssen es nicht immer finanzielle Anreize sein, die den Mitarbeitern angeboten werden.

- Zur Motivation von Mitarbeitern empfiehlt es sich, ihnen ein konkretes Mo-
  tivationsziel zu geben. Pauschale Ansagen wie: „Strengen Sie sich ein biss-
  chen an, dann schaffen Sie das schon!", sind viel zu unklar, um Motivation
  zu wecken. „Wir müssen bis Ende des Monats 500 Stück in der Qualitäts-
  klasse A fertig gestellt haben. Das bedeutet, dass wir unsere Produktion um
  30 Stück pro Tag steigern müssen!", ist eine viel konkretere und daher auch
  überprüfbarere Aussage. Motivation alleine ist nicht ausreichend, sie muss
  auch zielführend eingesetzt werden. Andernfalls löst die Führungskraft
  keine Motivation aus, sondern allenfalls Aktionismus.

- Nichts ist so motivierend wie Erfolg. Daher ist es besonders wichtig, dass
  Vorgesetzte die Zielerreichung nutzen, um weitere Motivation zu schaffen.
  Erfolge sind hervorzuheben und öffentlich zu machen. Dabei geht es nicht
  nur darum, am Ende eines Projektes die Zielerreichung zu loben. Lob und
  Anerkennung als „kleine Erfolgserlebnisse" für den Mitarbeiter sind stets
  und ständig, am besten täglich zu vermitteln. Viele Führungskräfte leben
  nach der Devise: „Wenn ich nichts sage, dann wissen meine Mitarbeiter, dass
  alles in Ordnung ist." Menschen wünschen sich konstruktive und unterstützende Rückmeldung und Bestätigung, und das nicht nur in Form von negativer Kritik. Gerade Lob und Anerkennung sind für das menschliche
  Wohlbefinden wichtig.

- Misserfolge und Fehler lassen sich nicht vermeiden. Aber ihr Auftreten
  sollte nicht als etwas Negatives gesehen werden, sondern als eine Chance,
  Dinge zu verändern, zu optimieren, um Misserfolg in Erfolg und Fehler in
  korrekte Arbeitsabläufe zu überführen. Die Führungskraft hat dabei die

Aufgabe, eine Atmosphäre zu schaffen, in der Fehler nicht zu kaschieren versucht, sondern offen angesprochen werden. Es geht nicht um Schuldzuweisungen, sondern um gemeinsame Analyse und Optimierung. Ängste sind ab- und Zuversicht ist aufzubauen.

- Rückmeldung ist wichtig, im positiven wie im negativen Sinne. Lob und Anerkennung sind genauso zu vermitteln wie Kritik und die Ansprache von Fehlern. Aber beides muss konstruktiv geschehen. Die Rückmeldung sollte sich auf konkretes Verhalten beziehen, sie sollte kurz und prägnant kommen und sie sollte beinhalten, wie sich der Mitarbeiter nach Ansicht des Vorgesetzten in Zukunft verhalten sollte.

Motivierung, das zeigt sich hier ganz deutlich, ist eine permanente und zeitaufwändige Aufgabe, mit der sich die Führungskraft auseinanderzusetzen hat. Motivation schafft man eben nicht nur durch große, nicht alltägliche Maßnahmen (Sonderzuwendungen, Firmenfeste, Betriebsausflug), sondern auch und gerade durch die vielen kleinen und alltäglichen Dinge (ein kurzes Gespräch, ein aufmunterndes Wort, eine Teamsitzung zur Analyse eines Problems etc.).

6.1.4 Was Führungskräfte gegen Demotivation ihrer Mitarbeiter tun können

Schon mehrfach wurde deutlich gemacht, dass falsches Führungsverhalten für Mitarbeiter häufig nicht nur nicht motivierend, sondern sogar demotivierend ist. Im Folgenden soll kurz auf die häufigsten „Demotivatoren", wie sie in der Führungsforschung festgestellt werden konnten, eingegangen werden. Demnach demotivieren Führungskräfte ihre Mitarbeiter vor allem durch   *403*

- *Einengung.* Den Mitarbeitern werden keine Handlungsspielräume gelassen, man traut ihnen nichts zu und lässt sie nichts selbst entscheiden.

- *Blockierung.* Manche Vorgesetzte kontrollieren ihre Mitarbeiter nicht nur,   *404*
sie legen ihnen sogar bewusst Steine in den Weg. Die Gründe hierfür können vielfältig sein. Mancher Vorgesetzte fürchtet das Know-how seines Mitarbeiters, er möchte nicht „rechts überholt" werden. Andere Führungskräfte wiederum agieren auf diesem Wege persönliche Antipathien aus.

- *Ungerechtigkeit.* Nichts wird von den Mitarbeiterinnen und Mitarbeitern in   *405*
einem Unternehmen so sehr beachtet wie die Frage, ob ein Chef die Mitarbeiter gleichermaßen fair und gerecht behandelt. Sollte der Eindruck entstehen, dass bestimmte Mitarbeiterinnen oder Mitarbeiter „Lieblinge" des Vorgesetzten sind, sich mehr herausnehmen können, bevorzugt behandelt werden, dann wird dieser Eindruck – und zwar unabhängig davon, ob er auf Tatsachen beruht oder aber nur als Vorurteil durch die Belegschaft geistert –

zu sinkender Motivation und Missmut bei den „Nicht-Priveligierten" führen.

- *Bestrafung.* Die Verhaltensforschung hat es immer und immer wieder bestätigt, dass Strafen kein gutes Mittel sind, um menschliches Verhalten stabil zu verändern. Gelobt wird zu selten und zu wenig (siehe oben), und wenn ein Führungsinstrument eingesetzt wird, dann ist es der Tadel, die Kritik oder – im schlimmsten Falle – die Bestrafung.

406 • *Unterforderung.* Viele Vorgesetzte trauen ihren Mitarbeiterinnen und Mitarbeitern nichts oder zu wenig zu. Der Satz von der Förderung durch Forderung ist oftmals nur ein leeres Lippenbekenntnis. Dabei sind gerade die Mitarbeiter, die das Gefühl haben, ihre Fähigkeiten und Qualifikationen nicht zeigen zu können, besonders gefährdet, in ein Motivationsloch zu fallen. Vorgesetzte sollten deshalb besonderes Augenmerk darauf richten, ihre Mitarbeiter entsprechend ihrer Fähigkeiten und Fertigkeiten, aber auch ihrer Bedürfnisse und Interessen einzusetzen.

407 • *Fehlendes Feedback* und *fehlende Information.* Es wurde schon darauf hingewiesen, dass Führungskräfte es gerne versäumen, ihren Mitarbeitern Rückmeldungen über die Qualität ihrer Arbeit zu liefern. Ein besonders häufig vorzufindender Demotivator ist die gezielte (Des-)Informationspolitik vieler Führungskräfte. Nach dem Motto „Wissen ist Macht" werden auch wichtige Informationen nur bedingt, nur „in Scheibchen", verfälscht oder gar nicht an die Mitarbeiter weitergeben. Das in der Managementliteratur immer wieder diskutierte Thema der Hol- und der Bringschuld von Information spielt hier hinein. Insbesondere Führungskräfte sollten durch eine transparente und offene Informationspolitik dafür Sorge tragen, dass ihre Mitarbeiterinnen und Mitarbeiter immer über alle relevanten, aber auch die vermeintlich nicht so wichtigen Informationen verfügen. So wird es nicht nur möglich, aktiv mitzudenken und mitzuarbeiten, sondern über eine solche Maßnahme wird den Mitarbeitern gegenüber auch Respekt und Wertschätzung zum Ausdruck gebracht, und dies wiederum motiviert ungemein.

408 • *Mangelnde Partizipation.* Die immer wieder als moderner Führungsstil dargestellte mitarbeiterorientierte Führung stößt im Alltag häufig an ihre Grenzen. Zwar geben die meisten Vorgesetzten an, ihre Mitarbeiter in wichtige Entscheidungsprozesse einzubinden und zu beteiligen, aber so sehen es häufig eben nur die Führungskräfte. Die Mitarbeiter hingegen beklagen einen Mangel an Mitbestimmungsmöglichkeiten und wünschen sich für ihre Arbeit mehr Befugnisse und Gestaltungsmöglichkeiten. Auch hier gilt es für viele Vorgesetzte, das zweifellos vorhandene motivationsfördernde Potenzial der Partizipation zielgerichteter als bisher einzusetzen.

- *Die Erzeugung falscher Erwartungen.* Versprechungen sind leicht gemacht, insbesondere wenn der Vorgesetzte seinen Mitarbeiter kurzfristig zu einer besonderen Anstrengung bewegen möchte. Fatal ist es jedoch, wenn ein Vorgesetzter sich nach der Erledigung der Arbeit nicht mehr an seine Zusagen erinnern kann. Ein Vorgesetzter, der seinen Mitarbeiter mit Zusagen lockt, die er gar nicht erfüllen kann oder will, begeht motivationspsychologisch einen schwerwiegenden Fehler. Ein einmal enttäuschter Mitarbeiter wird sich kaum ein zweites Mal auf Zusagen seines Vorgesetzten verlassen.

6.1.5 Anreizsysteme – der Schlüssel zum Glück?

In den letzten Jahrzehnten hat man sich in der Managementliteratur sehr intensiv mit der Frage des Einflusses von (finanziellen) Anreizen auf die Arbeitsmotivation beschäftigt und ständig neue Versuche gestartet, die gefundenen Systeme zugunsten der Mitarbeiter und/oder der Produktivität zu verbessern. Viele Unternehmen bemühen sich schrittweise um die Umsetzung der vermeintlich wissenschaftlichen Erkenntnisse in die Betriebspraxis und versuchen, über Anreizsysteme die Motivation der Mitarbeiterinnen und Mitarbeiter zu beeinflussen. Das eigentliche Ziel aber – nämlich die Gewährleistung einer langfristig hohen und stabilen Arbeitsmotivation der Mitarbeiterinnen und Mitarbeiter durch monetäre und nicht-monetäre Anreizsysteme – wird häufig nicht erreicht. Dagegen „explodieren" die Personalzusatzkosten. Insofern sollte sich jedes Unternehmen und jede Führungskraft sehr genau überlegen, ob und in welchem Umfang materielle Anreize zur Motivationsförderung eingesetzt werden sollen. Vielmehr ist es sinnvoller, die intrinsische Motivation der Mitarbeiterinnen und Mitarbeiter anzusprechen, und dies geschieht z.B. über Sinnstiftung in der Arbeit, die Gewährung von Handlungsspielräumen und Verantwortungsbereichen und anderes mehr. *410*

Dass über Sinnstiftung massive positive Auswirkungen auf die Motivation erzielt werden können, zeigt das Engagement zahlreicher Mitarbeiterinnen und Mitarbeiter in so genannten Non-Profit-Unternehmen wie Greenpeace, Amnesty International und dem Roten Kreuz. Hier wird auch ohne extrinsische Anreizsysteme sehr gute Arbeit geleistet, weil die Mitarbeiterinnen und Mitarbeiter einen Sinn darin sehen, sich einzusetzen. Führungskräfte tun gut daran, mit ihren Mitarbeiterinnen und Mitarbeitern über den Sinn der eigenen Tätigkeit intensiver zu sprechen, anstatt zu überlegen, welchen Mitarbeiter man mit materiellen Anreizen für eine Zeit „ködern" kann. *411*

6.2 Die Rolle der Führungskräfte: Gesunde Kommunikation

412 Das Erleben von Sinnhaftigkeit und die intrinsische Freude an einer konkreten Aufgabe werden entscheidend dadurch beeinflusst, wie diese Aufgabe übertragen und wie im Nachhinein oder auch prozessbegleitend die erbrachte Leistung rückgemeldet wird. Information über übergeordnete Ziele und Gesamtzusammenhänge spielen hierbei eine wesentliche Rolle. Dass ganzheitliche Kommunikation wesentlich dazu beiträgt, ein offenes Klima des wechselseitigen Vertrauens und der Transparenz zu schaffen, zu erhalten und zu gestalten, ist bereits mehrfach betont worden. Daher soll im Folgenden noch einmal ausführlicher auf die konkreten Gestaltungsmöglichkeiten von Kommunikation im Führungszusammenhang eingegangen werden.

6.2.1 Allgemeine Hinweise zur Gesprächsvorbereitung

413 Abgesehen von kurzen Begegnungen auf dem Flur, beim Mittagessen, auf dem Werksgelände, sind Gespräche zwischen Vorgesetzten und Mitarbeitern in der Regel „offizielle Angelegenheiten", d. h. man kommt zusammen, um fachlich-inhaltliche Dinge oder aber Aspekte der Zusammenarbeit, der Arbeitsorganisation oder auch der zukünftigen Karriere – um nur einige Beispiele zu nennen – miteinander zu besprechen. Dabei sollten sich Vorgesetzte auf jedes Gespräch mit ihren Mitarbeiterinnen und Mitarbeitern angemessen vorbereiten und sich ausreichend Zeit nehmen. Dies gilt umso mehr, wenn es um für den Mitarbeiter bedeutsame Zusammenkünfte wie Anerkennungs-, Kritik- oder Beurteilungsgespräche geht. Aber auch Delegationsgespräche zur Übertragung neuer Aufgabenbereiche oder Verantwortlichkeiten erfordern Zeit und Vorbereitung, wenn die Delegation vollständig und in der Summe für die Führungskraft effizient sein soll.

Generell sollte jedes solcher Gespräche möglichst mit Lob und Anerkennung des Gesprächspartners beginnen. Die Gesprächsverteilung sollte ausgewogen sein, d. h. beide Gesprächspartner sollten gleichermaßen zu Wort kommen und ihre Positionen darstellen können. Der Vorgesetzte sollte durch seine Sitzhaltung, durch aufmerksames Zuhören und gezieltes Eingehen auf die Äußerungen des Gesprächspartners Interesse signalisieren. Nichts ist so demotivierend für einen Mitarbeiter wie ein Vorgesetzter, der offensichtlich nicht zuhört und sich nicht für den Mitarbeiter interessiert.

414 Um ein Gespräch für alle Beteiligten positiv zu gestalten, bedarf es der Einhaltung einiger Grundregeln, auf die im Folgenden kurz eingegangen werden soll (siehe dazu auch Böhm & Poppelreuter, 2003):

- Die Führungskraft sollte einen Gesprächsleitfaden benutzen
  Dies kann eine lockere Checkliste oder auch ein Fragebogen mit differenzierten Skalen sein. Wesentlich ist, dass der Leitfaden auf die für die Aufgabenbewältigung wichtigsten Verhaltensbereiche hinweist und sich dafür eignet, das Verhalten am Arbeitsplatz und die Leistungsergebnisse angemessen zu diskutieren. Beispiele für solche Leitfäden finden sich in den folgenden Abschnitten.

- Gesprächsziele sind im Vorfeld festzulegen
  Was soll dem Mitarbeiter mitgeteilt werden? Welches Verhalten wird vom Mitarbeiter erwartet? Was will die Führungskraft vom Mitarbeiter erfahren?

- Der Vorgesetzte sollte sich auf den Mitarbeiter einstimmen
  Hierbei geht es darum, sich auf die Persönlichkeit des Mitarbeiters einzustellen. Die Übermittlung einer unangenehmen Nachricht beispielsweise erfordert viel Fingerspitzengefühl und Einfühlungsvermögen. Je nach Mentalität des Mitarbeiters können solche Mitteilungen eher geradeheraus oder eher vorsichtig und schonend vorgetragen werden.

- Der Gesprächsgegenstand ist zu analysieren
  Vorliegende Unterlagen sollten eingehend studiert werden. Wie oft passiert es, dass Vorgesetzte bei Mitarbeiterbeurteilungsgesprächen, aber auch bei Bewerbungsgesprächen ins Schleudern kommen, weil sie sich mit den vorhandenen Informationen nicht vertraut gemacht haben. Eine genaue Kenntnis solcher Informationen andererseits dokumentiert Interesse am Gegenüber.

- Das Gespräch sollte unter günstigen Rahmenbedingungen stattfinden
  Zielführende und effiziente Gespräche können nur dann stattfinden, wenn man ungestört miteinander kommunizieren kann. Das klingelnde Telefon während eines Gespräches ist ebenso zu vermeiden wie die offen stehende Türe, durch die jederzeit jemand hineintreten und das Gespräch stören kann. Die Sitzordnung sollte möglichst so sein, dass sich die beiden Gesprächspartner nicht frontal gegenüber sitzen. Runde Tische, „Gesprächsbirnen" oder eine Sitzordnung „über Eck" sind hier zu empfehlen. Zudem wirkt es sich günstig auf die Gesprächsatmosphäre aus, wenn man dem Gesprächspartner ein Getränk anbieten kann.

In den folgenden beiden Abschnitten werden gezielt konkrete Anregungen *415* zur Gestaltung spezifischer Gesprächsanlässe gegeben. Wir haben zwei der für den „normalen Alltag" bedeutsamsten Anlässe herausgegriffen, nämlich Anerkennung und Kritik sowie Delegation. Beide Kommunikationsanlässe können der Entstehung von psychischen Belastungen auf Mitarbeiter- aber auch auf Vorgesetztenseite nachhaltig vorbeugen, wenn sie regelmäßig und richtig genutzt werden. Leitfäden für weitere Gesprächsanlässe im Führungskontext wie Zielvereinbarungen, Probezeit, Fördergespräch, Abmahnung und Kündigung, sowie spezifische Themen wie Fehlzeiten, Sucht oder Gehaltsverhandlungen finden sich beispielsweise bei Billen und Schmitz (2005) oder bei Braig und Wille (2010).

6.2.2 Anerkennung und Kritik

416   Anerkennung und Kritik spielen eine elementare Rolle für die Selbststeuerung des Mitarbeiters am Arbeitsplatz. Wer regelmäßig Rückmeldung darüber bekommt, wie seine Arbeitsleistung wahrgenommen wird, kann sich und seine Fähigkeiten wesentlich besser einschätzen. Persönliche Lernprozesse werden gefördert, das heißt, der Mitarbeiter kann aus seinen Fehlern lernen und seine Stärken weiter ausbauen. Dies ist weniger trivial als es klingen mag. Oft ist gerade motivierten und kompetenten Mitarbeitern nicht bewusst, dass ihre Fähigkeiten oder ihre Herangehensweise für das Unternehmen von besonderem Wert und möglicherweise auch bei den Kollegen geringer ausgeprägt sind. Eine entsprechende Rückmeldung wirkt sich extrem positiv auf die Arbeitsmotivation aus. Aber auch wer sich seiner Stärken bewusst ist, wird sich selbstverständlich über das Lob freuen. Und wer gerne, also aus intrinsischer Motivation, gute Leistung erbringt, möchte dies nicht auf Dauer als selbstverständlich hingenommen wissen.

417   Aber nicht nur Anerkennung steigert die Motivation, auch die gezielte Rückmeldung von Schwächen und Fehlern kann in hohem Maße aktivierend wirken. Hier gilt zunächst: Vielleicht ist dem Mitarbeiter der Fehler oder der Optimierungsbedarf gar nicht bewusst, und die Rückmeldung hat vor allem Informationsfunktion. Darüber hinaus kann es aber auch sein, dass bestimmte Defizite in der Aufgabenerledigung nicht mit dem eigenen Verhalten in Zusammenhang gebracht werden. Menschen in westlichen Kulturkreisen neigen – gesunderweise! – generell dazu, die Ursachen für Erfolg eher der eigenen Person zuzuschreiben, während die Ursachen für Misserfolg eher äußeren Faktoren zugeschrieben werden. So sieht ein Mitarbeiter zum Beispiel vielleicht eine wesentliche Ursache für seine suboptimale Aufgabenerledigung darin, dass ihm bestimmte Mittel oder Fakten nicht zur Verfügung standen und „entschuldigt" seine Fehlleistung damit. Rückmeldung darüber, inwieweit auch erwartet wird, dass aktiv Information gesucht bzw. Mittel angefordert werden, kann hier leicht Abhilfe schaffen. Somit erleichtert Feedback auch die Fehlersuche und die Umsetzung konkreter, bei zeitnahem Feedback oft einfacher Verbesserungen.

418   Gerade was eine differenzierte Ursachenanalyse angeht, ist es aber auch von besonderer Bedeutung, dass derjenige, der Rückmeldung gibt, bei der Vorbereitung auf ein Kritikgespräch folgende Punkte zuvor für sich klärt:

- Wusste der oder die Betreffende überhaupt, was von ihm bzw. ihr erwartet wurde?
- Inwieweit hatte der Betreffende die Fähigkeiten, Informationen und erforderlichen Hilfsmittel, um das kritische Verhalten zu vermeiden beziehungsweise die Aufgabe besser zu erledigen?
- Inwieweit haben äußere Bedingungen das Fehlverhalten gefördert?
- Hat die Person den Fehler allein verursacht oder waren Dritte beteiligt?
- Habe ich selbst durch mein Verhalten (z.b. auch durch mangelndes oder verspätetes Eingreifen) zur Problematik beigetragen?

Es ist ein typisches Phänomen, dass im Zusammenhang mit dem Thema Rückmeldung viel ausführlicher auf Kritik als auf Anerkennung eingegangen wird. 419 Man mag nun zynisch behaupten, das spiegele den Stellenwert wider, den beides in der Praxis hat. Es hat aber sicherlich auch damit zu tun, dass es deutlich schwieriger ist, Kritik „richtig" zu transportieren als Lob und Anerkennung. Anerkennung sollte zwar in der Regel einen gleichwertigen eigenen Gesprächsanlass bieten, aber es spricht unserer Auffassung nach wirklich nichts dagegen, spontan und informell zwischendurch ein Lob auszusprechen. Wenn damit die „Schwelle" sinkt, weil nicht eigens ein Gesprächstermin anberaumt werden muss und Anerkennung somit häufiger ausgesprochen wird, ist schon viel gewonnen. Kritik dagegen sollte unter keinen Umständen zwischen Tür und Angel geäußert werden, da sie für den Empfänger natürlich emotional eine ganz andere Bedeutung hat und der Wunsch nach Stellungnahme viel größer ist als bei Anerkennung.

Dennoch finden sich in der einschlägigen Literatur eine Reihe von Regeln, 420 die für die Kommunikation von Anerkennung wie von Kritik gleichermaßen beherzigt werden sollten. Wenn diese Grundsätze nicht beachtet werden, kann Rückmeldung ihre oben genannten positiven Wirkungen nicht entfalten oder im Extremfall sogar zu Demotivation führen. Wesentliche Merkmale von gutem Feedback sind:

- *Anerkennung und Kritik werden unter vier Augen geäußert.*
  Kritik ist nicht für die Ohren Dritter bestimmt, es sei denn, man will den anderen gezielt beschämen und bloß stellen. Aber auch allzu öffentlich ausgesprochene Anerkennung kann Neid und Missgunst der Kollegen wecken, womit man dem Empfänger keinen Gefallen tut.
- *Die Rückmeldung ist konkret.*
  Die Anerkennung oder Kritik bezieht sich auf ein ganz bestimmtes Verhalten in einer ganz bestimmten Situation. Es wird nicht verallgemeinert, geschweige denn auf Gerüchten aufgebaut.

- *Es wird beschrieben, nicht bewertet.*

  Das beobachtete Verhalten wird zunächst nur dargestellt, ohne dass eine Bewertung erfolgt. Die Beschreibung kann eine eigene Reaktion darauf einschließen („Das hat mich geärgert" oder „Das macht es für mich sehr schwierig, zu planen"), keinesfalls aber sollten dem Feedbackempfänger Absichten, Motive, oder Eigenschaften unterstellt werden.

- *Feedback sollte möglichst zeitnah gegeben werden.*

  Je kürzer die Zeit, die zwischen dem kritischen oder positiven Verhalten und der Rückmeldung liegt, desto besser ist die Erinnerung beider Beteiligten an die konkrete Situation. Damit ist auch schnell klar, was überhaupt genau gemeint ist. Noch wichtiger ist aber in diesem Zusammenhang gerade für Kritik, dass die wahrgenommene Veränderbarkeit der Situation hoch ist. Damit ist zweierlei gemeint: Je direkter die Rückmeldung, desto weniger kann sich das problematische Verhalten des Mitarbeiters im Sinne einer Gewohnheitsbildung verfestigen. Schnelle Rückmeldung ermöglicht schnelle Selbstregulation. Weiterhin wird aber auch durch eine zeitnahe Rückmeldung vermieden, dass sich die Wahrnehmung seitens des Feedbackgebers in ungünstiger Weise verfestigt. Entsprechend kommt es weniger zu einer Verallgemeinerung einzelner Situationen („immer", „nie", „alles", ...) oder zu einer Verurteilung der Person („unzuverlässig", „rücksichtslos", ...). Wer seinen Unmut anstaut, läuft Gefahr, dass sich die Kritik irgendwann und womöglich wenig kontrolliert in einem „großen Abwasch" entlädt, der für die Mitarbeiter schwer nachvollziehbar und demotivierend ist.

- *Rückmeldung sollte kurz und knapp formuliert werden.*

  Werden die bisher aufgeführten Grundsätze beachtet, ergibt sich beinahe von selbst, dass sich gutes Feedback in wenige klare Sätze verpacken lässt. Es hat keinen Sinn, dem Empfänger mehr Information auf einmal zu geben, als auch auf einmal verarbeitet werden kann. Ein „großes Aufräumen" ist, wie gesagt, unbedingt zu vermeiden.

- *Gute Rückmeldung ist konstruktiv und zielgerichtet.*

  Zuweilen wird unter konstruktiver Kritik verstanden, dass ein Tadel in ein Lob zu Anfang und zu Ende verpackt und somit abgefedert werden soll. Konstruktive Kritik im Wortsinne heißt zunächst vor allem, dass ein positiver Zielzustand oder ein möglicher Lösungsansatz formuliert werden, anstatt rückblickend aufzurollen, was alles wann und wie falsch gelaufen ist. Überlegungen, wie dieser Zielzustand zu erreichen ist, sind nicht Gegenstand von Rückmeldung und vom Empfänger selbst anzustellen. Weiterhin sollte – und das ist mehr als nur Verpackung – unbedingt genannt werden, welche Punkte gut laufen und unbedingt so beibehalten werden sollen.

- *Gute Rückmeldegespräche enden verbindlich.* Die gemeinsam getroffenen Vereinbarungen und Konsequenzen sollten abschließend schriftlich festgehalten werden. Bei einem Kritikgespräch sollte innerhalb eines angemessenen Zeitraums ein Folgetermin vereinbart werden, bei dem die Umsetzung der Vereinbarungen Gegenstand ist.

Vor diesem Hintergrund wie vor dem Hintergrund der allgemeinen Hinweise   421
zu Rahmenbedingungen und Vorbereitung von Gesprächen soll der folgende
Leitfaden noch einmal schrittweise praktische Anhaltspunkte für die konkrete
Ablaufgestaltung eines Kritikgesprächs geben.

Kasten 6.2.2.1: Gesprächsleitfaden für ein Kritikgespräch

1. Begrüßen Sie den Mitarbeiter und erläutern Sie ihm, dass es um sein Verhalten am Arbeitsplatz geht. Sorgen Sie für eine ungestörte Atmosphäre und seien Sie freundlich und respektvoll. Stellen Sie wenn möglich eine grundsätzliche Anerkennung des Mitarbeiters voran, aber kommen Sie ansonsten direkt zur Sache.

2. Teilen Sie ihm die Beobachtung, um die es geht, mit und lassen Sie sich die Beobachtung bestätigen. Verzichten Sie an dieser Stelle bewusst auf eine Bewertung des Verhaltens!

3. Bitten Sie den Mitarbeiter um eine Stellungnahme aus seiner Sicht. Fragen Sie offen nach Ursachen, lassen Sie ihm Zeit und hören Sie aufmerksam zu.

4. Sie können gegebenenfalls Verständnis für eine schwierige Lebenssituation oder vom Mitarbeiter ausgeführte Hintergründe seines Verhaltens äußern, bevor Sie Ihre eigene Stellungnahme abgeben. Zeigen Sie dem Mitarbeiter insbesondere die Folgen auf, die sein Verhalten für Sie, für die Kollegen und für das Unternehmen hat. Machen Sie deutlich, welches Verhalten Sie stattdessen – auch in Anbetracht eventueller besonderer Umstände – erwarten.

5. Achten Sie genau darauf, ob der Mitarbeiter grundsätzlich einlenkt. Falls ja, lassen Sie ihn konstruktive Lösungsvorschläge machen, die Sie gegebenenfalls gemeinsam weiter ausarbeiten. Erfragen Sie auch gezielt, in welcher Form Sie selbst zur Beseitigung des Problems beitragen können. Falls er nicht einlenkt, machen Sie maßvoll deutlich, welche Konsequenzen ihm entstehen, wenn er sein Verhalten nicht ändert.

6. Treffen Sie eine verbindliche, möglichst schriftlich festgehaltene Vereinbarung darüber, wie Ihre Zusammenarbeit in dem relevanten Punkt zukünftig aussehen soll und wer bis wann welche Maßnahmen ergriffen haben soll. Vereinbaren Sie einen Folgetermin (in der Regel eine bis wenige Wochen später).

422 Die Fragen danach, wie der Mitarbeiter selbst sein Verhalten wahrnimmt, wo er die Ursachen dafür verortet und welche Möglichkeiten er sieht, das zu ändern, liefern oft schon einen guten Teil der Lösung. Sie können und sollten diese Punkte kurz aus eigener Sicht bestätigen, aber sofern der Mitarbeiter sich kooperativ zeigt und deutlich macht, dass er das Problem erkennt, gibt es keinen Grund „nachzukarten". Insbesondere Verbesserungsvorschläge, die der Betreffende selbst entwickelt hat, sind wesentlich verbindlicher, nachhaltiger und wirksamer als alles, was man von außen vorgeben könnte. Indem Sie Wert darauf legen, dass der Mitarbeiter selbst Lösungen erarbeitet, kommunizieren Sie zugleich, dass Sie ihm zutrauen, Verantwortung für sein Handeln zu übernehmen und Schwierigkeiten aktiv zu überwinden.

6.2.3 Delegation

423 Unter Delegation versteht man die Übertragung komplexer Aufgaben zur eigenständigen und eigenverantwortlichen Bearbeitung. Sofern der Mitarbeiter die Bereitschaft hierzu mitbringt und über die erforderlichen Fähigkeiten, Informationen und Arbeitsmittel verfügt, ist Delegation eine hocheffektive Methode der Personalentwicklung. Sie geht in der Regel mit Job-Enrichment und Job-Enlargement einher und fördert so selbstgesteuertes Lernen und Kompetenzaufbau und damit die intrinsische Arbeitsmotivation. Für die Führungskräfte entsteht im Gegenzug nachhaltige Entlastung. Warum also wird noch immer zu wenig delegiert? Seitens der Vorgesetzten wird dies häufig damit begründet, dass der Prozess einfach nicht effizient sei („Bis ich das erklärt habe, habe ich es schneller selbst gemacht"). Viele Führungskräfte berichten von Erfahrungen, in denen sie delegiert haben, und der Mitarbeiter dann aber ständig mit Rückfragen gekommen sei, was eher zu einer Mehrbelastung als zu einer Entlastung geführt habe. Die Schuld dafür wird üblicherweise beim Mitarbeiter gesucht, er sei eben doch nicht fähig oder selbstständig genug, um ihm wichtige Aufgaben zu übertragen. Aber selbstverständlich hat auch die delegierende Führungskraft wesentliche Anteile an einer solchen Situation, und kann hier auch aktiv etwas verändern.

6.2.3.1 Warum wird so wenig delegiert?

424 Ein erster Aspekt ist, dass dem Mitarbeiter häufig tatsächlich zu wenig Informationen zur Verfügung stehen, um die Aufgabe vollständig und gut bearbeiten zu können. Diese Informationen können den genauen Zielzustand beispielsweise einer Präsentation betreffen (z. B., wie genau eine Vorlage aussehen soll, welche Daten in der Darstellung für die Zielgruppe zentral sind) oder auch die Rahmenbedingungen der Veranstaltung, die verfügbaren Mittel oder dergleichen (z. B., inwieweit auf welche Ressourcen zurückgegriffen wer-

den kann). Erkennt er dies, stellt er Rückfragen, um die Qualität seiner Arbeit sicher zu stellen. Viele dieser Fragen sind für den Mitarbeiter im Vorfeld nicht erkennbar gewesen, sie ergeben sich aus dem Prozess. Letztlich hätte die Führungskraft dies vermeiden können, indem er oder sie von vorne herein eine ausführlichere Anleitung gegeben hätte. Dies erfordert eine ausgeprägte Fähigkeit zur Perspektivenübernahme (Was weiß er oder sie alles nicht, was mir selbstverständlich erscheint?) und ist zunächst relativ aufwändig. Der Aufwand lohnt jedoch in vielfacher Hinsicht: Ein zumindest grob über Rahmenbedingungen und Ziele sowie Prioritäten innerhalb eines Aufgabenkomplexes informierter Mitarbeiter wird nicht nur viel selbständiger arbeiten können, sondern dies auch wesentlich motivierter und damit effektiver tun. Wer Zusammenhänge kennt und wem Ziele transparent sind, der wird zum Mitdenken angeregt und kann so auch in komplexeren Problemsituationen eigenständig Lösungen entwickeln, ohne stets direkt zum Vorgesetzten laufen zu müssen. Das setzt natürlich wiederum voraus, dass die Führungskraft bereit ist, ihre Mitarbeiter auch einmal etwas ausprobieren zu lassen.

Das zweite Problem im Zusammenhang mit Delegation besteht nämlich genau darin, dass viele Vorgesetzte das Risiko scheuen, die Mitarbeiter ganzheitliche Aufgaben wirklich selbständig bearbeiten zu lassen. Falls am Ende etwas schief geht, müssen sie schließlich den Kopf dafür hinhalten. So werden engmaschige Kontrollen und das Durchsetzen eigener Ideen gegen die des Mitarbeiters gerechtfertigt. Letztlich gelingt es wenigen Führungskräften, auch tatsächlich die Verantwortung für das Ergebnis mit zu übertragen. Dies erfordert Mut und natürlich auch die Auswahl der geeigneten Person für eine Aufgabe. Aber nur wer das Risiko eingeht, seine Mitarbeiter eigenständig arbeiten zu lassen, kann von den positiven Auswirkungen auf die Arbeitsmotivation und -zufriedenheit profitieren. Diese entstehen nur, wenn die Mitarbeiter spuren, dass man ihnen wirklich etwas zutraut, dass sie nun die Chance haben, zu zeigen, was in ihnen steckt und auch die Lorbeeren dafür ernten werden. Wer nur zögerlich eine Teilaufgabe überlässt und sich zuarbeiten lässt, ohne Verantwortung zu übertragen, delegiert nicht. Er untergräbt allenfalls das Engagement seiner Mitarbeiter.

425

Der Teufelskreis, der an dieser Stelle lauert, hat mit einem dritten Problem zu tun, das im Zusammenhang mit Delegation zu beobachten ist. Unzureichendes Delegationsverhalten, also mangelnde Information gepaart mit nur zögerlicher Übertragung von Verantwortung für ganzheitliche Aufgaben hat zur Folge, dass der Mitarbeiter weder die Mittel noch die Motivation mit auf dem Weg bekommt, die Aufgabe engagiert zu einem guten Ergebnis zu bringen. So entsteht eine sich selbst erfüllende Prophezeiung: Der Mitarbeiter wird viele Rückfragen haben und wohl tun, was ihm aufgetragen wurde, aber kaum

426

darüber hinaus einen Beitrag leisten. Die Führungskraft wiederum sieht sich in ihrem Kurs bestätigt: „Delegation macht mehr Arbeit als sie mir abnimmt, ständig kommen Rückfragen, der Mitarbeiter denkt nicht mit und wirkt auch nicht besonders motiviert. Bei der nächsten Gelegenheit mache ich es am besten doch wieder selbst und greife nur im Notfall darauf zurück, einzelne Teilaufgaben zuarbeiten zu lassen", und so fort. Einige Vorgesetzte mögen hieraus sogar einen emotionalen Rollengewinn ziehen: Sie tun sich selbst und möglicherweise auch anderen leid, weil sie einerseits überlastet, aber andererseits eben nun einmal auch unersetzlich sind. Dass eine solche Grundhaltung der Führungskraft mittelfristig zu Konflikten, Demotivation und psychischen Belastungen bei ihr selbst wie bei den „klein gehaltenen" Mitarbeitern führen kann, liegt auf der Hand.

6.2.3.2 Wie delegiere ich richtig?

427 Aber wie muss der Delegationsprozess gestaltet werden, um seine positiven Wirkungen auf Mitarbeiter Führungskraft entfalten zu können? Zunächst ist es zwingend, dass klar kommuniziert wird, was eigentlich die Aufgabe ist. Wie detailliert dies geschieht, hängt wesentlich von der Komplexität der Aufgabe einerseits und von der Kompetenz des Mitarbeiters andererseits ab. Je einfacher die Aufgabe und je erfahrener der Mitarbeiter, desto weniger Vorgaben sind erforderlich, um eine erfolgreiche Bearbeitung sicher zu stellen. Hier kann es vollkommen ausreichen, das Ziel vorzugeben und den Mitarbeiter selbst über das wann, wo, wer (bzw. mit wem gemeinsam) und wie entscheiden zulassen. Am anderen Ende des sogenannten Delegationskontinuums (Braig & Wille, 2010) stehen Detailvorgaben all dieser Aspekte, wie sie beispielsweise für einen Berufsanfänger angemessen und hilfreich sein können.

428 Entscheidend ist, dass sich die Führungskraft *vor* der Delegation klar macht, wie viel Freiraum sie dem Mitarbeiter bei der konkreten Umsetzung zugestehen will und kann. Unterforderung, also zu genaue Vorgaben, wirken kleinkariert und demotivierend. Ein Zuviel an Freiraum hat andererseits schnell zur Folge, dass der Mitarbeiter überfordert ist und Kontrollen oder Einschränkungen nachgeschoben werden oder das Ergebnis nicht den Erwartungen entspricht (weil diese nicht hinreichend klar waren) und am Ende beide Seiten frustriert sind. Den richtigen Punkt zu treffen, erfordert etwas Fingerspitzengefühl und Erfahrung, es kann aber zusätzlich im Gespräch durch richtige, nämlich offene Fragen nachjustiert werden. Gerade bei der Delegation potentiell unangenehmer Aufgaben steht für viele Führungskräfte im Vordergrund, das Delegationsgespräch möglichst schnell abzuschließen und „die Sache" so möglichst schnell „loszuwerden". Abgesehen davon, dass sich ein solches Grundgefühl natürlich auf den Mitarbeiter überträgt und nicht eben motivie-

ren wird, wird dann am Ende ein rhetorisches „Noch Fragen?" nachgeschoben, auf das der Mitarbeiter kaum wagen wird, Fragen zu äußern. Offene Fragen setzen demgegenüber als selbstverständlich voraus, dass es Unklarheiten gibt und geben darf (z.B. „Welche Fragen haben Sie dazu?"). Offene Fragen stellen sicher, dass die Aufgabe richtig verstanden wurde und vor allem, ob der richtige Punkt auf dem Delegationskontinuum getroffen wurde. Kommen hier beispielsweise Fragen zu Detailaspekten, deren Lösung die Führungskraft dem Mitarbeiter selbst zugetraut hat, gibt es hier noch die Möglichkeit, direkt nachzuregulieren und den Delegationsauftrag einzugrenzen.

Ebenso wichtig für die Auftragsklärung ist die Frage, welche ersten Schritte *429* dem Mitarbeiter zur Lösung in den Sinn kommen (siehe Kasten 6.2.3.2.1). Es ist wichtig, mögliche Missverständnisse vorherzusehen und im Vorfeld abzuklären, um zu verhindern, dass der Mitarbeiter eine ganz andere Auslegung vom Ziel und der Zielerreichung hat. Bei komplexeren und längerfristig angelegten Aufgaben sollte dem Mitarbeiter hierfür etwas Zeit gegeben und ein zeitnaher Folgetermin vereinbart werden, bei dem beide ihre Vorstellungen und die erforderlichen Informationen und Mittel abgleichen. So vermeidet die Führungskraft, dass am Ziel vorbeigearbeitet wird und sie am Ende neben einem frustrierten Mitarbeiter tatsächlich Mehraufwand anstelle von Entlastung verbuchen muss.

Kasten 6.2.3.2.1 gibt einen Überblick über die wichtigsten Schritte bei der *430* Delegation komplexerer Aufgaben.

Kasten 6.2.3.2.1: Gesprächsleitfaden für ein Delegationsgespräch

1. Leiten Sie das Gespräch mit einer groben Orientierung über das Thema ein. Dabei können Sie die besonderen Stärken des Mitarbeiters betonen, die ihm bei der Zielerreichung helfen werden. Erläutern Sie gegebenenfalls kurz den Hintergrund der Delegation, z.B. Veränderungen im eigenen Aufgabenbereich.

2. Im nächsten Schritt informieren Sie den Mitarbeiter über das Ziel, die konkreten Aufgaben und eventuelle Zwischenziele. Tun Sie dies zunächst in wenigen Worten und so präzise und anschaulich wie möglich.

3. Fragen Sie den Mitarbeiter zunächst, ob er sich vorstellen kann, die Aufgabe zu übernehmen. Aus einer lösungsorientierten Perspektive heraus (vgl. Billen & Schmitz, 2005) würden Sie anschließend den Blick auf Ressourcen und Ziele lenken, indem Sie fragen, was den Mitarbeiter an dieser Aufgabe besonders reizt oder interessiert. So können Sie ihn zugleich mit Komplimenten stärken.

4. Fragen Sie, welche ersten Ideen der Mitarbeiter für die Umsetzung hat, wie er an die Sache herangehen möchte und was er dafür braucht. Loben Sie die geäußerten Ideen, lassen Sie ihn im Kopf erste Pläne entwickeln. Das macht den „Auftrag" direkt greifbarer.

5. Fragen Sie dann noch einmal konkret, ob der Mitarbeiter einverstanden ist, die Aufgabe eigenverantwortlich zu übernehmen. Äußert er Zögern oder Bedenken, können Sie gemeinsam nach Lösungen suchen oder auch zunächst nur erste Schritte delegieren und zu einem späteren Zeitpunkt ein weiteres Gespräch führen.

6. Halten Sie die Vereinbarungen terminlich fest und geben Sie dem Mitarbeiter eine Woche Zeit zusammenzustellen, welche Informationen und Mittel er noch braucht, und eigenständig Zwischenziele zu terminieren. So sehen Sie zugleich, ob die Aufgabe vollständig und genau erfasst wurde.

431 Nach dem Delegationsgespräch müssen die eigenen Kollegen und alle übrigen betroffenen Mitarbeiter über die Delegation informiert werden. Damit kommuniziert die Führungskraft offiziell die neuen Verantwortlichkeiten und Zuständigkeiten, dass also der Mitarbeiter nunmehr der direkte Ansprechpartner für die Sache ist. Zugleich werden ihm die Türen geöffnet, wenn er aktiv auf die Kollegen zukommt, um Informationen, Mittel oder anderweitige Unterstützung einzuholen. Sofern es Kollegen gibt, die schon einmal ähnliche Aufgaben bearbeitet haben, sollte im Vorfeld geklärt werden, ob diese sich als Ansprechpartner für den Mitarbeiter zur Verfügung stellen. Die Führungskraft weist den Mitarbeiter dann darauf hin oder bahnt direkt einen gemeinsamen Termin für eine kurze Einweisung an.

6.2.3.3 Einwandbehandlung

432 Nun ist es leider nicht so, dass alle Mitarbeiter stets bereitwillig zusätzliche Aufgaben übernehmen. Die Einwände lassen sich im Prinzip unterteilen in sachliche und motivationale. Sachliche Einwände betreffen zum Beispiel den avisierten Zeitrahmen („Nur vier Wochen? Das schaffe ich nie!") oder die eigenen Fähigkeiten („Da habe ich doch gar keine Erfahrung mit!"). Sie sollten stets ernst genommen und gemeinsam gelöst werden. Oft steht dahinter die Befürchtung, der Aufgabe nicht gewachsen zu sein.

433 Wenn die delegierende Führungskraft sich sicher ist, dass der Mitarbeiter die erforderlichen Kompetenzen mitbringt, so hat sie gute Gründe, die auch den Mitarbeiter überzeugen werden.

Es kann hilfreich sein, ihn an ähnliche Aufgaben zu erinnern, die er erfolg-   *433*
reich erledigt hat. Die besonderen Stärken des Mitarbeiters sollten hervorge-
hoben und die daraus resultierenden Gründe für seine Auswahl für diese Aufgabe dargestellt werden. Durch offene Fragen signalisiert der Delegierende
Unterstützung („Was brauchen Sie, damit Sie es schaffen können?"); diese
Unterstützung muss dann auch gewährt werden. Sachliche Einwände können
wertvolle Hinweise auf Schwachstellen liefern, die aus Perspektive der Führungskraft möglicherweise wirklich übersehen wurden. Wenn der Mitarbeiter
sich weigert, den Zeitrahmen als realistisch zu akzeptieren, erfragt die Führungskraft die zeitlichen Vorstellungen des Mitarbeiters: „Bis wann können
Sie es denn schaffen?". Solche selbst gesteckten Ziele zeichnen sich zudem
durch eine viel höhere Verbindlichkeit aus als Vorgaben von außen.

Motivationale Einwände der Art „Warum denn ich?" oder „Das wird mir   *434*
alles zuviel" sind nicht wirklich zu lösen, sie können allenfalls entschärft werden. Es kann hierbei hilfreich sein, dem Mitarbeiter zuzugestehen, dass er wenig Begeisterung aufbringt, bevor ihm die Notwendigkeit und Wichtigkeit der
Aufgabe erläutert wird („Sie dürfen das ungern tun, aber bitte tun Sie es.").
Es ist wichtig, den Mitarbeiter Bedenken auch ausführen zu lassen; die
Führungskraft kann dann seine individuellen Stärken aufzeigen und gegebenenfalls auch Entlastung an anderer Stelle anbieten. Auf Drohungen sollte
gänzlich verzichtet werden, vielmehr kann der Mitarbeiter mit Entwicklungsmöglichkeiten gelockt werden. Dies funktioniert natürlich nur bei hinreichend
interessanten Aufgaben, die tatsächlich Entwicklungsmöglichkeiten bergen.
Bei ganz und gar unliebsamen Aufgaben, die womöglich auch außerhalb des
Kernbereichs des Mitarbeiters liegen, erklärt der Delegierende die Notwendigkeit des Sondereinsatzes, wirbt um Verständnis und sichert zu, dass das
Ganze zeitlich begrenzt ist oder ein faires Rotationsprinzip zum Einsatz kom
men wird.

6.2.4 Fazit

Zusammengefasst lässt sich festhalten: Führungskräfte nehmen mittelbar und   *435*
unmittelbar Einfluss auf die Belastungssituation ihrer Mitarbeiter. Sie schaffen
einerseits die betrieblichen Rahmenbedingungen und können andererseits
durch ihr spezifisches Führungsverhalten auf Mitarbeiter einwirken. Sie können dadurch Belastungen bei Mitarbeitern reduzieren oder verstärken. Die
Kenntnis dieser Einflussmöglichkeiten scheint bei vielen Führungskräften
nicht hinreichend gegeben zu sein. Fragt man hingegen die Mitarbeiter, so
werden aus ihrer Sicht den Führungskräften weit stärkere Einflussmöglichkeiten zugeschrieben. Zum einen kann das Vorgesetztenverhalten von Mitarbeitern als so belastend empfunden werden, dass es zu psychischen Beschwer-

den kommt. Ärger, Konflikte, Streitigkeiten scheinen dabei am stärksten zu wirken. Vorgesetzte verfügen zum anderen über Möglichkeiten positiver Einflussnahme, die zu selten genutzt werden. Mögliche salutogene und motivierende Wirkungen können sich daher nicht entfalten.

436   Andererseits ist in diesem Zusammenhang sicherlich auch zu berücksichtigen, dass das Verhalten von Führungskräften in den Augen der Mitarbeiter nicht selten als Ursache von Belastungen angesehen wird, was mitunter nachvollziehbar und verständlich ist. Dabei wird allerdings häufig vergessen, dass Führungskräfte in der Regel selbst wiederum Vorgesetzte haben und zudem ebenfalls von psychischen Belastungen betroffen sind. Über diese Problematik wird, insbesondere von den Führungskräften selbst, weniger gesprochen. In einer bemerkenswerten Studie zu psychischen Belastungen von Bauleitern konnten von Strobel, Krause und Weißgerber (1997) gleich mehrere gesundheitsgefährdende Belastungsfaktoren bei Führungskräften festgestellt werden. So erleben es über 50 Prozent der Bauleiter als belastend, permanent unter Kostendruck zu stehen und ebenso viele bewerten das Arbeiten unter Zeitdruck als Stress auslösend. Dazu kommen häufige Unterbrechungen und Störungen auf der Baustelle oder das Treffen von Entscheidungen ohne ausreichende Informationen. In Verbindung mit langen Arbeitszeiten, (87 Prozent der Bauleiter arbeiten zwischen 50 und 60 Stunden pro Woche!) wird das gesamte Belastungspotenzial deutlich. Wenn davon ausgegangen werden kann, dass es kaum externe Ressourcen z.B. in Form von Unterstützung oder Anerkennung durch die eigenen Vorgesetzten gibt, wird die Situation noch bedenklicher. Dieses Beispiel zeigt, dass bei allen Betrachtungen über Belastungen die Beachtung der Führungskräfte als Betroffene nicht vergessen werden darf.

6.3 Die Rolle der Mitarbeiter: Arbeitsorganisation, Zeit- und Selbstmanagement

437   „Zeit ist Geld" lautet das Motto der modernen Informations- und Industriegesellschaft. Zeit wird nach der Gesundheit von nahezu allen Menschen als das kostbarste aller Güter bezeichnet. Wir wollen haushalten mit unserer Zeit, unsere Zeit sinnvoll verbringen (was immer das heißen mag), und insbesondere im Arbeits- und Berufsleben haben technologischer Fortschritt, aber auch die „Verschlankung" der Unternehmen, die Optimierung der Prozessabläufe und die Umverteilung der zu erledigenden Arbeiten auf weniger Köpfe zu einer erheblichen Arbeitsverdichtung geführt. Im Allgemeinen wird versucht, das Maximum an Aufgaben in einer bestimmten Zeit zu erledigen, am besten schon gestern. Arbeit lässt sich verdichten, Zeit aber nicht, auch wenn Begriffe wie Zeit- oder Selbstmanagement so etwas mitunter suggerieren könnten. Und dennoch: Zeit- und Selbstmanagement sind für Arbeitnehmer in der heutigen Zeit unerlässlich – nicht nur, um berufliche Ziele zu erreichen, sondern auch, um eine Balance zwischen Arbeits- und Privatleben zu schaffen und psychische Belastungen am Arbeitsplatz zu reduzieren oder zu kompensieren. Daher sind Maßnahmen des Zeit- und Selbstmanagements vor dem Hintergrund der zunehmenden psychischen Belastungen am Arbeitsplatz als sinnvolle Instrumente der Vermeidung oder zumindest der Verringerung von Schädigungspotenzialen zu diskutieren.

6.3.1 Zeit und Management

Grundsätzlich ist der Begriff des „Zeitmanagements" irreführend, denn Menschen managen im Prinzip keine Zeit, sondern eine Reihe von Ereignissen. Dies liegt in der Logik der Zeit begründet, denn prinzipiell steht jedem Menschen die gleiche Zeit zur Verfügung und Menschen werden im Hinblick auf das Verrinnen der Zeit durch Zeitmanagement nicht „schneller". Sie haben nicht mehr Zeit, wenn sie ihre Zeit managen. Sie verwenden ihre Zeit nur anders. Um sich dem Thema Zeitmanagement zu nähern, sollen daher zunächst einmal die beiden Begriffe „Zeit" und „Management" getrennt voneinander betrachtet werden.

Die Zeit

Das aufgrund seiner Knappheit wertvollste Gut unserer Arbeitswelt – Zeit – *438* kann auf verschiedenste Weise beschrieben werden: Zum einen bezeichnet der Begriff Zeit eine Dimension unseres Universums. Zum anderen umschreibt er aber auch die vom Menschen wahrgenommene und anscheinend beständig fortschreitende Abfolge oder Ordnung im Auftreten von Ereignissen. Psychologisch gesehen ist die menschliche Wahrnehmung von Zeit bzw. das menschliche Zeitempfinden in erster Linie von ihrem Verstreichen geprägt, d.h. Zeit wird vor allen Dingen als Fortschreiten der Gegenwart von der Vergangenheit kommend zur Zukunft hin wahrgenommen.

Die Naturwissenschaften, hier vor allem die Physik, definieren Zeit als grundlegende, messtechnisch erfassbare Größe, die zusammen mit dem Raum das Kontinuum bildet, in das sämtliches materielles Geschehen integriert ist. Dabei ist die Zeit immer gleich bleibend lang. Im Jahre 1955 setzte die Internationale Astronomische Union fest, dass eine Sekunde gleich 1/31556925,9747 des Sonnenjahres ist. Die Wirtschaftswissenschaften haben Zeit von jeher als Wertgegenstand betrachtet. Andererseits bedeutet „Zeit" in den Sprachwissenschaften die grammatische Form der Zeitwörter, das Tempus.

Das „Wesen der Zeit" ist schon immer eine philosophische Frage gewesen. Hier werden auch unterschiedliche Weltanschauungen deutlich (u. a. nachzulesen in Störig, 1992). Die ersten uns bekannten philosophischen Gedankengänge über das Wesen der Zeit stammen von dem griechischen Philosophen Platon (427 bis 347 v. Chr.). Das tatsächliche Seiende sind für ihn lediglich die „ewigen Ideen" (Ideenlehre), das heißt die sinnlich erfassbare Welt ist einem unsichtbaren Reich der Ideen untergeordnet, die allein durch die Vernunft erfasst werden können. Daraus folgt, dass es sich bei den Formen, die für den Menschen als Raum und Zeit auftreten, nur um bewegte Abbilder aus dem Ideenreich (Höhlengleichnis) handelt. Somit verschiebt Platon die Frage nach der Zeit auf die Frage nach dem Sein, denn Zeit ist nach seiner Philosophie lediglich ein Ausdruck, ein Abbild der Ewigkeit, des ewigen Seins. Für Immanuel Kant (1724–1804) hingegen stellen Zeit und Raum eine „reine Anschauungsform" des Menschen dar, nämlich die Anschauungsform des inneren Sinnes. Diese sind als der menschliche Zugang zur Welt zu verstehen und gehören daher zur subjektiv-menschlichen Art der Welterkenntnis. Deshalb können Menschen auch aus ihrer *Erfahrung* die Zeit nicht wegdenken. Andererseits stellen die Dimensionen Raum und Zeit für Isaac Newton (1643–1727) „Behälter" für Ereignisse dar, die genauso real und mit Eigenschaften ausgestattet sind wie alle anderen Objekte auch. Der Mathematiker und Philosoph Gottfried Wilhelm Freiherr von Leibniz (1646–1716) hat im Gegensatz dazu Zeit und Raum als rein gedankliche Konstruktionen gesehen, die dazu dienen, die Beziehungen zwischen Ereignissen zu beschreiben. Für ihn gibt es daher kein „Wesen" und keinen Fluss der Zeit, was im absoluten Widerspruch zu früheren Philosophen, wie zum Beispiel Platon, steht.

Seiwert (2007) führt verschiedene Gründe dafür an, warum Zeit als wertvolles Gut zu verstehen ist: Zeit ist ein absolut knappes Gut, das nicht käuflich ist, nicht gespart oder gelagert und genauso wenig vermehrt werden kann. Außerdem verrinnt Zeit kontinuierlich und vor allem unwiderruflich. Genügend Anlass, mit Zeit behutsam umzugehen, denn Zeit ist Leben. Dies impliziert, zumindest für den rational – und das heißt hier für den „ökonomisch" – denkenden Menschen die Anwendung eines so genannten Zeit-Managements.

Management

Das Wort „Management" entstammt aus dem lateinischen Begriff „Manum agere", das mit „an der Hand führen" übersetzt werden kann. Hauptsächlich meint dieser Begriff die Tätigkeit bzw. den Prozess zur Leitung eines Unternehmens, einer Abteilung oder einer Gruppe von Personen und umfasst Tätigkeiten wie Ziele setzen, Pläne erstellen, Entscheidungen treffen und deren Umsetzung anzuleiten sowie zu kontrollieren. Was ist nun gemeint, wenn man die Begriffe „Zeit" und „Management" zu einem einheitlichen Begriff vereint?

Zeitmanagement

Vereinfacht ausgedrückt besteht das Ziel des Zeitmanagements darin, sich für 439 die wichtigen und die richtigen Dinge zu entscheiden. Der Begriff Zeitmanagement meint, sich selbst so zu managen, dass die verfügbare (Lebens-)Zeit sinnvoll genutzt wird. Demnach kann Zeitmanagement als systematisches und diszipliniertes Planen von Zeit definiert werden, das dazu dient, die vorhandene Zeit sinnvoll zu verwenden. Für Seiwert (2007) bedeutet Zeitmanagement bezogen auf den Arbeits- und Berufsbereich, „die eigene Arbeit und Zeit zu beherrschen, statt sich von ihnen beherrschen zu lassen". Seiner Meinung nach verpufft die meiste Energie und Zeit, „weil klare Ziele, Planung, Prioritäten und Übersichten fehlen" (S. 6).

Gemäß des Zeitmanagement-Modells von Macan (1994) besteht Zeitma- 440 nagement im Wesentlichen aus drei Faktoren bzw. Verhaltensweisen:

- Ziel- und Prioritätensetzung,
- Techniken des Zeitmanagements (z.B. das Führen von sogenannten To-Do-Listen, also Listen von zu erledigenden Arbeiten) und
- Organisationspräferenzen (z.B. einem Chaos durch organisatorische Maßnahmen wie Ablagesysteme, dem Einsatz von Registern etc. vorbeugen).

Der Einsatz solcher Zeitmanagement-Maßnahmen hat zwar keinen direkten 441 Einfluss auf das individuelle Erleben von Stress sowie die Arbeitszufriedenheit und -leistung. Sie wirken aber indirekt durch die subjektiv wahrgenommene Kontrolle über die Zeit, die als Mediator fungiert. Diese wahrgenommene Kontrolle vermittelt das Gefühl, dass man kontrollieren kann, wie man seine Zeit verbringt. Warum wirken sich solche Kontrollerlebnisse positiv aus? Eine Erklärung hierfür bietet die Selbstwirksamkeitstheorie von Bandura (Bandura, 1977; s.a. Gröpel, 2006). Dort findet sich das Konzept der Selbstwirksamkeitserwartung. Selbstwirksamkeitserwartung meint das subjektive Gefühl eines Menschen, intendierte Verhaltensweisen auch ausführen zu können. Insofern wirkt sich das Gefühl, eine Situation wirksam beeinflussen zu können, positiv auf das menschliche Erleben aus. Man hat „die Dinge im Griff", man ist „Herr des Verfahrens". Das Konzept der „Kontrolle" und das Konzept der Selbstwirksamkeitserwartung sind aber nicht gleichzusetzen, da die wahrgenommene Kontrolle über die Zeit sowohl Präferenzen und Vorlieben als auch kognitive Fähigkeiten umfasst. Das bedeutet, dass die Selbstwirksamkeitserwartung durchaus auch eine Illusion sein kann (die sich dennoch positiv auf das menschliche Erleben auswirken kann), während Zeitmanagement-Techniken eine tatsächliche Kontrolle über die Zeitverbringung bewirken sollen.

442   Ein guter „Zeitmanager" verfügt also souverän über seine Zeit, kann diese einteilen und sollte daher auch immer etwas Zeit übrig haben. Die bisherigen Ausführungen laufen damit zuweilen dem in der Arbeitswelt gängigen Klischee „Nur wer *keine* Zeit hat, ist wirklich wichtig" zuwider. Wie die internationale Lexmark-Studie (2001), bei der 250 Top-Manager in fünf europäischen Ländern (Großbritannien, Frankreich, Deutschland, Spanien und Skandinavien) unter anderem bezüglich ihrer Arbeitsweisen, ihrem Führungsverhalten und ihrem Umgang mit Informationen befragt wurden, gezeigt hat, arbeitet ein europäischer Manager durchschnittlich ca. 10 Stunden am Tag. Dabei liegen deutsche Manager mit etwa 10,7 Stunden pro Tag an der Spitze. Während seiner Arbeitszeit verbringt der durchschnittliche Manager 7,8 Stunden mit der Bearbeitung von E-Mails, der Vorbereitung von Folien und Präsentationen, Telefonkonferenzen, Mitarbeiter- und Kundenbriefings, der Planung, der Budgetkontrolle und der Kundenbewirtung. Das heißt, es bleiben täglich lediglich zwei Stunden Zeit für die Beschäftigung mit Zielen, die für die Zukunft des Unternehmens wichtig sind. Hinzu kommen weitere Zeitdiebe wie zum Beispiel durch einen selbst oder durch andere verursachte Störungen (Toilettengänge, Kaffeepausen, firmeninterne Kommunikationsprobleme, Überflutung mit Daten und Papier, Probleme mit Kunden und sonstige Zeitverlustfaktoren). Beispielsweise gaben zwölf Prozent der britischen und deutschen Manager an, dass sie nie Zeit für eine Mittagspause hätten. Ein Viertel aller Manager arbeitet jedes Wochenende, fast die Hälfte immerhin jedes zweite! Zahlen, die mit Hinblick auf das Thema Work-Life-Balance erschreckend sind und die die Frage aufwerfen, wie so belastete Manager zum einen eine dauerhafte Leistungsfähigkeit in körperlicher wie seelischer Hinsicht sicherstellen wollen, und wie zum anderen Firmen ein solches Zeit*miss*management dulden können.

443   Fakt ist, dass mit einem besseren Zeitmanagement nicht nur jeder Manager, sondern prinzipiell jeder Arbeitnehmer in der Lage wäre, weniger zu arbeiten und dabei mehr zu erreichen, denn durch Zeitmanagement optimiert man zwar nicht die zur Verfügung stehende Zeit, wohl aber das Arbeitsergebnis. Abgesehen davon führt ein schlechtes Zeitmanagement zu Zeitmangel, der wiederum Stress und auf diese Weise Fehler verursacht, welche dann durch einen erhöhten Zeitaufwand ausgeglichen werden müssen.

6.3.2 Zeitmanagement-Techniken – ein Überblick

Zeit- und Selbstmanagement meint also nicht eine „Vermehrung" von Zeit, *444* sondern eine „sinnvollere" und „effektivere" Nutzung von Zeit. Hierfür sind in der Vergangenheit Techniken, Strategien und Vorgehensweisen entwickelt worden. Nachfolgend seien einige Zeitmanagement-Techniken in Anlehnung an Gratzfeld (2007) und Seiwert (2007) dargestellt.

Zeitinventur

Um Zeit sinnvoll und effizient zu verwenden, muss man zunächst einen Über- *445* blick über den Ist-Zustand gewinnen, also die Frage beantworten, wofür im Moment Zeit aufgewendet wird. Hierzu sind drei Schritte von Bedeutung:

- Analyse der Zeitnutzung: Im Rahmen dieser Analyse soll der Zeitverbrauch für bestimmte Tätigkeiten inklusive auftretender Unterbrechungen dokumentiert werden. Sinnvoll ist auch, dem tatsächlichen Zeitverbrauch Sollwerte gegenüber zu stellen.
- Analyse des Zeitverlusts: Hier geht es um die Erfassung der Quellen für Zeitverluste, die optimalerweise in Form von übersichtlichen Checklisten festgehalten werden.
- Analyse der Zeitfresser: Hier geht es darum, die Ursachen für ineffizienten Zeitverbrauch zu identifizieren. Als Gegenmaßnahme kommen die nachfolgend besprochenen Zeitmanagement-Techniken in Frage.

Zielsetzung

Ein weiterer Schritt in Richtung eines guten Zeitmanagements besteht in der *446* Festlegung von Zielen. Diese Zielsetzungen helfen dabei, in der Hektik des Alltags den Überblick zu behalten und sämtliche Tätigkeiten in eine bestimmte, sinnvolle Richtung zu lenken. Mit Hilfe von Zielen können Energie und Kräfte auf den tatsächlichen Kernpunkt konzentriert werden. Nach Seiwert (2007) sind bei einem permanenten Zielsetzungsprozess vier Schritte bedeutsam:

- Zieldefinition,
- Planung der Maßnahmen zur Zielerreichung,
- Umsetzung der Maßnahmen und
- Kontrolle der Zielerreichung.

Gratzfeld (2007) hingegen unterscheidet hier drei Schritte:

- Zielanalyse: „Was will ich erreichen?"
- Situationsanalyse: „Was sind meine Rahmenbedingungen? Was kann ich?" (Ziel-Mittel-Analyse)
- Klare Ausformulierung des Ziels.

Zeitplanung

447 Der dritte wesentliche Schritt des Zeitmanagements ist die Zeitplanung. Zeitplanung ist eine grundlegende Voraussetzung für das Erreichen von Zielen, weil ihr Zweck vor allem darin besteht, der Zeit eine Struktur zu geben. Planung kann dabei als Vorbereitung zur Realisierung von Zielen verstanden werden, wobei die für die Planung aufgewandte Zeit durch die Optimierung in den folgenden Arbeitsprozessen wieder herausgeholt wird. Bei der Planung von Zeit ist grundsätzlich die Tatsache zu berücksichtigen, dass Arbeitszeit nicht zu 100 Prozent verplant werden kann, weil nicht alle Tätigkeiten bzw. Ereignisse planbar sind.

Die Vorteile der Zeitplanung liegen auf der Hand: Ziele lassen sich schneller erreichen. Neben dem Effekt, dass man Zeit „einspart", gewinnt man gleichzeitig einen Überblick über sämtliche Aufgaben und Tätigkeiten. Damit einher gehen weniger Hektik und Stress sowie das Empfinden von kleinen Erfolgserlebnissen beim Erreichen von Zwischenzielen. Der wichtigste Aspekt besteht allerdings im Erreichen einer Balance zwischen allen Lebensbereichen, die sowohl Privat- als auch Arbeitsleben mit einschließen.

Bevor Zeit überhaupt verplant werden kann, ist es wichtig, eigene Aufgaben und Tätigkeiten zu identifizieren und ihnen Zeitvorgaben sowie Fertigstellungszeitpunkte zuzuweisen. Außerdem umfasst Zeitplanung das Setzen von Prioritäten, die Identifikation von störarmen bzw. störintensiven Zeiten sowie das Einplanen von Reservezeiten und die Abstimmung des eigenen Zeitplans mit denen anderer. Idealerweise erfolgt die Zeitplanung immer schriftlich.

448 Zur Planung der Zeit eignet sich beispielsweise die ALPEN-Methode, die lediglich ungefähr acht Minuten Zeit am Tag in Anspruch nimmt. Die ALPEN-Methode umfasst fünf Schritte zur systematischen Zeitplanung:

- **Aufgaben und Aktivitäten:** Sämtliche Aufgaben werden in einem Tagesplan übersichtlich festgehalten. Dazu gehören unter anderem das Tagesgeschäft, unerledigte Aufgaben vom Vortag sowie neu hinzu kommende Tätigkeiten.

- **Länge der Tätigkeiten:** Jeder Aufgabe wird ein konkreter Zeitbedarf zugewiesen. Dies hat den Vorteil, dass klar umgrenzte Zeitvorgaben zu konzentrierterem Arbeiten führen, die Unterbindung von Störungen fördern sowie einer Überschätzung des Zeitbudgets vorbeugen.

- **Pufferzeiten:** Da im Tagesablauf häufig unerwartete Ereignisse auftreten, sollte man in der Regel nie mehr als 60 Prozent der verfügbaren Zeit verplanen, um mit den übrig bleibenden 40 Prozent flexibel auf Unvorhergesehenes reagieren zu können.

- Entscheidungen: Mittels einer ABC-Analyse (siehe unten) werden Entscheidungen unter Berücksichtigung von Prioritäten getroffen und die Menge von Aufgaben auf einen realistischen, schaffbaren Umfang reduziert.

- Nachkontrolle: Falls eine Aufgabe schon mehrfach unerledigt verschoben oder übertragen wurde, ist dafür Sorge zu tragen, dass sie entweder erledigt, delegiert oder komplett gestrichen wird.

Prioritätenbestimmung

Anhand einer ABC-Analyse lässt sich überprüfen, welchen „Wert", welche 449 Dringlichkeit, welche Priorität die Aufgaben haben, die innerhalb einer Zeiteinheit bearbeitet/erledigt werden. Aufgaben werden je nach ihrer Wichtigkeit in A-, B- und C-Aufgaben unterteilt. Entscheidend ist, dass ein Großteil der Zeit nicht für nebensächliche C-Aufgaben verwendet, sondern die Zeitaufwendung an der Wichtigkeit der Aufgabe orientiert wird. Dies bedeutet nicht, dass ab sofort nur noch A-Aufgaben erledigt werden sollen. Aber es sollte darauf geachtet werden, die Zeit für die „richtigen" Aufgaben aufzuwenden und eventuell C-Aufgaben zu delegieren oder in den Papierkorb zu werfen.

Das Eisenhower-Prinzip (siehe Abb. 6.3.2.1.1) baut auf einer ganz ähnlichen Idee auf und hilft dabei zu entscheiden, welcher Aufgabe der Vorzug zu gewähren ist. Nach diesem Prinzip werden Aufgaben gemäß ihrer Wichtigkeit und ihrer Dringlichkeit klassifiziert.

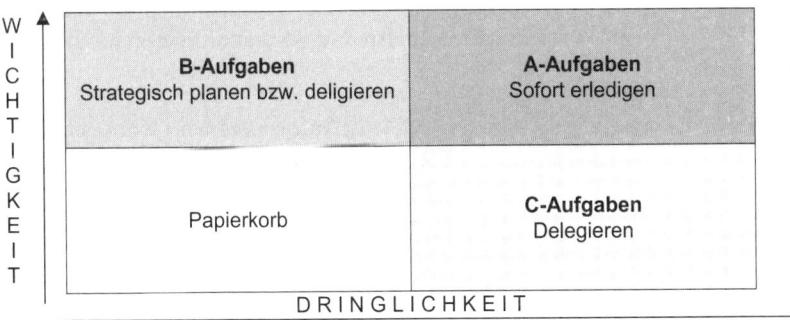

Abb. 6.3.2.1.1: Das Eisenhower-Prinzip – Klassifikation von Aufgaben nach den Dimensionen Wichtigkeit und Dringlichkeit

Daraus ergeben sich vier Möglichkeiten: Ist eine Aufgabe wichtig und dring- 450 lich (A-Aufgabe), muss sie sofort erledigt werden. Sind Aufgaben hingegen weder wichtig noch dringlich, können sie erst einmal unberücksichtigt bleiben, wenn nicht sogar direkt in den Papierkorb wandern. Sollten Aufgaben jedoch wichtig, aber nicht dringlich sein (B-Aufgaben), so können sie noch warten bzw. delegiert werden. Aufgaben, die dringlich, aber nicht wichtig sind (C-Aufgaben), sollten nach Möglichkeit delegiert werden. Delegation ist generell ein sehr wichtiges Werkzeug für sinnvolles Zeitmanagement.

Kontrolle

451 Für jede Art des Zeitmanagements ist es bedeutsam, eine Ablaufkontrolle durchzuführen. Hierzu gehört ein ständiger Abgleich zwischen dem Ist- und dem Soll-Zustand. Eine regelmäßige Reflektion darüber, ob die Prioritätensetzung noch aktuell ist, ob Aufgaben in ausreichendem Maße delegiert wurden oder ob persönlichen Zeitfressern genügend Einhalt geboten wurde, hilft, die weitere Zeitplanung zu optimieren.

Information und Kommunikation

452 In unserer heutigen Informationsgesellschaft werden viele Arbeitnehmer mit großen Informationsfluten konfrontiert, was leicht zu Überforderungen und Fehlern führen kann. Daher ist es wichtig, der überwältigenden Informationsmenge auf eine sinnvolle Art und Weise die Stirn zu bieten. Hierbei ist die Zielorientierung der entscheidende Filter für Informationen. Nur durch Zielmaßstäbe gefilterte Informationen können anschließend zweckmäßig an andere kommuniziert werden und zu einem befriedigendem Arbeitsergebnis führen. Daher bildet der Umgang sowohl mit Informationen als auch mit Kommunikation einen wichtigen Grundstein eines funktionierenden Zeitmanagements.

453 Um zu kommunizieren, müssen zunächst Informationen gesammelt werden. Bevor man zum Beispiel einen Text liest, sollte man sich fragen, ob man überhaupt verpflichtet ist, den Text zu lesen, bzw. ob er überhaupt in den eigenen Arbeitsbereich fällt. Liegt ein Interesse an dem Text vor? Wenn keiner dieser Punkte zutrifft, dann sollte man den Text auch nicht lesen. Ist es hingegen sinnvoll, den Text zu lesen, lohnt es sich, den Text im Rahmen der 3- oder 5-Schritte-Methode (SQ3R) anzugehen:

1. Schritt S (Survey): Verschaffen Sie sich zuerst einen Überblick.

2. Schritt Q (Question): Stellen Sie sich Fragen.

3. Schritt R (Read): Lesen Sie den Text und markieren Sie wichtige Punkte.

4. Schritt R (Recite): Rekapitulieren Sie den Text und machen sich ggf. Notizen.

5. Schritt R (Review): Wiederholen Sie die Kernpunkte des Gelesenen.

Mit Hilfe der ersten drei Schritte lässt sich dem Phänomen vorbeugen, einen Text zu lesen und innerhalb kurzer Zeit wieder vergessen zu haben, worum es sich eigentlich handelte. Die letzten beiden Schritte dienen vorwiegend dazu, in Zukunft auf die wichtigsten Informationen des Textes schneller zurückgreifen zu können.

Hat man Informationen jedweder Art aufgenommen, folgt in den meisten Fällen eine Kommunikation der wichtigsten Inhalte an andere Personen, zum Beispiel in Form von Besprechungen. Um Meetings effektiv zu gestalten, sollte schon im Vorhinein klar sein, was die Ziele der Besprechung sind, wie die Tagesordnung aussieht, wie lange die Besprechung dauern wird und wie die Zusammensetzung bzw. Anzahl der Teilnehmer bestimmt ist. Ein pünktlicher Start des Meetings sowie das Einhalten bestimmter Diskussionsregeln (beispielsweise den Gesprächspartner ausreden zu lassen) sind Grundvoraussetzungen für den Erfolg von Besprechungen. Außerdem ist es wichtig, die Ergebnisse zum Ende kurz mündlich zusammen zu fassen, Vereinbarungen schriftlich festzuhalten und deren Umsetzung nach einem gesetzten Zeitrahmen zu überprüfen. 454

Doch nicht nur Meetings und Besprechungen können durch Planung optimiert werden, auch verabredete oder unvorhergesehene Telefonate lassen sich strukturieren bzw. vorbereiten. Hilfreich ist beispielsweise, eine vorher festgelegte (idealerweise schriftlich fixierte) Checkliste mit allen relevanten und zu besprechenden Punkten zu erstellen sowie die ungefähre Dauer und die Ziele des Gesprächs im Vorhinein festzulegen. Generell können Checklisten und Formulare bei jeglicher Art von Korrespondenz die Zielorientierung und somit ein effektives Zeitmanagement fördern. Im Fall von schriftlicher Korrespondenz in Form von Post oder Emails zum Beispiel empfiehlt es sich, diese nur einmal anzuschauen und unmittelbar zu entscheiden, ob sie wegzuwerfen bzw. zu löschen ist, ob sie gleich bearbeitet oder delegiert werden soll oder ob sie später zu bearbeiten ist. Hierbei sollte gleich festgelegt werden, wann sie bearbeitet wird und was der nächste Schritt sein wird. Fazit ist, dass nur eine optimale Zeitgestaltung zu einem optimalen Arbeitsergebnis führen kann, da man nur so sein Arbeitspensum schaffen und innerlich zufrieden sein kann. 455

Die Lexmark-Studie (2001) kommt aufgrund ihrer Ergebnisse zu der Empfehlung, dass das Zeitmanagement im Sinne einer gründlichen und vorausschauenden Planung der Zeit ein sehr wichtiger Faktor ist, um Zeit einzusparen. Dies wurde insbesondere von spanischen (18 Prozent) und deutschen Managern (25 Prozent) bestätigt. 456

Daher werden die folgenden Schritte für ein sinnvolles Zeitmanagement vorgeschlagen: 457

225

- Gründliche Planung und Prioritätensetzung: Grundvorausetzungen für ein effektives Zeitmanagement bestehen darin, sich Ziele sowie Prioritäten zu setzen, diese schriftlich festzuhalten und regelmäßig zu überprüfen.
- Zeit effektiv nutzen, zum Beispiel durch die Anwendung der bisher genannten Techniken.
- Neue Technologien verwenden: Der Fortschritt in der Technik optimiert den Datentransport immer mehr. Diese Entwicklungen lassen sich hervorragend nutzen, um Zeit effektiver zu verwenden.

Seiwert (2007) schlägt im Rahmen seines Zeitmanagement-Programms die folgenden Schritte vor:

- „Zeitinventur bzw. -analyse": Wo bleibt meine Zeit?
- „Ziele, Planung und Prioritäten": Hinter einem erfolgreichen Leben steht ein durchdachtes Lebenskonzept, bei dem es klare berufliche und private Ziele gibt, die bewusst angestrebt werden.
- „Tun Sie sich was Gutes": Man muss versuchen, positives Denken zu verinnerlichen und es in positives Handeln umzusetzen. Dabei ist es sinnvoll, die eigene Leistungskurve zu beachten, sich seinem individuellen Arbeitsrhythmus anzupassen und für besonders wichtige Tätigkeiten eine „stille Stunde" zu reservieren, in der man ausdrücklich nicht gestört werden möchte.
- „Mit Disziplin zum Erfolg": Zeitmanagement ist nur dann erfolgreich, wenn man konsequent Aufgaben delegiert und Zeiten wie beschrieben plant.

458 Gröpel und Kuhl (2006) untersuchten, inwiefern Zeitmanagement zum Wohlbefinden eines Menschen beitragen kann, indem sie in zwei Studien die Lebensbalance, Zeitmanagementverhalten sowie die Selbstbestimmung von Studenten analysierten. Es zeigte sich, dass die Lebensbalance (definiert als Angemessenheit der Zeitverteilung über die wichtigsten Lebensbereiche hinweg) ein wichtiger Prädiktor des Wohlbefindens und der Gesundheit ist. Es besteht allerdings nur ein indirekter Zusammenhang zwischen Zeitmanagement und Lebensbalance, denn nur wenn das Zeitmanagement-Verhalten die subjektive Kontrolle über die Zeit erhöht, resultiert eine erhöhte Lebensbalance. Weitere wichtige Faktoren zur Verbesserung der Lebensbalance stellen die Selbstbestimmung, d.h. die Fähigkeit, sich selbst Ziele zu setzen und entsprechend Aktivitäten zu initiieren, in Form von Selbstmotivierung und Selbstberuhigung dar. Personen, die eine gute Selbstmotivierungs- und Selbstberuhigungskompetenz haben, weisen auch eine höhere Selbstbestimmung auf, die ihrerseits wiederum die Lebensbalance unterstützt. Merkmale ausgeprägter Selbstmotivierungs- und Selbstberuhigungskompetenz sind beispielsweise die Fähigkeiten, generell positive Empfindungen zur Initiierung von

zielbezogener Aktivität zu generieren oder in Stresssituationen negative Empfindungen zu regulieren.

6.3.3 Selbstmanagement

„Wer nicht richtig faulenzen lernt, der kann auch nicht richtig arbeiten! Beamtet wird man nur nach abgeschlossener Lehre!", äußerte einmal Willy Meurer, ein deutsch-kanadischer Kaufmann, Aphoristiker und Publizist. Nach Karoly (1995) sind mehr oder weniger bedeutungsnahe Synonyme für Selbstmanagement Selbstkontrolle, Selbstregulation, Selbstintervention, volitionale Kontrolle und Selbsthilfe. In Abgrenzung von der Fremdsteuerung der Person durch eine Organisation oder Vorgesetzte definiert Mills (1983) Selbstmanagement als Selbststeuerung durch die Person. Seiwert (2001) hingegen versteht Selbstmanagement als die „konsequente und zielorientierte Anwendung bewährter Arbeitstechniken in der alltäglichen Praxis, um sich selbst und die eigenen Lebensbereiche so zu führen und zu organisieren (= zu managen), dass die zur Verfügung stehende Zeit sinnvoll und optimal genutzt wird" (S. 76). Bei ihm geht es also vielmehr um ein ganzheitliches Zeit- und Selbstmanagement, das die Ausbalancierung der vier Lebensbereiche Körper und Gesundheit, (Lebens-)Sinn, Leistung und Arbeit sowie Kontakt und Beziehungen umfasst. 459

Wenn man über Selbstmanagement spricht, kommt man nicht um das Thema Work-Life-Balance herum. Work-Life-Balance wird in der Prognos-Studie (2005) als „eine neue, intelligente Verzahnung von Arbeits- und Privatleben vor dem Hintergrund einer veränderten und sich dynamisch verändernden Arbeits- und Lebenswelt" (S. 4) definiert. Kals (2007) zitiert den Gesundheitswissenschaftler Lutz Hertel und benennt eine Größenordnung von 18 Millionen Arbeitstagen nur für die Bundesrepublik Deutschland, die aufgrund von depressiven Erkrankungen im Jahr 2003 ausfielen, was er insbesondere mit dem zunehmenden Druck bzw. Stress in der Arbeitswelt in Zusammenhang bringt. Wird das Arbeitsleben durch Überstunden, Arbeitsverdichtungen oder Sonderschichten zu Lasten des Privatlebens ausgedehnt, brechen zwei der drei grundlegenden Säulen des Lebens – „ein loyaler Freundeskreis" und „eine erfüllte Partnerschaft bzw. Familie" – weg, was die dritte Säule, „eine sinnstiftende Arbeit" nicht auffangen kann. Bei Burnout-Patienten beispielsweise sind oftmals alle drei Säulen eingestürzt und die Folgen sind fatal. Hierbei sind nach Kals (2007) insbesondere Hochschulabsolventen gefährdet, die gerade in das Berufsleben einsteigen und dem beruflichen Aufstieg gedanklos ihr privates Leben sowie ihr soziales Netzwerk opfern. Aber auch Familienväter, die sich gerade Haus und Kind geleistet haben, seien gefährdet, da sie „erpressbarer" seien. Arbeitsverdichtungen, Überstunden, Sonder- 460 schichten sowie die Angst vor Arbeitslosigkeit erhöhen die Belastungen im Arbeitsleben ungemein. Daher werden die eigenen Lebensrhythmen den betrieblichen Interessen unterjocht. Als Folge bleibt das Privatleben auf der Strecke und die Säulen fangen an zu bröckeln. Dabei ist alles nur eine Frage der Prioritätensetzung bzw. des Selbst-Managements, denn das Privatleben muss durch eine konsequente Planung gefestigt werden.

461 Kanfer beschreibt in seinem Selbstregulations-Modell (Kanfer, 1987; siehe auch Kanfer & Karoly, 1972), dass das menschliche Verhalten auf dem Zusammenwirken dreier verschiedener Faktoren beruht:

- α-Variablen: Zum einen ist menschliches Verhalten immer auf externe Faktoren zurückzuführen bzw. durch externe Faktoren beeinflusst.
- β-Variablen: Zudem basiert menschliches Verhalten auf Verhaltensweisen, die von der Person selbst in Gang gesetzt und aufrechterhalten werden.
- γ-Variablen: Schließlich wird menschliches Verhalten auch von genetischen und biologischen Variablen beeinflusst.

462 Ansatzpunkte für die Veränderung menschlichen Verhaltens liegen nach Kanfer (1987) insbesondere bei den β-Variablen, weil über Selbstmanagement das eigene Verhalten von jedem Menschen mitgestaltet und beeinflusst werden kann. Selbstmanagement umfasst nach Kanfer (1987) die folgenden drei Schritte:

1. Selbstbeobachtung zur Feststellung des Ist-Zustandes durch das Lenken der Aufmerksamkeit auf zielrelevantes Verhalten,

2. Selbstbewertung als Klärung des Soll-Zustandes durch den Vergleich zwischen dem selbstbeobachteten Verhalten mit dem Zielverhalten,

3. Selbstbelohnung oder -bestrafung (oder Selbstbekräftigung) als Soll-Ist-Vergleich.

463 Work-Life-Balance ist immer auch eine Entscheidung des Individuums und seiner Verhaltensweisen. Bisher gelernte und automatisierte Prozesse, wie zum Beispiel das gesamte Set an Einstellungen gegenüber der Arbeit und damit einhergehende Arbeitsweisen, können ineffizient sein oder dysfunktionale Konsequenzen für das Individuum haben. Da Selbstmanagement- sowie Work-Life-Balance-Trainings auch ein Stück weit als systematische Hinführung zur individuellen Selbststeuerung zu verstehen sind, kann hier Kanfers Selbstregulations-Ansatz (Kanfer, 1987) helfen, um Ansatzpunkte für die Veränderung von menschlichem Verhalten zu generieren, wozu ein individueller Soll-Ist-Vergleich generell sehr zweckdienlich ist.

464 Der Prognos-Studie (2005) zufolge zielen betriebliche Work-Life-Balance-Maßnahmen darauf ab, „erfolgreiche Berufsbiographien unter Rücksicht-

nahme auf private, soziale, kulturelle und gesundheitliche Erfordernisse zu ermöglichen" (S. 4). Einen zentralen Punkt in dieser grundlegenden Perspektive stellt ebenfalls die Balance von Familie und Beruf dar. Daher sollten integrierte Work-Life-Balance-Konzepte bedarfsspezifisch aufgebaute Arbeitszeitmodelle, eine angepasste Arbeitsorganisation, flexible Arbeitsorte, Führungsrichtlinien und weitere unterstützende und gesundheitspräventive Leistungen für die Arbeitnehmer beinhalten.

Aber wie kann man Selbstmanagementfähigkeiten fördern? Neben altbe- *465*
währten Selbstmanagement-Techniken wie beispielsweise Selbstbeobachtung, dem Setzen von Zielen und Selbstbelohnung (siehe Kanfers Selbstregulations-Modell; Kanfer, 1987) gibt es auch klar umrissene Programme. Nachfolgend sollen kurz das Selbstmanagement-Training SMT von Kehr (2004) sowie das siebenstufige Programm von Seiwert (2001) dargestellt werden.

Das Selbstmanagement-Training SMT von Kehr

1. Modul: Zielsetzung & Reduzierung von Zielkonflikten

2. Modul: Identifikation implizierter Motive

3. Modul: Erkennung & Stärkung volitionaler Kompetenzen

4. Modul: Erkennung & Reduktion von Überkontrolle

5. Modul: Förderung intrinsischer Motivation

6. Modul: Überwindung von Handlungsbarrieren

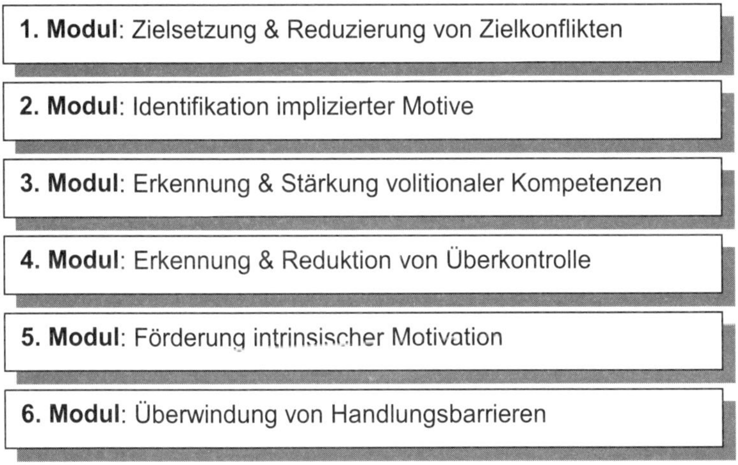

Abb. 6.3.3.1: Die Module des Selbstmanagement-Trainings SMT von Kehr
(2004)

Nach Kehr (2004) setzt Selbstmanagement immer bei der eigenen Zielsetzung *466*
eines Menschen an. Wichtig ist vor allem, Zielkonflikte zu vermeiden. Es kommt daher darauf an, seine persönlichen realistischen Ziele zu definieren, gesetzte Ziele zu priorisieren und bei möglichen Zielkonflikten zu entscheiden, welches Ziel zunächst verfolgt werden soll. Konstruktives Zielsetzungsverhalten muss trainiert werden, wozu auch das Erkennen und Be-

seitigen von Zielkonflikten gehört. Beispielsweise sollte eine Person für sich entscheiden, welche konkreten Ziele sie wann anstreben möchte. Steht primär erst einmal im Vordergrund, die Karriereleiter nach oben zu klettern? Was wären demgemäß die nächsten Schritte? Und wie sieht es aber gleichzeitig mit dem Wunsch nach Familie aus?

467 Anschließend müssen implizite – das heißt unbewusste – Motive identifiziert und bewusst gemacht werden, was als Kanfers Selbstbeobachtung zu verstehen ist. Drei grundlegende Motive sind beispielsweise das Anschluss-, Macht- und Leistungsmotiv, die bei einem Individuum unterschiedlich stark ausgeprägt sein können. Das Anschlussmotiv meint das Bedürfnis von Menschen nach Gesellung oder die „Wahrscheinlichkeit des Beginns einer Interaktion mit einer oder mehreren anderen Personen ohne ausdrückliche Bezugnahme auf ihren Zweck" (Bergius & Schmalt, 2004, S. 49). Das Machtmotiv bezieht sich auf das Dominanzstreben des Menschen, das heißt auf das Bedürfnis, „das eigene Selbst als maßgebende Wirkungsinstanz der Um- und Mitwelt entgegenzusetzen ..." (Bergius in Häcker & Stapf, 2004, S. 569). Mit dem Begriff Leistungsmotiv wird die Tendenz des Menschen beschrieben, Erfolg zu suchen und Misserfolg zu meiden (Heckhausen in Häcker & Stapf, 2004, S. 543). Es könnte nun der Fall sein, dass ein Mensch sich für besonders anschlussorientiert hält, aber implizit eher dem Machtmotiv folgt, wie sich beispielsweise in der folgenden Einstellung widerspiegelt: „Ich bin ein sehr anschlussorientierter Mensch, denn meiner Meinung nach braucht man soziale Kontakte, um die Karriereleiter hinauf klettern zu können." Hier gilt es, eine Kongruenz zwischen bewussten und unbewussten Motiven zu finden.

468 Als drittes Modul folgt die Erkennung und Stärkung volitionaler Kompetenzen, denn diese können Diskrepanzen von impliziten und expliziten Motiven ausgleichen. Volition, die im groben Rahmen den Willen einer Person meint, dient zur Bewältigung internaler Handlungsbarrieren, die zum Beispiel durch Ängste oder Diskrepanzen zwischen impliziten und expliziten Motiven entstehen können. Übungen zur Steigerung der volitionalen Kompetenz umfassen zahlreiche Aspekte der Motivations-, Emotions-, Entscheidungs-, Aktivations- und Aufmerksamkeitskontrolle.

469 Daraufhin folgen in einem vierten Schritt Maßnahmen zur Erkennung und Reduktion von Überkontrolle, die als „rigide Selbstkontrolle" (Kehr, 2004, S. 194) verstanden werden kann. Das heißt, es wird eine Balance der Selbstkontrolle angestrebt, denn es kann sowohl ein Zuviel als auch ein Zuwenig an Selbstkontrolle geben. Hierzu eignen sich Übungen der Impuls-, Fremd- und Absichtskontrolle sowie Planungsaufgaben und generell der Abbau negativer Erwartungen.

Der vorletzte Schritt besteht darin, die intrinsische Motivation durch die Ausrichtung von Zielen an Motiv- und Bedürfnisstrukturen zu fördern. Intrinsische Motivation basiert auf der Annahme von inneren Anreizen, die beispielsweise in der Aufgabe an sich oder in den Erfolgsaussichten begründet sind. Abzugrenzen hiervon ist die extrinsische Motivation, die durch äußere Anreize wie zum Beispiel Belohnung oder Bestrafung ensteht.

Abschließend erfolgen eine präventive Analyse potenzieller Handlungsbarrieren sowie eine proaktive Entwicklung volitionaler Strategien bzw. Problemlösestrategien. Beispielsweise spiegeln negative Emotionen eine Störung des Handlungsflusses wieder, so dass es sinnvoll ist, diese durch kognitive Bewältigungsstrategien zu neutralisieren. Eine frühere Studie von Kehr, Bles und von Rosenstiel (1999) konnte zeigen, dass antizipierte negative Emotionen gute Prädiktoren für das Fehlschlagen von Handlungsabsichten sind. 470

Aus diesem sehr umfangreichen Trainingsprogramm lassen sich die wichtigsten Schritte eines erfolgreichen Selbstmanagements ableiten: Ziel- und Prioritätensetzung, Kenntnis der eigenen Motive sowie die Elaboration eigener Handlungstendenzen.

Das siebenstufige Programm zum Selbstmanagement von Seiwert 471

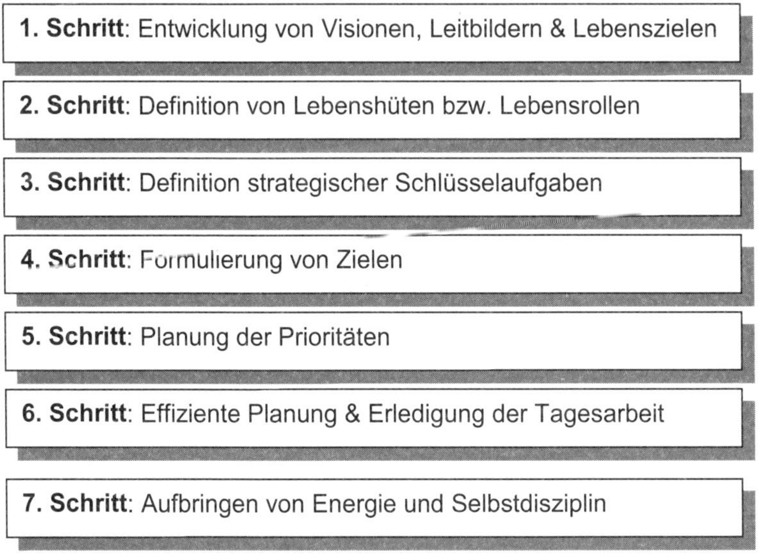

1. **Schritt**: Entwicklung von Visionen, Leitbildern & Lebenszielen

2. **Schritt**: Definition von Lebenshüten bzw. Lebensrollen

3. **Schritt**: Definition strategischer Schlüsselaufgaben

4. **Schritt**: Formulierung von Zielen

5. **Schritt**: Planung der Prioritäten

6. **Schritt**: Effiziente Planung & Erledigung der Tagesarbeit

7. **Schritt**: Aufbringen von Energie und Selbstdisziplin

Abb. 6.3.3.2: Das siebenstufige Programm zum Selbstmanagement von Seiwert (2001)

231

471 Seiwert (2001) hingegen schlägt zum Zeit- sowie Selbstmanagement ein sie-
benstufiges Programm mit dem Motto „Von der Vision zur Aktion" vor, das
dazu dient, eine Balance zwischen den vier Bereichen Körper, Sinn, Leistung
bzw. Arbeit und Kontakt zu erreichen (vgl. Abb. 6.3.3.2):

1. Entwicklung einer Lebensvision, des beruflichen sowie persönlichen Leit-
bilds und der Lebensziele: Dieser Schritt ist besonders wichtig, denn nur
wer eine klare Vorstellung von seinem persönlichen Leitbild und seinen
Lebenszielen hat, kann seinem Leben Sinn und Richtung verleihen. Hierzu
müssen Antworten auf die folgenden Was-Fragen gefunden werden:

   – Was will ich in meinem Leben erreichen?
   – Was ist mir wichtig?
   – Was sind meine besonderen Fähigkeiten?
   – Auf was möchte ich am Ende meines Lebens zurückblicken können?

2. Definition der „Lebenshüte" oder -rollen: Sowohl im Beruf als auch im
Privatleben muss jeder Einzelne zahlreiche verschiedene Rollen erfüllen,
beispielsweise als Führungskraft, Projektleiter und Planer oder als
Ehemann/-frau, Freund und Nachbar. Zeitprobleme entstehen vor allem
dann, wenn eine Person zu viele „Hüte" bzw. Rollen gleichzeitig ausfüllen
muss bzw. will. Daher ist es wichtig, die verschiedenen Rollen, die man
ausfüllen muss, zu definieren und zu priorisieren, denn nur die Konzentration auf das Wesentliche kann zu Ausgewogenheit und Lebenserfolg
führen.

3. Bestimmung strategischer Schlüsselaufgaben für die nächsten ein bis drei
Jahre, die am effektivsten zu einer Weiterentwicklung verhelfen: Strategi-
sches Zeitmanagement meint eine Fokussierung und Bündelung der Kräfte
auf das, was man am besten kann, was am meisten Spaß macht und was
die größte Wirkung im Hinblick auf die Erfüllung der Lebensziele verspricht. Hierzu sind strategische Planung, Zielorientierung, Definition von
Schlüsselaufgaben und deren Priorisierung unablässig.

4. Formulierung konkreter beruflicher sowie persönlicher Ziele für die weitere Zukunft (mindestens 12 Monate) gemäß der SMART-Formel: Ziele
sollten spezifisch, messbar, aktionsorientiert, realistisch und terminierbar
sein.

5. Planung der wöchentlichen Prioritäten: Prioritäten sollten wöchentlich
effektiv hinsichtlich ihrer Wichtigkeit und Dringlichkeit geplant und
umgesetzt werden, denn de facto gibt es keine Zeitprobleme, sondern
lediglich Prioritätenprobleme. Daher handelt es sich bei Zeitmanagement
eigentlich um konsequentes Prioritätenmanagement.

6. Effiziente Erfüllung der Tagesarbeit mithilfe von Zeitmanagement-Techniken: Ein wichtiger Punkt liegt in der sinnvollen Planung der Tagesarbeit, denn wer sich zuviel vornimmt und sämtliche Zeit verplant, ist unflexibel und dementsprechend gestresst.

7. Aufbringen von Entschlossenheit, Tatkraft und Selbstdisziplin als Basis für den täglichen Erfolg: Bei dem letzten Schritt geht es um Aspekte der Selbstmotivation und Selbstdisziplin. Es sollte ständig eine Balance zwischen Selbstdisziplin und Belohnung herrschen. Um voller Elan seine Aufgaben meistern zu können, muss man auch körperlich fit sein. Das heißt, ein erfolgreiches Leben umfasst auch eine regelmäßige körperliche Betätigung und eine gesunde Ernährung sowie genügend Entspannung.

Eine Studie von Klein, König und Kleinemann (2003) vergleicht den Selbst- 472 management Ansatz von Kanfer (1987) mit dem Selbstmanagement-Training von Seiwert (2001). Die Autoren ließen 106 Versuchspersonen an einem der zwei Trainingsmaßnahmen teilnehmen und befragten sie vor, kurz nach sowie drei Monate nach den Trainings erneut. Die Ergebnisse zeigen deutlich, dass das von Kanfer (1987) entwickelte Selbstmanagement-Training dem von Seiwert (2001) sowohl kurz- als auch langfristig überlegen ist, wobei die Überlegenheit sich über alle erhobenen Variablen hinweg zeigt – völlig unabhängig davon, ob es sich um für das Selbstmanagement spezifische Effekte (Selbstmanagement-Fertigkeiten und das Erreichen der Trainingsziele) oder generalisierte Effekte (zum Beispiel auf die allgemeine und berufliche Selbstwirksamkeit sowie auf die allgemeine Lebenszufriedenheit) handelt.

Das Review von Claessens, Eerde, Rutte und Roe (2007) legt dar, dass die 473 Anwendung von Zeit-Management-Techniken positiv mit der wahrgenommenen Kontrolle über die Zeit, der Zufriedenheit mit dem Job sowie der Zufriedenheit mit der Gesundheit zusammenhängt. Gleichzeitig wird ein negativer Zusammenhang mit Stress deutlich, das heißt, umso besser Zeit-Management-Techniken angewandt werden, umso niedriger ist das subjektiv wahrgenommene persönliche Stresslevel. Zeit-Management-Trainings erhöhen zwar die trainierten Fähigkeiten, aber nicht automatisch die Arbeitsleistung, das heißt auch hier taucht ein Transferproblem auf, aber die positiven Auswirkungen von Zeitmanagement auf die zunehmende Zufriedenheit und das sinkende Stresslevel unterstreichen dennoch seine hohe Bedeutsamkeit.

6.3.4 Fazit

Kernpunkt ist, dass sich der Mensch stets bewusst sein sollte, dass seine individuelle Lebenszeit begrenzt ist. Jede „unsinnige" Zeitaufwendung stellt eine Verschwendung der begrenzten Ressource Zeit im Hinblick auf eine individuelle Lebensvision und die persönlichen Ziele dar. Wenn eine (mehr oder weniger) klare Idee davon besteht, wie das eigene Leben aussehen soll, sollte die Zeit sinnvoll verbracht werden, um diese Idee zu verwirklichen. Der wichtigste Punkt im Verständnis von Zeit- und Selbstmanagement liegt wohl darin, dass diese Begriffe in Wirklichkeit Lebens-Management bedeuten und für jeden einzelnen von enormer Wichtigkeit sind. So kann der Mensch Belastungen erfolgreich managen und damit effektiv reduzieren und insofern präventiv agieren. Zeitmanagement ist gleichzeitig ein Beitrag, den jeder Einzelne leisten muss.

7 Abbau psychischer Belastungen

Je nach festgestellter Ausgangslage bieten sich unterschiedliche Vorgehenswei- 474 sen oder Unterstützungsmöglichkeiten zum Abbau bzw. zur Vermeidung psychischer Belastungen am Arbeitplatz an. Wegweisend ist in diesem Zusammenhang ein umfassendes Leitfadenkonzept, in dem das betriebliche Gesundheitsmanagement als lernendes System, d.h. sich ständig fort entwickelnd, dargestellt wird (Badura, Ritter & Scherf, 1999).

7.1 Beispiele für praktische Umsetzungen

Im Folgenden werden anhand von zwei unterschiedlichen Beispielen Möglichkeiten zum Aufbau von gesundheits- und leistungsförderlichen Strukturen vorgestellt. Im ersten Beispiel werden im zeitlichen Längsschnitt die Möglichkeiten der betrieblichen Gesundheitsförderung, ausgehend von einer Arbeitsunfall-Datenanalyse, angedeutet. Dabei spielt vor allem der Abbau psychischer Belastungen auf der Grundlage konkreter arbeitsplatzbezogener Kennziffern (hier: Arbeitsunfähigkeitstage) eine Rolle. Projekte dieser Art werden von der Unternehmensleitung initiiert und sind zeitlich begrenzt. Im zweiten Beispiel soll verdeutlicht werden, dass durch die klare Regelung von Zuständigkeiten und Verantwortlichkeiten Risiken und Belastungen sowohl für Mitarbeiter als auch für Führungskräfte abzubauen und unerwünschte Konsequenzen zu vermeiden sind.

Beispiel 1: Belastungsabbau als Projektansatz

In einem Großbetrieb der Kfz-Zulieferbranche ist eine Erhöhung der Zahl der 475 Arbeitsunfähigkeitstage (vereinzelt um bis zu 10%) festgestellt worden. Um sich ein genaueres Bild von dieser Situation zu machen, wurde von der Unternehmensleitung eine differenzierte Arbeitsunfall-Datenanalyse bei der Krankenkasse in Auftrag gegeben, die den höchsten Versichertenanteil unter den Mitarbeitern repräsentiert. Wie sich der gesamte Prozess im zeitlichen Längsschnitt gestaltete, ist in folgendem Ablaufschema (Abbildung 7.1.1) dargestellt.

• Indikatoren weisen auf Handlungsbedarf hin	• erhöhte krankheitsbedingte Fehlzeiten in einzelnen Bereichen
• Anstoß geben	• z.B. durch die Geschäftsführung
• AU-Datenauswertung	• durch die Krankenkasse mit dem überwiegenden Versichertenanteil
• Präsentation des AU-Berichtes mit anschließender Diskussion zum weiteren Vorgehen	• Teilnehmerkreis: Verantwortliche des Unternehmens, BR, Betriebsarzt, Fachkraft für Arbeitssicherheit usw. Externe Institution z.B. Berufsgenossenschaften
• Evtl. Erhebung weiterer Daten	• z.B. durch Mitarbeiterbefragung, Gefährdungsbeurteilungen, Arbeitsplatzbegehungen
• Bildung von Arbeitskreisen und Zirkeln	• z.B. AK Gesundheit als zentrales Gremium oder Gesundheitszirkel als dezentrale Arbeitskreise. Möglich ist auch die Bildung von Problemlösezirkeln zu bestimmten Fragestellungen. In allen Gremien sollten Mitarbeiter aktiv beteiligt werden.
• Auswertung der Erkenntnisse und Ableitung geeigneter Maßnahmen	• gesteuert durch den zentralen Arbeitskreis Gesundheit
• Realisierung der Maßnahmen vor Ort	• technische, organisatorische und personenbezogene Maßnahmen entsprechend einer Prioritätenliste
• Realisierung von Maßnahmen im Rahmen der Personal- und Organisationsentwicklung	• z.B. neue Qualifizierungskonzepte • Erstellung von Qualifizierungsplänen • systematische Personalauswahl und Plazierungsverfahren
• Überprüfung der Wirksamkeit	• durch Interviews/Befragungen • Vorher-Nachher-Vergleich von Leistungs- oder AU-Daten
• Einleiten evtl. Modifikationen	

Abb. 7.1.1: Mögliches Ablaufschema zum Abbau von psychischen Belastungen

Der zeitliche Verlauf kann hier nur angedeutet werden, da ein komplexer Prozess angestoßen wurde, an dem Mitarbeiter, Führungskräfte sowie interne und externe Fachleute beteiligt waren. Dadurch, dass in einigen Arbeitsbereichen Gesundheitszirkel gebildet wurden, musste eine Gesamtkoordination gewährleistet sein. Diese Funktion wurde von einem eigens dafür geschaffenen zentralen Arbeitskreis Gesundheit übernommen. Maßnahmen wurden als technische, organisatorische oder verhaltensbezogene Maßnahmen nach dem Prinzip der Kosten-Nutzen-Priorität realisiert. Im Anschluss daran konnten eine Reihe von Maßnahmen durchgeführt werden, die teilweise mit nur geringem finanziellem Aufwand verbunden waren. So wurden einfache ergonomische Hilfen zur Reduktion unnötiger, aber potenziell schädlicher Hebetätigkeiten installiert. Es wurden erstmalig Unterweisungspläne für Mitarbeiter erstellt. Über so genannte Qualifizierungspläne erhielt jeder Meister einen Überblick über die Qualifikationsbreite seiner Mitarbeiter. Technische Maßnahmen wurden ebenfalls realisiert. Ergonomische Aspekte konnten zum Teil bei Neuanschaffungen berücksichtigt werden. Psychische Belastungen wurden in den Gesundheitszirkeln thematisiert, zumindest soweit sie dort oder in Mitarbeiterbefragungen geäußert wurden und soweit sie einer Intervention zugänglich waren.

Der gesamte Prozess hatte vom Zeitpunkt der Präsentation der AU-Datenanalyse bis zum Abschluss der Realisierungsmaßnahmen ca. zwei Jahre in Anspruch genommen. Von den vier Gesundheitszirkeln wurden drei wieder aufgelöst. Der Arbeitskreis Gesundheit besteht weiterhin als sich turnusmäßig treffendes Gremium. Insgesamt haben sämtliche Maßnahmen und Aktionen dazu geführt, dass die vormals kritischen Krankenstände nach zwei Jahren um bis zu drei Prozent-Punkte reduziert werden konnten.

Zusammenfassend kann gesagt werden, dass generell eine erhebliche Belastungsreduktion erfolgt ist und dass es dadurch auch zu einer Abnahme psychischer Belastungen gekommen ist. Dazu beigetragen haben nicht zuletzt auch Qualifizierungsmaßnahmen, die auf die besondere Situation von Meistern zugeschnitten waren und die Fragen der Mitarbeiterführung zum Inhalt hatten. Einmal mehr zeigt sich, dass betriebliche Gesundheitsförderung nur dann erfolgreich und zielführend sein kann, wenn sie ganzheitlich durchgeführt wird.

Beispiel 2: Belastungsvermeidung durch gezielte Arbeitsgestaltung

Organisationsmängel sind häufig Ursache sicherheitswidrigen Verhaltens und damit physischer und psychischer Risiken und Belastungen am Arbeitsplatz, z.B. wenn Zuständigkeiten nicht geregelt werden, Zeitvorgaben nicht realistisch sind oder notwendige Informationen nicht oder nur verzögert zur Verfügung stehen. Belastungen dieser Art müssen bei jedem Arbeitsauftrag berücksichtigt werden. Es handelt sich hierbei um eine Führungsaufgabe, die sich aus der Fürsorgepflicht des Arbeitgebers nach §§ 12 und 13 BGV A 1 (Pflichtenübertragung) ableitet. Vorgesetzte übernehmen damit die Rolle des Normadressaten von Arbeitsschutzgesetzen. Pflichten des Unternehmers gehen an seine Führungskräfte über. Diese sind somit für Gesundheit und Sicherheit auch im strafrechtlichen Sinne mitverantwortlich und können diese Verpflichtungen nicht ohne weiteres auf ihre Mitarbeiter übertragen. Die folgende Schilderung eines Arbeitsunfalls (entnommen Sicherheitsreport 01/99) macht die möglichen Folgen deutlich:

„Einem Irrtum unterliegt, wer mit der Delegation von Aufgaben innerhalb eines Unternehmens automatisch auch die Verantwortung übertragen will. Diesen Fehler beging ein Prokurist – mit Folgen: Wegen fahrlässiger Tötung verurteilte ihn das Münchener Amtsgericht zu einem Jahr und zwei Monaten Haft ohne Bewährung.

Seine Firma führte Abrissarbeiten in einem Münchener Verlagshaus durch. Dabei wurde unter anderem eine tonnenschwere Maschine demontiert. Für diese Arbeit setzte der Prokurist einen Vorarbeiter ein und übertrug ihm schriftlich die Unternehmerpflichten. Während der Demontage löste sich plötzlich eine Seitenwand der Maschine, stürzte aus drei Meter Höhe herab und verletzte drei seiner Hilfsarbeiter tödlich. Auch der Vorarbeiter wurde schwer verletzt.

479 Vor Gericht stellt sich heraus: Der Unfall ereignete sich durch unsachgemäße Demontage. Obwohl der Prokurist nicht unmittelbar am Unfallhergang beteiligt war, zog das Münchener Amtsgericht ihn und nicht etwa den Vorarbeiter, der den Abriss vor Ort leitete, zur Verantwortung. Das Gericht begründete sein Urteil damit, dass der Prokurist seine Organisationspflichten nicht erfüllt habe. Der Angeklagte machte drei entscheidende Fehler:

• Er setzte einen wenig qualifizierten Arbeiter als Bauleiter ein. Dieser hatte lediglich einen Lehrgang für Asbestsanierung absolviert, war aber ungelernt.

• Der Vorarbeiter wurde nicht ausreichend in seine Tätigkeit eingewiesen. Wenn der Prokurist schon einen unqualifizierten Arbeiter als Bauleiter einsetzt, so das Gericht, hätte er ihn zumindest umfassend in die Arbeitsgänge und Sicherheitsbestimmungen einführen müssen. Dazu reichte die schriftliche Sicherheitsbelehrung nicht aus, die er sich zuvor vom Vorarbeiter unterschreiben ließ. Es hätte ein detaillierter Ablaufplan unter Angabe der eingesetzten Arbeitnehmer vorliegen müssen.

• Er hatte den Bautrupp zudem nicht ordnungsgemäß überwacht, was besonders bei den Hilfsarbeitern nötig gewesen wäre. Er delegierte diese Aufgaben an den Vorarbeiter, der aber aus Unkenntnis selbst mitarbeitete statt zu überwachen. Dieses Fehlverhalten wurde dem Angeklagten insbesondere zugerechnet." In diesem Beispiel trägt der Prokurist die volle Verantwortung für das Unfallgeschehen bzw. die sich daraus ergebenden rechtlichen Konsequenzen. Es stellt sich die Frage, wie häufig solche unklaren Arbeitsaufträge gegeben werden und wie viele Unfälle, Ausfälle, Störungen und unnötige Belastungen dadurch ausgelöst werden.

Um unfallträchtige Situationen wie im o.g. Beispiel zu vermeiden, bietet sich 480 die Methode des vollständigen Arbeitsauftrages an. Dieser berücksichtigt alle Anforderungen, die von verantwortlichen Führungskräften bei der Delegation von Arbeiten beachtet werden müssen. Der vollständige Arbeitsauftrag beginnt bereits vor der Vergabe desselben, nämlich mit der Prüfung der Voraussetzungen des Auftrages durch die verantwortliche Führungskraft. Die Vorabprüfung kann bei Routinetätigkeiten auch entfallen. Das Ablaufschema 7.1.2 enthält die Elemente des vollständigen Arbeitsauftrages in idealtypischer Form.

Ziel des vollständigen Arbeitsauftrages ist es, alle Anforderungen an den Einsatz von Mitarbeitern zu berücksichtigen, um so Sicherheit zu schaffen, und das nicht nur aus juristischer Sicht. Es wird sichergestellt, dass qualifizierte Mitarbeiter wissen, was sie zu tun haben und wie sie es zu tun haben. Insbesondere beim Einsatz von Leiharbeitnehmern wird durch ein solches Vorgehen die Arbeitssicherheit erhöht, Belastungen werden reduziert oder gänzlich vermieden.

Obwohl sich der vollständige Arbeitsauftrag, wie er hier dargestellt ist, auf singuläre Einsätze bezieht, kann der wesentliche Inhalt auf alle Bereiche, Aufgaben und Tätigkeiten von Mitarbeitern unabhängig von der Betriebsgröße und unabhängig von der Branche bezogen werden. Die Anforderungen an Führungskräfte unterscheiden sich dabei kaum.

Wird der vollständige Arbeitsauftrag konsequent und dauerhaft angewen- 481 det, werden Überforderungen beispielsweise durch entsprechende Stresssituationen eher vermieden. Ebenso kommt es zu einer nachhaltigen Veränderung des Verhaltens sowohl der Mitarbeiter als auch der Vorgesetzten. Im Rahmen von Arbeitsschutzmanagementsystemen werden die Anforderungen des vollständigen Arbeitsauftrages berücksichtigt. In kleineren Betrieben, die in der Regel seltener über hochentwickelte Arbeitsschutzmanagementsysteme verfügen, bietet sich der vollständige Arbeitsauftrag als hilfreiche Methode zur Vermeidung und zum Abbau von arbeitsplatzbedingten Gefährdungen und Belastungen um so mehr an.

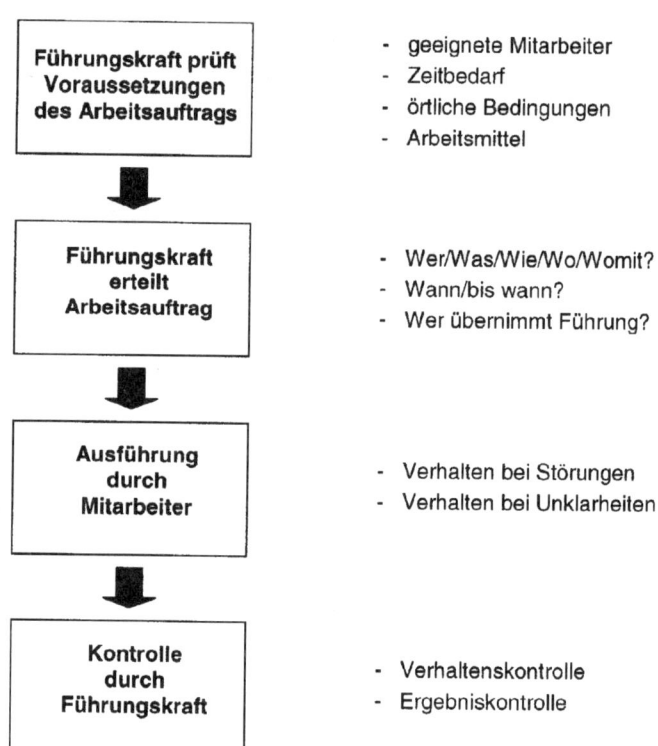

Der vollständige Arbeitsauftrag – Was gehört dazu?

Führungskraft prüft Voraussetzungen des Arbeitsauftrags	- geeignete Mitarbeiter - Zeitbedarf - örtliche Bedingungen - Arbeitsmittel
Führungskraft erteilt Arbeitsauftrag	- Wer/Was/Wie/Wo/Womit? - Wann/bis wann? - Wer übernimmt Führung?
Ausführung durch Mitarbeiter	- Verhalten bei Störungen - Verhalten bei Unklarheiten
Kontrolle durch Führungskraft	- Verhaltenskontrolle - Ergebniskontrolle

Abb. 7.1.2: Der vollständige Arbeitsauftrag

7.2 Fragen zur „Gesunden Leistungsfähigkeit"

482 Abschließend soll eine Reihe von Fragen zu den unterschiedlichen Aufgabenmerkmalen dazu anregen, über konkrete Gegebenheiten in speziellen Unternehmen, Betrieben, Organisationen, Institutionen und Verwaltungen nachzudenken und so zu überprüfen, ob die Voraussetzungen zur Entwicklung oder Erhaltung einer gesunden Leistungsfähigkeit im Einzelfall gegeben sind. Gefragt wird dabei nach zum Teil komplexen Sachverhalten, die auf den ersten Blick nicht einfach zu beurteilen sind. Einige Fragen werfen möglicherweise

weitere Fragen auf. Auch das ist beabsichtigt. Ziel dieser Liste ist die aktive Auseinandersetzung mit den Anforderungen, die zur nachhaltigen Herstellung einer gesunden Leistungsfähigkeit notwendig sind.

Arbeitstätigkeit 483

- Ist die Tätigkeit schädigungslos und ausführbar gestaltet?
- Werden Gefährdungsbeurteilungen durchgeführt? Kommen die Mitarbeiter dabei zu Wort?
- Werden schädliche Umgebungseinflüsse, die nicht gänzlich zu vermeiden sind, auf ein gesundheitsverträgliches Maß reduziert?
- Werden körperliche Zwangshaltungen und schwere körperliche Arbeit vermieden?
- Werden Mitarbeiter ihren Fähigkeiten und ihrer Qualifikation entsprechend eingesetzt?
- Gibt es ausreichend Qualifizierungsangebote? Werden Unterweisungen durchgeführt?
- Werden arbeitsmedizinische Vorsorgeuntersuchungen durchgeführt?
- Wird dauerhafte Unter- bzw. Überforderung durch Arbeitsstrukturierungsmaßnahmen vermieden?
- Sind die Arbeitsabläufe und Arbeitsstrukturen durchschaubar; sind Abläufe und Verantwortungsbereiche eindeutig festgelegt?
- Sind Arbeitsanweisungen verständlich und eindeutig?
- Sind Arbeitstätigkeiten in ihrem Verlauf überschaubar, so dass unvorhergesehene Spitzen, die zu Überforderung führen, vermieden werden können?
- Sind Arbeitstätigkeiten so gestaltet, dass sie planende, organisierende, ausführende und kontrollierende Elemente besitzen?
- Entspricht die Arbeitszeitgestaltung, z.B. Pausengestaltung oder Schichtplangestaltung, den arbeitswissenschaftlichen Erkenntnissen?

Rahmenbedingungen 484

- Ist die Informationspolitik des Unternehmens offen und transparent gestaltet? Werden unklare Aussagen vermieden?
- Existieren Unternehmensgrundsätze oder Leitlinien zur Mitarbeiterführung?
- Gibt es Fachleute innerhalb des Unternehmens, die erfahren sind in der Diagnose von psychischen Belastungen bei Mitarbeitern?
- Gibt es Unterstützungsangebote, z.B. in Form von Supervision, Coaching oder Mitarbeiterberatung (Poppelreuter & Gallisch, 2002) für belastete Mitarbeiter und Führungskräfte?
- Tragen die Rahmenbedingungen zur Persönlichkeitsentfaltung des Mitarbeiters bei, z.B. durch familienfreundliche Arbeitszeiten, innerbetriebliche

Fortbildungsangebote, Möglichkeiten zur informellen Kommunikation usw.?

- Werden arbeitsmedizinische, arbeitswissenschaftliche und sicherheitstechnische Erkenntnisse bei der Gestaltung von Arbeitstätigkeiten und Arbeitsabläufen berücksichtigt?
- Werden gesundheitliche Beschwerden und krankheitsbedingte Ausfallzeiten im Hinblick auf arbeitsbedingte Gesundheitsgefahren untersucht?
- Besteht eine sicherheitstechnische und arbeitsmedizinische Betreuung?

485 *Mitarbeiterführung*

- Sind sich die Führungskräfte ihrer Fürsorgepflicht den Mitarbeitern gegenüber bewusst? Werden von Führungskräften regelmäßig Mitarbeitergespräche geführt?
- Sind die Führungskräfte in der Durchführung schwieriger Mitarbeitergespräche geschult (z.B. alkoholauffällige Mitarbeiter, auffallendes Verhalten von Mitarbeitern als Folge persönlicher Krisen)?
- Sind die Führungskräfte im Erkennen und adäquaten Einschreiten bei Konflikten, sexueller Belästigung und Mobbinghandlungen geschult?
- Sind die Führungskräfte Vorbilder in Sachen sicherem und gesundheitsbewusstem Verhalten?
- Sind die Führungskräfte im Erkennen und adäquaten Einschreiten bei arbeitsbedingter bzw. psychischer Überforderung geschult?
- Erhalten die Führungskräfte Unterstützung vom Unternehmen, wenn es um deren eigene psychische Belastungen geht?

486 *Mitarbeiterbeteiligung*

- Haben die Mitarbeiter Mitspracherecht bei Veränderungen, die sie selbst betreffen?
- Wird der Betriebs-/Personalrat in allen Belangen der betrieblichen Arbeitssicherheit, des Gesundheitsschutzes und der Gesundheitsförderung entsprechend des BetrVG eingeschaltet?
- Gibt es Arbeitskreise oder Gesundheitszirkel, an denen die Mitarbeiter beteiligt sind?
- Haben die Mitarbeiter ausreichend Gelegenheit zur informellen Kommunikation?
- Sind interne soziale Unterstützungsangebote für Mitarbeiter vorhanden (bei größeren Betrieben) oder sind externe bekannt (bei kleineren Betrieben)? Beispiele wären psychosoziale Beratungsstellen und Anlaufstellen für Suchtkranke.

7.3 Abbau psychischer Belastungen – Wer kann helfen?

Die Identifikation und Einschätzung von am Arbeitsplatz gegebenen psychi- [487]
schen Belastungen ist in vielen Fällen nur mit entsprechender Unterstützung
möglich. Dabei sind zuerst die betriebsinternen Ansprechpartner gefordert.
Externe Institutionen leisten ebenfalls Unterstützung. Diese sollen hier kurz
vorgestellt werden. Wichtige Adressen und Medien in Fragen rund um das
Thema Arbeitsschutz und Gesundheit am Arbeitsplatz bilden den Abschluss
dieses Kapitels. Detaillierte und vertiefende Informationen hierzu finden sich
auch bei Ecker und Kohstall (2007). Die hier gemachten Angaben erheben
nicht den Anspruch auf Vollständigkeit; sie bieten aber Möglichkeiten an, um
erste Schritte einzuleiten.

„Der Betrieb kann es nur allein, aber allein kann er es nicht." Dieses bekannte, aus der Suchthilfe entlehnte Wort gilt auch für Unternehmen. Vermeidung und Abbau psychischer Belastungen und arbeitsbedingter Gesundheitsgefahren, Senkung des Krankenstandes und Aufbau einer entsprechenden
Leistungsmotivation sind Ziele, die nicht einmalig erreicht werden können,
sondern dauerhaft verfolgt werden müssen. Außerbetriebliche Institutionen
und innerbetriebliche Funktionsträger müssen dabei in kooperativer und
kommunikativer Form zusammenarbeiten. Im Folgenden werden die wichtigsten Akteure kurz vorgestellt. Ergänzend dazu werden einige wichtige Adressen und Medien genannt.

7.3.1 Betriebliche Funktionsträger

Betriebliche Funktionsträger wie z.B. Sicherheitsbeauftragte, Betriebsärzte, [488]
Personalrats- und Betriebsratsmitglieder und nicht zuletzt die Führungskräfte
sind die ersten Ansprechpartner in Fragen des Arbeits- und Gesundheitsschutzes in Organisationen, Unternehmen, Institutionen und Verwaltungen.
Je nach Betriebsgröße sind bestimmte betriebliche Funktionsträger allerdings
nicht vorhanden. In solchen Fällen ist externe Hilfe umso mehr gefragt.

Betriebliche Funktionsträger sind:

1. *Betriebsrat (bzw. Personalrat)*, der aufgrund seiner Beteiligungs- und Mit- [489]
   wirkungsrechte bei allen sicherheits- und gesundheitsschutzrelevanten
   Themen einzubeziehen ist. Grundlage der Tätigkeit ist das Betriebsverfassungsgesetz. Wichtige Paragraphen sind:

   § 87 Abs. 1 BetrVerfG:

   Der Betriebsrat hat, soweit eine gesetzliche oder tarifliche Regelung nicht
   besteht, in folgenden Angelegenheiten mitzubestimmen: Regelungen über
   die Verhütung von Arbeitsunfällen und Berufskrankheiten sowie über den

Gesundheitsschutz im Rahmen der gesetzlichen Vorschriften oder der Unfallverhütungsvorschriften.

§ 88 Abs. 1 BetrVerfG:

Freiwillige Betriebsvereinbarungen. Durch Betriebsvereinbarungen können insbesondere zusätzliche Maßnahmen zur Verhütung von Arbeitsunfällen und Gesundheitsschädigungen geregelt werden.

§ 89 Abs. 1 BetrVerfG:

Der Betriebsrat hat bei der Bekämpfung von Unfall- und Gesundheitsgefahren die für den Arbeitsschutz zuständigen Behörden, die Träger der gesetzlichen Unfallversicherung und die sonstigen in Betracht kommenden Stellen durch Anregung, Beratung und Auskunft zu unterstützen sowie sich für die Durchführung der Vorschriften über den Arbeitsschutz und die Unfallverhütung im Betrieb einzusetzen.

§ 90 Abs. 2 BetrVerfG:

Der Arbeitgeber hat mit dem Betriebsrat die vorgesehenen Maßnahmen und ihre Auswirkungen auf die Arbeitnehmer, insbesondere auf die Art ihrer Arbeit sowie die sich daraus ergebenden Anforderungen an die Arbeitnehmer so rechtzeitig zu beraten, dass Vorschläge und Bedenken des Betriebsrats bei der Planung berücksichtigt werden können. Arbeitgeber und Betriebsrat sollen dabei auch die gesicherten arbeitswissenschaftlichen Erkenntnisse über die menschengerechte Gestaltung der Arbeit berücksichtigen.

490 2. *Betriebsärzte*, die nach dem bereits erwähnten Arbeitssicherheitsgesetz eine wichtige beratende Funktion im betrieblichen Arbeits- und Gesundheitsschutz wahrnehmen. In § 3 des ASiG sind die Aufgaben der Betriebsärzte festgelegt.

Danach haben sie die Aufgabe, den Arbeitgeber beim Arbeitsschutz und bei der Unfallverhütung in allen Fragen des Gesundheitsschutzes zu unterstützen. Sie haben insbesondere den Arbeitgeber und die sonst für den Arbeitsschutz und die Unfallverhütung verantwortlichen Personen zu beraten, Arbeitnehmer zu untersuchen und arbeitsmedizinisch zu beurteilen sowie die Untersuchungsergebnisse zu erfassen und auszuwerten. Ebenso untersuchen sie die Ursachen von arbeitsbedingten Erkrankungen und beraten den Arbeitgeber bezüglich geeigneter Präventionsmaßnahmen.

491 3. *Direkte Vorgesetzte*, wie Meister, Vorarbeiter, Teamleiter, die den engsten Bezug zu ihren Mitarbeitern haben und häufig die Ersten oder Einzigen sind, die Fehlbeanspruchungen überhaupt wahrnehmen können. Sie leiten

die ersten Schritte ein, wenn Interventionen notwendig werden. Rechtsgrundlage ist u.a. die Pflichtenübertragung nach BGV A1, § 13.

4. *Leitende Führungskräfte* und *oberes Management* haben grundlegende oder strategische Entscheidungskompetenzen und damit auch die Verantwortung für die Konsequenzen getroffener Entscheidungen.

5. *Fachkräfte für Arbeitssicherheit* nehmen ihre Verpflichtung gemäß Arbeitssicherheitsgesetz und BG-Vorschrift BGV A 6 wahr. Nach heutigem Verständnis gehört dazu die ganzheitliche Prävention von Unfällen, Ausfällen, Berufskrankheiten und arbeitsbedingten Gesundheitsgefahren. Psychische Fehlbeanspruchungen gehören dazu, sofern sie arbeitsbedingt sind. — 492

6. *Sicherheitsbeauftragte.* Die Aufgaben der nach § 22 SGB VII bestellten Sicherheitsbeauftragten bestehen in der Unterstützung des Arbeitsgebers bzw. der jeweiligen Führungskraft bei der Wahrnehmung der betrieblichen Arbeitssicherheit und des Gesundheitsschutzes. Der Sicherheitsbeauftragte ist ehrenamtlich neben seinen eigentlichen Arbeitsaufgaben tätig. Er hat einen kurzen Draht zu seinen Kollegen und kann beim Erkennen von psychischen Belastungen gerade deswegen eine wichtige Rolle spielen. — 493

7. *Betriebsbeauftragte* wie etwa die/der Schwerbehinderten-Beauftragte, die sich um die besondere Situation behinderter Mitarbeiter bei der Gestaltung und Besetzung von Arbeitsplätzen kümmern. — 494

8. *Fachabteilungen und Stabsstellen* wie z.B. die Arbeitsvorbereitung oder das Qualitätsmanagement. Sie sind Kraft ihrer Funktion maßgeblich an der Gestaltung der Schnittstelle Mensch-Maschine oder Mensch-Produktion beteiligt, womit sie eine wichtige Aufgabe wahrnehmen, wenn es um Gesundheit und Leistungsfähigkeit der Mitarbeiter geht.

9. *Beschaffer von Betriebs- und Arbeitsmitteln* dürfen in dieser Aufzählung nicht vergessen werden, da sie letzten Endes darüber entscheiden, womit Mitarbeiter arbeiten müssen. Die Berücksichtigung ergonomischer Erkenntnisse bei der Gestaltung und Bedienung von Arbeitsgeräten oder der Einsatz ungefährlicher Arbeitsstoffe gehört zu ihren Aufgaben, um Arbeits- und Gesundheitsschutz am Arbeitsplatz zu gewährleisten.

7.3.2 Wichtige Institutionen und Partner

Arbeitsmedizinische Betreuung

Das Arbeitssicherheitsgesetz (ASiG) fordert die arbeitsmedizinische Betreuung aller Beschäftigten durch qualifizierte Arbeitsmediziner oder Betriebsärzte. Der zeitliche Umfang richtet sich dabei nach der Anzahl der im Unter- — 495 nehmen beschäftigten Mitarbeiter, sowie nach der zugehörigen Branche. Aufgrund der geringen Einsatzstunden müssen kleinere Betriebe ihren Bedarf über externe Betreuung sicherstellen. Es gelten auch hier die Forderungen des ASiG.

Sicherheitstechnische Betreuung

496 Das Arbeitssicherheitsgesetz und die Vorschriften der Berufsgenossenschaften fordern die sicherheitstechnische Betreuung aller Betriebe unabhängig von der Betriebsgröße, d.h. bereits ab einem Mitarbeiter. Große Betriebe verfügen über sicherheitstechnische Stabsabteilungen oder ausgebildete Sicherheitsingenieure. In kleinen oder mittleren Unternehmen sind Fachkräfte für Arbeitssicherheit aktiv. In Kleinbetrieben bis etwa 50 Beschäftigte sind eigene Fachkräfte aufgrund der geringen Einsatzzeiten eher die Ausnahme. Sie müssen ihre nachweisbaren Betreuungszeiten über externe sicherheitstechnische Beratung sicherstellen.

Die Beratungskompetenz der sicherheitstechnischen Betreuung sollte sich dabei nicht nur auf die klassische Prävention von Unfällen und Berufskrankheiten beschränken, sondern sich auch auf arbeitsbedingte Gesundheitsgefahren beziehen. Information und Beratung zu psychischen Belastungen sollten ebenfalls zur Beratungskompetenz gehören. Es gibt in Deutschland ein flächendeckendes Angebot sicherheitstechnischer Beratungsbüros.

Betreuung durch Berufsgenossenschaften

497 Die berufsgenossenschaftliche Präventionstätigkeit zeichnet sich durch ein breites Leistungsspektrum aus, das sich nicht nur auf die Verhütung von Arbeits- oder Wegeunfällen und Berufskrankheiten beschränkt. Auch der gesamte Bereich sogenannter arbeitsbedingter Gesundheitsgefahren ist Bestandteil der Prävention.

Grundlage der Tätigkeit von Berufsgenossenschaften ist das Sozialgesetzbuch VII (SGB VII) von 1996. § 1 legt fest, dass mit allen geeigneten Mitteln Arbeitsunfälle und Berufskrankheiten sowie arbeitsbedingte Gesundheitsgefahren zu verhüten sind.

498 § 14 konkretisiert diese Forderung. Die Unfallversicherungsträger haben mit allen geeigneten Mitteln für die Verhütung von Arbeitsunfällen, Berufskrankheiten und für eine wirksame Erste Hilfe zu sorgen. Sie sollen dabei auch den Ursachen von arbeitsbedingten Gefahren für Leben und Gesundheit nachgehen. Daraus ergibt sich ein umfassender Präventionsansatz, der u.a. durch folgende Punkte charakterisiert werden kann:

- Beratung und Besichtigung von Mitgliedsbetrieben auf Grundlage der jeweiligen branchen-, betriebs- und tätigkeitsbezogenen Gefährdungssituation.
- Angebot eines breitgefächerten Aus- und Fortbildungsangebotes.
- Angebot eines Systems berufsgenossenschaftlicher Fachausschüsse, die z.B. Betreiber und Hersteller von technischen Arbeitsmitteln beraten.
- Angebot präventionsorientierter Dienstleistungen wie etwa das Angebot eines messtechnischen Dienstes oder Gehörvorsorgeuntersuchungen für versicherte Mitarbeiter.

Krankenkassen

In der betrieblichen Prävention und Gesundheitsförderung spielen die gesetzlichen Krankenkassen nach wie vor eine entscheidende Rolle. Wichtigste Grundlage der Präventionstätigkeit von Krankenkassen ist der § 20 des SGB V. In diesem Paragraph ist der Handlungs- und Aktionsradius der Krankenkassen hinsichtlich präventiver Tätigkeiten beschrieben. Dieser Aktionsradius ist in der Neufassung des Paragraphen im Jahr 2000 durch die Einführung einer Budgetierung eingeschränkt worden. Danach darf für Maßnahmen der Gesundheitsförderung pro versichertes Mitglied nur noch ein bestimmter Betrag pro Jahr aufgewendet werden.

Gewerkschaften

Die Gewerkschaften leisten als Interessensvertreter der Arbeitnehmer und Arbeitnehmerinnen einen wichtigen und notwendigen Beitrag, wenn es um Arbeitsbedingungen im Allgemeinen und um psychische Belastungen am Arbeitsplatz im Besonderen geht. Das Betriebsverfassungsgesetz kann hier als eine Grundlage des Wirkens angesehen werden.

Der Abbau von Belastungen und Gefährdungen ist elementarstes Arbeitnehmerinteresse, das im Sinne der Gesundheit aller Beschäftigten vertreten werden muss. Vor diesem Hintergrund wurden vom DGB beispielsweise die Technologie-Beratungs-Stellen (TBS) ins Leben gerufen. Diese sind gewissermaßen als Know-how-Zentren für Betriebs- und Personalräte anzusehen, wenn es um Fragen der Arbeitsgestaltung geht.

Staatliche Arbeitsschutzverwaltungen

Staatlicher Arbeitsschutz ist Sache der Bundesländer und besitzt daher keine einheitliche Struktur. Die Hessische Arbeitsschutzverwaltung beispielsweise ist eine Unterabteilung des Hessischen Sozialministeriums. Die Abteilung III für Arbeitsschutz besteht wiederum aus fünf Referaten mit unterschiedlichen Aufgabenbereichen. So obliegt die betriebliche Gesundheitsförderung der

Verantwortung des Referats III 1, das Ressort Arbeitsmedizin gehört zum Referat III 2 während Problematiken der Arbeitsgestaltung dem Referat III 4 angehören usw.

502 In Hessen ist zu Beginn der neunziger Jahre auch das sogenannte ASCA-Programm (Brückner, 2007) als neuer Präventionsansatz entstanden. ASCA steht für „Arbeitsschutz und sicherheitstechnischer Check in Anlagen". Darunter ist ein umfangreiches Instrumentarium zu verstehen, mit dessen Hilfe vorliegende Defizite im betrieblichen Arbeitsschutz und seiner Organisation erkannt und abgebaut werden können. Auf diese Weise können sowohl gesundheitsfördernde Arbeitsbedingungen geschaffen als auch die Effizienz des betrieblichen Arbeitsschutzes erhöht werden. ASCA bietet umfassende Ansätze für die Realisierung eines Arbeitsschutzmanagementsystems. Bisweilen wird ASCA auch als das hessische Modell bezeichnet.

Durch die Schaffung gesundheitsfördernder Arbeitsbedingungen können die Untersuchungen nach ASCA auch einen indirekten präventiven Beitrag zur Verhinderung von psychischen Belastungen leisten. Mittlerweile liegt auch ein Verfahren zur direkten Erfassung psychischer Belastungen vor, das im Rahmen von ASCA-Untersuchungen Anwendung finden kann.

7.3.3 Wichtige Adressen (mit Link-Hinweisen)

503 Es ist noch nicht einmal im Ansatz möglich, alle Anbieter, Institutionen und Dienstleister aufzulisten, die in Bezug auf Prävention oder Intervention bzgl. psychischer Belastungen am Arbeitsplatz Hilfe leisten können. Dennoch sollen, vorbehaltlich dieser Einschränkung, einige wichtige Ansprechpartner genannt werden, die sich eher generell mit den Themen Arbeits- und Gesundheitsschutz befassen. Ein sehr viel detaillierteres und ausführliches Anschriftenverzeichnis findet sich bei Ecker und Kohstall (2007).

Bundeszentrale für gesundheitliche Aufklärung (BZgA)

504 Die Bundeszentrale für gesundheitliche Aufklärung hat den Auftrag, Information und Aufklärung zu allen Fragen des Gesundheitsschutzes und der Gesundheitsförderung bereitzustellen. Weitere Informationen unter: www.bzga.de

Bundesanstalt für Arbeitsschutz und Arbeitsmedizin (BAuA)

505 Die Bundesanstalt für Arbeitsschutz und Arbeitsmedizin bietet u.a. ein umfangreiches Seminarangebot zur Aus- und Fortbildung von Arbeitsschutzakteuren an.

Die Veranstaltungen widmen sich dabei unterschiedlichsten Themen, speziell auch den psychischen Belastungen am Arbeitsplatz. Die jeweils aktuellen Veranstaltungstermine sind dem jährlich neu erscheinenden Seminarkatalog zu entnehmen. Darüber hinaus können vorhandene Seminarkonzeptionen zur Durchführung eigener Veranstaltungen in Anspruch genommen werden. Weitere Informationen unter: www.baua.de

Regionales Netzwerk „Gesundheit im Betrieb" des RKW

Regionale Netzwerke gewinnen im Rahmen der betrieblichen Gesundheitsförderung mehr und mehr an Bedeutung. Sie stellen eine Kooperation unterschiedlicher Institutionen mit gemeinsamer Zielsetzung dar. Der Arbeitskreis „Gesundheit im Betrieb" des Rationalisierungs- und Innovationszentrums der Deutschen Wirtschaft kann in diesem Zusammenhang als gelungenes Beispiel genannt werden. Die wesentlichen Aufgaben des Netzwerks sind die Beratung und Informationsweitergabe, die Vermittlung von Projekten zur beruflichen Gesundheitsförderung oder die Durchführung von Fachveranstaltungen zu relevanten Themen. Das Know-how und die Erfahrung der beteiligten Institutionen können so von Dritten genutzt werden. Weitere Informationen unter: www.rkw.de

506

Psychosoziale Dienste (PSD)

Aufgabe solcher Einrichtungen ist die psychosoziale Betreuung von Schwerbehinderten, die im Berufsleben stehen. Obwohl die Betreuung von Behinderten den Arbeitsschwerpunkt bildet, können Informationen natürlich auch von Arbeitgebern, von der Schwerbehindertenvertretung oder von Betriebs- bzw. Personalräten eingeholt werden, insbesondere dann, wenn es um die Wiedereingliederung in reguläre oder die Stabilisierung bestehender Arbeitsverhältnisse geht. Zuständig ist immer der Psychosoziale Dienst, in dessen Stadt bzw. Kreis der Arbeitsplatz liegt, nicht der Wohnort. Adressen und weiterführende Informationen erhält man von der BIH – Bundesarbeitsgemeinschaft der Integrationsämter und Hauptfürsorgestellen. Weitere Informationen unter: www.integrationsaemter.de

507

Psychotherapie-Informations-Dienst (PID)

Der „Psychotherapie-Informations-Dienst" ist eine vom Bundesverband Deutscher Psychologinnen und Psychologen (BDP) ins Leben gerufene Einrichtung. Betriebliche Helfer, Vorgesetzte, Angehörige, aber auch Betroffene selbst können sich in telefonischer und damit unbürokratischer Form zu allen Fragen psychischer Erkrankungen beraten lassen. Das Angebot orientiert sich dabei beispielhaft an folgenden Fragen:

508

- Welche psychologischen Praxen gibt es in der Nähe?
- Wer ist auf welche psychischen Störungen oder Erkrankungen spezialisiert?
- Welcher Psychologe spricht türkisch oder andere Sprachen?
- Wer führt Stressbewältigungstrainings durch?

Weitere Informationen unter: www.psychotherapiesuche.de

Örtliche Einrichtungen

509 Vorsorge, Nachsorge, Unterstützung – in Deutschland gibt es eine flächendeckende Versorgung von Einrichtungen mit psychosozialer und gesundheitlicher Betreuung. Als Beispiel seien hier nur die ca. 60.000 Selbsthilfegruppen mit ihren unterschiedlichen Aufgabestellungen genannt, deren bekannteste Vertreter die Anonymen Alkoholiker sind. In welcher Stadt, in welcher Region welches Angebot besteht, ist am einfachsten vom zuständigen Gesundheitsamt oder über die Homepages der jeweiligen Stadt zu erfahren.

Weitere Informationen zum Thema psychische Belastungen am Arbeitsplatz sind zudem u.a. erhältlich bei der Infoline Gesundheitsförderung (www.infoline-gesundheitsfoerderung.de), dem Deutschen Gewerkschaftsbund (www.dgb.de), der Deutschen Gesetzlichen Unfallversicherung (www.dguv.de), der Europäischen Agentur für Sicherheit und Gesundheitsschutz am Arbeitsplatz (www.osha.europa.eu), dem BKK-Bundesverband (www.bkk.de) und der Literaturdatenbank LITDOK der Bundesanstalt für Arbeitsschutz und Arbeitsmedizin (BAuA) (www.baua.de).

Literaturverzeichnis

Allmer, H. (1992). Die Bewegungspause am Arbeitsplatz. Eine Herausforderung für die betriebliche Gesundheitsförderung. Psychosozial, 52, 72–80.

Antonovsky, A. (1987). Unraveling the Mystery of Health. How People Manage Stress and Stay Well. San Francisco: Jossey-Bass.

AOS TU Dresden (2004). REBA AS. [www-Dokument]. Verfügbar unter http://psylux.psych.tu-dresden.de/i3/aos/reba_as/rechts.html [30. 9. 2004].

Aust, B. & Ducki, A. (2004). Comprehensive health promotion interventions at the workplace: Experiences with health circles in Germany. Journal of Occupational Health Psychology, 9, 258–270.

Babisch, W. (2006). Transportation Noise and Cardiovascular Risk – Review and Synthesis of Epidemiological Studies – Dose-effect Curve and Risk Estimation. [www-Dokument]. Verfügbar unter http://www.umweltbundesamt.de [23. 5. 2008].

Badura, B., Ritter, W. & Scherf, M. (Hrsg.) (1999). Betriebliches Gesundheitsmanagement – Ein Leitfaden für die Praxis. Berlin: Edition Sigma.

Bakker, A. B., Westman, M. & Schaufeli, W. B. (2007). Crossover of burnout: An experimental design. European Journal of Work and Organizational Psychology, 16:2, 220–239.

Bandura, A. (1977). Self-efficacy: Toward a unifying theory of behavioral change. Psychological Review, 84, 191–215.

Baron, R. A. (1988). Negative effects of destructive criticism: Impact on conflict, self-efficacy, and task performance. Journal of Applied Psychology, 73, 199–207.

Bayrisches Staatsministerium für Umwelt, Gesundheit und Verbraucherschutz (Hrsg.) (2005). Schriftenreihe Managementsysteme für Arbeitsschutz und Anlagensicherheit. Bayreuth: Druckerei Hein Neubert e.K.

Beermann, B. & Meschkutat, B. (1995). Psychosoziale Faktoren am Arbeitsplatz unter Berücksichtigung von Stress und Belästigung. [Sonderschrift S38 der Bundesanstalt für Arbeitsschutz und Arbeitsmedizin]. Dortmund: Bundesanstalt für Arbeitsschutz und Arbeitsmedizin.

Bengel, J. (2004). Psychologie in Notfallmedizin und Rettungsdienst. (2., vollständig überarbeitete Auflage). Berlin: Springer.

Berufsgenossenschaft Druck und Papierverarbeitung (2006). Lärmschutz – Anwendung in der Druckindustrie und der Papier verarbeitenden Industrie. Tübingen: TC Druck.

Bergius R. & Schmalt H.-D. (2004). Anschlussmotiv. In H. O. Häcker & K.-H. Stapf (Hrsg.), Dorsch Psychologisches Wörterbuch (14. überarbeitete und erweiterte Auflage). Bern: Hans Huber.

Bergler, R. & Hoff, T. (2002). Genuss und Gesundheit. Köln: Kölner Universitätsverlag.

Berkel, K. (1984). Konfliktforschung und Konfliktbewältigung. Ein organisationspsychologischer Ansatz. Berlin: Duncker & Humblot GmbH.

Berkel, K. (2011). Konflikttraining. Konflikte verstehen, analysieren, bewältigen (11. Auflage). Hamburg: Windmühle Verlag.

Billen, B. & Schmitz, L. (2005). Lösungsorientierte Mitarbeitergespräche (2. Aufl.). Heidelberg: Redline Wirtschaft.

Bischof, W., Bullinger-Naber, M., Kruppa, B., Müller, B. H. & Schwab, R. (2004). Expositionen und gesundheitliche Beeinträchtigungen in Bürogebäuden. Ergebnisse des ProKlimA-Projektes. Stuttgart: IRB Verlag.

BKK Bundesverband (1994). Gesundheitsförderung im Betrieb. Essen: BKK.

Bohmeyer, A. (2002). Arbeitssucht als soziale Pathologie der Erwerbsarbeitsgesellschaft. Frankfurter Arbeitspapiere zur gesellschaftlichen und sozialwissenschaftlichen Forschung, Nr. 34. Frankfurt: Nell-Breuning-Institut.

Böhm, W. & Poppelreuter, S. (2003). Bewerberauswahl und Einstellungsgespräch. (6., vollständig neu bearbeitete und erweiterte Auflage). Berlin: Erich Schmidt Verlag.

Braig, W. & Wille, R. (2010). Mitarbeitergespräche: Gesprächsführung aus der Praxis für die Praxis (6. Auflage). Zürich: Füssli.

Brückner, B. (2007). Arbeitsschutzmanagement mit ASCA. In F. Ecker & T. Kohstall (Hrsg.), Arbeitsschutz besser managen [Loseblattsammlung, 25. Akt./Erg.-Lieferung Februar 2007, Kapitel 10140, Seite 1–40]. Köln: TÜV Media GmbH.

Bundesministerium für Arbeit und Soziales (BMA) (1984). Arbeitsstätten-Richtlinie Lüftung ASR5. Bundesarbeitsblatt, 12, 84.

Bundesministerium für Arbeit und Soziales (BMA) (1999). Eckpunkte des BMA, der obersten Arbeitsschutzbehörden der Bundesländer, der Träger der gesetzlichen Unfallversicherung und der Sozialpartner zur Entwicklung und Bewertung von Konzepten für Arbeitsschutzmanagementsysteme. Bundesarbeitsblatt, 2, 43–46.

Burke, R. J. (1999). Workaholism in organizations: Measurement validation and replication. International Journal of Stress Management, 6, 45–56.

Büssing, A. & Perrar, K.-M. (1992). Die Messung von Burnout. Untersuchung einer deutschen Fassung des Maslach Burnout Inventory (MBI-D). Diagnostica, 38, 328–353.

Cherrington, D. J. (1980). The Work Ethic: Working Values that Work. New York: Amacom.

Claessens, B. J. C., van Eerde, W., Rutte, C.G. & Roe, R.A. (2007). A review of the time management literature. Personnel Review, 36(2), 255–276.

Cox, T., Griffiths, A. J. & Rial-Gonzalez, E. (2000). Research on work related stress (Forschung über arbeitsbedingten Stress). Bericht für die Europäische Agentur für Sicherheit und Gesundheitsschutz am Arbeitsplatz. Luxemburg: Amt für amtliche Veröffentlichungen der Europäischen Gemeinschaften.

Csikszentmihalyi, M. (2010). Flow – Das Geheimnis des Glücks (15. Aufl.). Stuttgart: Klett-Cotta.

DGBJ (2000). Sexuelle Belästigung am Ausbildungsplatz – Ergebnisse einer Umfrage unter weiblichen Lehrlingen. München: dgb-jugend.

Diamantopoulou, A. (2002). Europa im Stress. Magazine – Magazin der Europäischen Agentur für Sicherheit und Gesundheitsschutz am Arbeitsplatz, 5, 3.

DIN EN ISO 10075-1/2 (2001). Ergonomische Grundlage bezüglich psychischer Arbeitsbelastung Teil 1: Allgemeines und Begriffe, Teil 2: Gestaltungsgrundsätze. Normenausschuss Ergonomie im DIN. Berlin, Wien, Zürich: Beuth.

Doerfler, M. C. & Kammer, P. P. (1986). Workaholism: Sex and sex role stereotyping among female professionals. Sex Roles, 14, 551–560.

Ducki, A. (1998). Analyse. In A. Ducki, E. Bamberg & A.-M. Metz (Hrsg.), Handbuch Betriebliche Gesundheitsförderung (S. 155–176). Göttingen: Verlag für Angewandte Psychologie.

Ducki, A. (2000). Diagnose gesundheitsförderlicher Arbeit. Eine Gesamtstrategie zur betrieblichen Gesundheitsanalyse. Zürich: vdf Hochschulverlag.

Dunckel, H. (1999). Handbuch psychologischer Arbeitsanalyseverfahren. Zürich: vdf.

Ecker, F. & Kohstall, T. (Hrsg.) (2007). Arbeitsschutz besser managen [Loseblattsammlung, 25. Akt./Erg.-Lieferung Februar 2007]. Köln: TÜV Media GmbH.

Edelwich, J. & Brodsky, A. (1980). Burn-out. New York: Human Sciences.

Eidgenössisches Büro für die Gleichstellung von Frau und Mann EBG, Staatssekretariat für Wirtschaft SECO (2008). Risiko und Verbreitung sexueller Belästigung am Arbeitsplatz. Bern: BBL.

Eiselen, T. & Nowosad, M. (1998). Mobbing. In E. Bamberg, E. Ducki & A. Metz (Hrsg.), Handbuch Betriebliche Gesundheitsförderung (S. 301–314). Göttingen: VAP.

Esser, A. & Wolmerath, M. (2008). Mobbing – Der Ratgeber für Betroffene und ihre Interessenvertretung (7. Aufl.). Frankfurt: Bund.

Europäische Stiftung zur Verbesserung der Lebens- und Arbeitsbedingungen (2001). Dritte europäische Umfrage über die Arbeitsbedingungen. Dublin: Europäische Stiftung.

Fengler, J. (2008). Helfen macht müde. Zur Analyse und Bewältigung von Burnout und beruflicher Deformation (7. Aufl.). Stuttgart: Klett-Cotta.

Fengler, J. (2002). Burnout und Stress. In J. Fengler (Hrsg.), Handbuch der Suchtbehandlung (S. 89-93). Landsberg: ecomed.

Fisch, J. & Khanh, T. Q. (2001). Licht und Gesundheit – Aspekte der optischen Strahlungswirkungen auf Menschen, strahlungsphysikalische und messtechnische Konsequenzen. High Light 1/2, 1-19.

Fisher, R. Uri, W. & Patton, B. (2009). Das Harvard-Konzept: Der Klassiker der Verhandlungstechnik (23. Aufl.). Frankfurt, New York: Campus.

Flanagan, J. C. (1954). The Critical Incident Technique. Psychological Bulletin, 51, 327–358.

FLVR (2004). Tageslicht: Aspekte aus Sicht des Arbeitsschutzes. [www-Dokument]. Verfügbar unter http://www.fvlr.de/tag_sichtarbeit.htm. [30.9.2004].

Freudenberger, H. J. (1974). Staff burnout. Journal of Social Issues, 30, 159–165.

Freudenberger, H. J. & North, G. (1997). Burnout bei Frauen. San Francisco: Jossey-Bass.

Frieling, E. & Sonntag, K. & Stegmaier, R. (2012). Lehrbuch Arbeitspsychologie. (3. Aufl.). Bern: Huber.

Frieling, E., Facaoaru, C., Benedix, J., Pfaus, H., & Sonntag, K. (1993). Tätigkeitsanalyseinventar. Theorie, Auswertung, Praxis. Handbuch und Verfahren. Landsberg: Ecomed.

Galperin, B. L. & Burke, R. J. (2006). Uncovering the relationship between workaholism and workplace destructive and constructive deviance: an exploratory study. International Journal of Human Resource Management, 17(2), 331–347.

Gasch, B. & Lasogga, F. (1994). Psychische Erste Hilfe. In M. Kastner (Hrsg.), Personalpflege. Der gesunde Mitarbeiter in einer gesunden Organisation (S. 154–157). Berlin: Quintessenz.

Gebsattel, V. E. Frhr. v. (1954). Prolegomena einer medizinischen Anthropologie. Berlin: Springer.

Gebbers, J.-O. & Glück, U. (2003). „Sick building"-Syndrom. Schweizer Medizin Forum, 5, 109–113.

Grandjean, E. (1991). Physiologische Arbeitsgestaltung. Leitfaden der Ergonomie (4. Aufl.). Landsberg: Ecomed.

Gratzfeld, K.-W. (2007). Zeitmanagement. In Andreas Weber & Georg Hörmann (Hrsg.) (2007). Psychosoziale Gesundheit im Beruf (S. 523–530). Stuttgart: Gentner Verlag.

Gröpel, P. & Kuhl, J. (2006). Having time for life activities – Life balance and self-regulation. Zeitschrift für Gesundheitspsychologie, 14(2), 54–63.

Grüsser, S. M. & Thalemann, C. N. (2006). Verhaltenssucht – Diagnostik, Therapie, Forschung. Bern: Verlag Hans Huber.

Gunkel, L. (2002). Betriebliches Gesundheitsmanagement und Mobbing-Prävention. Arbeit & Ökologie Briefe, 3, 34–35.

Hacker, W. & Richter, P. (1980). Psychologische Bewertung von Arbeitsgestaltungsmaßnahmen – Ziele und Bewertungsmaßstäbe. In W. Hacker (Hrsg.), Spezielle Arbeits- und Ingenieurspsychologie [Lehrtext I]. Berlin: Deutscher Verlag der Wissenschaften.

Hacker, W., Fritsche, W., Richter, P. & Iwanowa, A. (1995). Tätigkeitsbewertungssystem (TBS). Verfahren zur Analyse und Gestaltung von Arbeitstätigkeiten. Stuttgart: Teubner.

Hartmann, E. (1992). Licht und Mensch. In Schweizerische Lichttechnische Gesellschaft (Hrsg.), Handbuch der Beleuchtung (S. 1-18). Landsberg: ecomed.

Heide, H. (2000). Arbeitssucht – individuelle und sozialökonomische Dimensionen. Vortrag gehalten auf der Fachtagung „Sucht 2000" der Deutschen Hauptstelle gegen Suchtgefahren, Karlsruhe, 13.–15.11.2000.

Hettinger, T. & Wobbe, G. (1993) (Hrsg.). Kompendium der Arbeitswissenschaft. Ludwigshafen: Kiehl.

Hobi, V. (1982). Gibt es eine spezielle Suchtpersönlichkeit? Therapeutische Umschau, 39, 579–585.

Hochschild, A. R. (2006). Das gekaufte Herz: Zur Kommerzialisierung der Gefühle. (2. Auflage). Frankfurt: Campus.

Hofstetter, H. (1987). Die Leiden der Leitenden. Köln: Datakontext.

Holzbecher, M., Braszeit, A., Müller, U. & Plogstedt, S. (1990). Sexuelle Belästigung am Arbeitsplatz. [Schriftenreihe des Bundesministers für Jugend, Familie, Frauen und Gesundheit. Band 260]. Stuttgart: Kohlhammer.

Holzbecher, M. & Meschkutat, B. (1998). Mobbing am Arbeitsplatz – Informationen, Handlungsstrategien, Schulungsmaterialien. Bremerhaven: Wirtschaftsverlag NW.

Illich, I. (1976). Limits to Medicine. London: Marion Boyars.

Institut für Betriebliche Gesundheitsförderung AOK Rheinland (2004). Arbeitsunfähigkeitsanalyse von AOK-Mitgliedern in Call-Centern des Rheinlandes für das Jahr 2000. [www-Dokument]. Verfügbar unter: http://www.cca.nrw.de/docs/ges-bericht.pdf [28.8.2004].

ICD-10-GM Systematisches Verzeichnis (2004). Internationale Statistische Klassifikation der Krankheiten und verwandter Gesundheitsprobleme (10. Revision – German Modification). Herausgegeben vom Deutschen Institut für Medizinische Dokumentation und Information (DIMDI) im Auftrag des Bundesministeriums für Gesundheit und Soziale Sicherung. Köln: Deutscher Ärzteverlag.

Jordan, P., Pohlandt, A., Hacker, W. & Richter, P. (1997). REBA – rechnergestütztes Verfahren zur psychologischen Tätigkeitsbewertung. In K. Landau (Hrsg.). Software-Werkzeuge zur Arbeitsgestaltung in Konstruktion und Fertigung (S. 34–52). Bad Urach: Institut für Arbeitswissenschaft.

Kals, U. (2007). Work-life-Balance – Selbstmanagement. In Andreas Weber & Georg Hörmann (Hrsg.) (2007). Psychosoziale Gesundheit im Beruf (S. 504–515). Stuttgart: Gentner Verlag.

Kanai, A., Wakabayashi, M. & Fling, S. (1996). Workaholism among employees in Japanese corporations: An examination based on the Japanese version of the Workaholism scales. Japanese Psychological Research, 38, 192–203.

Kanfer, F. & Karoly, P. (1972). Self-control: A behavioristic excursion into the lion's den. Behavior Therapy, 3, 389–416.

Kanfer, F. H. (1987). Selbstregulation und Verhalten. In H. Heckhausen, P. M. Gollwitzer & F. E. Weinert (Hrsg.), Jenseits des Rubikon: Der Wille in den Humanwissenschaften (S. 286–299). Berlin: Springer.

Kappelmaier, R. (2007). OHRIS – Ein Managementsystem aus der Praxis. In F. Ecker & T. Kohstall (Hrsg.), Arbeitsschutz besser managen [Loseblattsammlung, 25. Akt./Erg.-Lieferung Februar 2007, Kapitel 10150, Seite 1–30]. Köln: TÜV Media GmbH.

Karoly, P. (1995). Self-control theory. In W. O'Donoghue & L. Krasner (Eds.), Theories of behavior therapy: Exploring behavior change (pp. 259–285). Washington, DC: American Psychological Association.

Kastner, M. (1994). Das Konzept „Personalpflege". In M. Kastner (Hrsg.), Personalpflege. Der gesunde Mitarbeiter in einer gesunden Organisation (S. 27–34). Berlin: Quintessenz.

Kaufmann, I., Pornschlegel, H. & Udris, I. (1982). Arbeitsbelastung und Beanspruchung. In L. Zimmermann (Hrsg.), Humane Arbeit – Leitfaden für Arbeitnehmer. Band 5: Belastungen und Stress bei der Arbeit (S. 13–48). Reinbek: Rowohlt.

Kehr, H. M., Bles, P. & Rosenstiel, L. von (1999). Zur Motivation von Führungskräften: Zielbindung und Flußerleben als transferfördernde Faktoren bei Führungstrainings. Zeitschrift für Arbeits- und Organisationspsychologie, 43, 83–94.

Kehr, H. M. (2004). Motivation und Volition. Göttingen: Hogrefe.

Kielholz, P. (1973). Addictive behavior in man. In L. Goldberg & F. Hoffmeister (Eds.), Psychic Dependence (pp. 8–12). Berlin: Springer.

Klein, S., König, C. J. & Kleinemann, M. (2003). Sind Selbstmanagement-Trainings effektiv? Zwei Trainingsansätze im Vergleich. Zeitschrift für Personalpsychologie, 2(4), 157–168.

Knorz, C. & Zapf, D. (1999). Mobbing – eine extreme Form sozialer Stressoren am Arbeitsplatz. Zeitschrift für Arbeits- und Organisationspsychologie, 40, 12–21.

Kollmer, N. (2002). Rechtsberater „Mobbing im Arbeitsverhältnis" (4. Aufl.). Heidelberg: Müller.

LASI (Länderausschuss für Arbeitsschutz und Sicherheitstechnik) (2002). Konzept zur Ermittlung psychischer Fehlbelastungen am Arbeitsplatz und zu Möglichkeiten der Prävention. München: Landesamt für Arbeitsschutz.

Lasogga, F. & Gasch, B. (2006). Psychische Erste Hilfe bei Unfällen. Kompensation eines Defizits (4. überarbeitete Auflage). Edewecht: Stumpf und Kossendey.

Laubenthal, F. (1964). Allgemeine Probleme um Missbrauch, Süchtigkeit und Sucht. In F. Laubenthal (Hrsg.), Sucht und Missbrauch (S. 1–32). Stuttgart: Thieme.

Leitner, K., Volpert, W., Greiner, B., Weber, W.-G. & Hennes, K. unter Mitarbeit von R. Oesterreich, M. Resch & T. Krogoll (1987). Analyse psychischer Belastungen in der Arbeit. Das RHIA-Verfahren. Handbuch sowie Manual mit Antwortblättern. Köln: Verlag TÜV Rheinland.

Lewin, K. (1963). Feldtheorie in den Sozialwissenschaften. Bern: Huber.

LexmarkTM-Studie (2001). Zeitmanagement im Privat- und Geschäftsleben. [www-Dokument]. Verfügbar unter: ftp://ftp.lexmark-europe.com/brochures/de/corporate/press/time-management.pdf [28.11.07].

Leymann, H. (1993). Mobbing – Psychoterror am Arbeitsplatz und wie man sich dagegen wehren kann. Reinbek: Rowohlt.

Leymann, H. (1995). Der neue Mobbing-Bericht. Erfahrungen und Initiativen. Auswege und Hilfsangebote. Reinbek: Rowohlt.

Leymann, H. & Gustafsson, A. (1996). Mobbing at work and the development of post-traumatic stress disorders. European Journal of Work and Organizational Psychology, 5, 251–275.

Luczak, H., Schlick, M. &Bruder, R. (2010). Arbeitswissenschaft (3. vollst. überarb. u. erw. Aufl.). Heidelberg: Springer.

Macan, H. T. (1994). Time management: Test of a process model. Journal of Applied Psychology, 79, 381–391.

Machlowitz, M. (1978). Determining the effects of workaholism. Unveröffentl. Dissertation, Yale University, New Haven.

Machlowitz, M. (1981). Arbeiten auch Sie zuviel? Arbeitssucht und wie man damit leben kann. Landsberg: mvg-Verlag.

Maslach, C. & Jackson, S. E. (1981). The Measurement of Experienced Burnout. Journal of Occupational Behaviour, 2, 99–113.

Maslach, C. & Jackson, S. E. (1986). Maslach Burnout Inventory (2nd edition). Palo Alto: Consulting Psychologists Press.

McMillan, L. H. W., O'Driscoll, M. P. & Burke, R. L. (2003). Workaholism: A review of theory, research, and future directions. In C. L. Cooper & I. T. Robertson (Eds.), International Review of Industrial and Organizational Psychology (pp. 167–189). Chichester: Wiley.

Meißner, U. E. (2005). Die „Droge" Arbeit – Unternehmen als „Dealer" und als Risikoträger – Personalwirtschaftliche Risiken der Arbeitssucht. Frankfurt: Peter Lang GmbH Europäischer Verlag der Wissenschaften.

Mentzel, G. (1979). Über die Arbeitssucht. Zeitschrift für Psychosomatische Medizin und Psychoanalyse, 25, 115–127.

Meschkutat, B., Stackelbeck, M. & Langenhoff, G. (2002). Der Mobbing-Report – Eine Repräsentativstudie für die Bundesrepublik Deutschland. [Schriftenreihe der Bundesanstalt für Arbeitsschutz und Arbeitsmedizin, Forschung, Fb 951]. Dortmund: Bundesanstalt für Arbeitsschutz und Arbeitsmedizin.

Metz, A.-M. & Rothe, H.-J. (1999). Erfassung und Bewertung psychischer Belastungen - Screening pathogener Arbeitsbelastungen. ErgoMed Zeitschrift für arbeitsmedizinische und arbeitshygienische Praxis, 23, 122–126.

Mills, P. K. (1983). Self-management: Its control and relationship to other organizational properties. Academy of Management Review, 8, 445–453.

Mohr, G. & Udris, I. (1997). Gesundheit und Gesundheitsförderung in der Arbeitswelt. In R. Schwarzer (Hrsg.), Gesundheitspsychologie (S. 553–573). Göttingen: Hogrefe.

Murza, G. & Laaser, U. (1994). Gesundheitsprogramme in Betrieben und Organisationen. In P. Schwenkmezger & L. R. Schmidt (Hrsg.), Lehrbuch der Gesundheitspsychologie (S. 234–245). Stuttgart: Enke.

Naughton, T. J. (1987). A conceptual view of workaholism and implications for career counseling and research. Career Development Quarterly, 35, 180–187.

Nieder, P. (1997). Warum sollen Mitarbeiter befragt werden? Personalführung, 12, 1198–1200.

Niedl, K. (1995). Mobbing/Bullying am Arbeitsplatz. München: Hampp.

Oates, W. (1971). Confessions of a Workaholic. New York: Abingdon.

Opaschowski, H. W. (2001). Deutschland 2010. Wie wir morgen arbeiten und leben – Voraussagen der Wissenschaft zur Zukunft unserer Gesellschaft. Hamburg: German Press Verlag.

Oppolzer, A. (1999). Psychische Belastungen in der Arbeitswelt als Herausforderung für den Arbeits- und Gesundheitsschutz. Hannover: Norddeutsche Metall-BG.

Panse, W. & Stegmann, W. (2001). Kostenfaktor Angst (3. Aufl.). Landsberg: Moderne Industrie.

Philip, E. & Rademacher, H. (2010). Konfliktmanagement im Kollegium. Arbeitsbuch mit Modellen und Methoden (2. Aufl.). Weinheim, Basel: Belz.

Poppelreuter, S. (1996). Arbeitssucht – Integrative Analyse bisheriger Forschungsansätze und Ergebnisse einer empirischen Untersuchung zur Symptomatik. Bonn, Witterschlick: Wehle.

Poppelreuter, S. (1997). Arbeitssucht. Weinheim: PVU.

Poppelreuter, S. (2003). Motivation: Ein Führungsinstrument zur Qualitätsverbesserung?. In B. Hindringer, W. Rothballer & H. J. Thomann (Hrsg.), Qualitätsmanagement im Gesundheitswesen [Loseblattsammlung, 4. Aktualisierungslieferung Dezember 2003, Kapitel 10120, Seite 1–42]. Köln: TÜV Verlag.

Poppelreuter, S. (2004). Arbeitssucht: Massenphänomen oder Psychoexotik? Aus Politik und Zeitgeschichte (Beilage zur Wochenzeitung „Das Parlament"), B 1-2/2004, 8-14.

Poppelreuter, S. (2007). Arbeitssucht – Erholungsunfähigkeit – Pathologische Anwesenheit. In A. Weber & G. Hörmann (Hrsg.), Mensch und neue Arbeitswelt (S. 167–183). Stuttgart: Gentner.

Poppelreuter, S. & Wetzels, U. (2000). Professionelles Krisenmanagement nach Überfällen. Betriebswirtschaftliche Blätter – Zeitschrift des Deutschen Sparkassen und Giroverbandes, 12, 603-607.

Poppelreuter, S. & Windholz, C. (2001). Arbeitssucht in Unternehmen – Formen, Folgen, Vorkehrungen. Wirtschaftspsychologie, 4, 62-69.

Poppelreuter, S. & Gallisch, T. (2002). Wichtige Funktionen der Sozialbetreuung in einem Unternehmen. Sparkasse – Zeitschrift des Deutschen Sparkassen- und Giroverbandes, 5, 208-213.

Poppelreuter, S., Klindt, T., Heinzen, P. & Kloos, S. (2004). Produktrückrufaktionen: Juristische, organisatorische und psychologische Aspekte. In R. Gläbe & H. J. Thomann (Hrsg.), Qualitätsmanagement in Dienstleistungsunternehmen [Loseblattsammlung, 12. Aktualisierungslieferung Juli 2004, Kapitel 09510, Seite 1–20]. Köln: TÜV Verlag.

Prognos AG (2005). Work-Life-Balance als Motor für wirtschaftliches Wachstum und gesellschaftliche Stabilität. [www-Dokument].

Rahe, R. H. & Holmes, T. H. (1966). Life crisis and major health change. Psychosomatic Medicine, 28, 744.

Rammsayer, T., Stahl, J. & Schmiga, K. (2006). Zeitschrift für Personalpsychologie, 5, 41-52.

Rauen, C. (Hrsg.) (2005). Handbuch Coaching (3., überarb. u. erw. Aufl.). Göttingen: Hogrefe.

Regnet, E. (2001). Konflikte in Organisationen. Formen, Funktion und Bewältigung. Göttingen, Stuttgart: Verlag für angewandte Psychologie.

Regnet, E. (2007). Konflikt und Kooperation. Konflikthandhabung in Führungs- und Teamsituationen (Praxis der Personalpsychologie). Göttingen: Hogrefe.

Reinartz, G. (2007). OHSAS 18001 – Forderungen und Hinweise. In F. Ecker & T. Kohstall (Hrsg.), Arbeitsschutz besser managen [Loseblattsammlung, 25. Akt./Erg.-Lieferung Februar 2007, Kapitel 08810, Seite 1–32]. Köln: TÜV Media GmbH.

Rimann, M. & Udris, I. (1997). Subjektive Arbeitsanalyse: Der Fragebogen SALSA. In O. Strohm & E. Ulich (Hrsg.), Unternehmen arbeitspsychologisch bewerten. Ein Mehr-Ebenen-Ansatz unter besonderer Berücksichtigung von Mensch, Technik und Organisation (S. 281–296). Stuttgart: Teubner.

Ritter, A. & Langhoff, T. (1998). Arbeitsschutzmanagementsysteme – Vergleich ausgewählter Standards [Schriftenreihe der Bundesanstalt für Arbeitsschutz und Arbeitsmedizin]. Dortmund: Wirtschaftsverlag NW.

Robinson, B. E. (2000). Wenn der Job zur Droge wird. Düsseldorf: Walter.

Rosenstiel, L. v. (1992). Grundlagen der Organisationspsychologie: Basiswissen und Anwendungshinweise. Stuttgart: Schäffer-Poeschel.

Rudow, B. (1999). Personalführung. Studienbrief 2-034-0007. Berlin: Fernstudienagentur des FVL.

Rüschenschmidt, H. (1988). Beleuchtung und Farbe. Bochum: Verlag Technik und Information.

Rüttinger, B. (1980). Konflikt und Konfliktlösen. Goch: Bratt-Institut für Neues Lernen.

R+V Versicherung (2008). Die Ängste der Deutschen 2007. [www-Dokument]. Verfügbar unter: http://www.ruv.de/de/presse/r_v_infocenter/studien/aengste_deutsche_2007.jsp [15.01.08].

Sadrozinski, R. (1991). „Wer muss sich denn nun ändern ...?" – Fortbildung zum Thema „Sexuelle Belästigung am Arbeitsplatz". Hamburg: Leitstelle Gleichstellung der Frau.

Schaufeli, W. B. & Salanova, M. (2007). Efficacy or inefficacy, that's the question: Burnout and work engagement, and their relationships with efficacy beliefs. Anxiety, Stress & Coping, 20, 177–196.

Schmidt, K.-H. & Kleinbeck, U. (1999). Job Diagnostic Survey (JDS – deutsche Fassung). In H. Dunckel (Hrsg.), Handbuch psychologischer Arbeitsanalyseverfahren (S. 205–230). Zürich: vdf.

Schulz von Thun, F. (2005). Miteinander Reden (Bd. 3). Hamburg: Rowohlt.

Schulz von Thun, F., Ruppel, J, & Stratmann, R. (2003). Miteinander Reden: Kommunikationspsychologie für Führungskräfte. Hamburg: Rowohlt.

Schumacher, W. (1986). Untersuchungen zur Psychodynamik des abhängigen Spielverhaltens. In W. Feuerlein (Hrsg.), Theorie der Sucht (S. 165–179). Berlin: Springer.

Seiwert, L. (2001). Mehr Zeit für das Wesentliche. Besseres Zeitmanagement mit der SEIWERT-Methode (5. Aufl.). Landsberg/Lech: Verlag Moderne Industrie.

Seiwert, L. (2007). Das neue 1x1 des Zeitmanagement: Zeit im Griff, Ziele in Balance. Kompaktes Know-how für die Praxis (Nachdruck 24. Aufl.). München: Gräfe und Unzer Verlag.

Semmer, N. (1984). Stressbezogene Tätigkeitsanalyse: Psychologische Untersuchungen zur Analyse von Stress am Arbeitsplatz. Weinheim: Beltz.

Smith, R. (2002). In the search of „non-disease". British Medical Journal, 324, 883–885.

Sprenger, R. (2007). Mythos Motivation – Wege aus einer Sackgasse. Frankfurt: Campus.

Städele, M. & Poppelreuter, S. (2009). Arbeitssucht – Neue Erkenntnisse in Diagnose, Intervention, Prävention. In D. Batthyany & A. Pritz (Hrsg.). Rausch ohne Drogen – Substanzungebundene Süchte (S. 141–161). Wien/ NewYork: Springer.

Steinkühler, B. (2007). Allgemeines Gleichbehandlungsgesetz (AGG) – Die Umsetzung des AGG im Betrieb mit Handlungsempfehlungen für die Praxis. Berlin: Erich Schmidt Verlag.

Steinmann, H., Richter, B. & Großmann, S. (1984). Arbeitssucht im Unternehmen. Diskussionsbeiträge des Lehrstuhls für Allgemeine BWL und Unternehmensführung an der Universität Erlangen-Nürnberg. Erlangen-Nürnberg: Universität Erlangen-Nürnberg.

Störig, H. J. (1992). Kleine Weltgeschichte der Philosophie, erweiterte Neuausgabe. Frankfurt: Fischer Taschenbuch Verlag.

Strobel, G., Krause, J. & Weißgerber, B. (1998). Bauleitung ohne Stress – Ein Leitfaden zum Stressabbau und Stressmanagement für Bauleiter und ihre Kooperationspartner [Schriftenreihe der Bundesanstalt für Arbeitsschutz und Arbeitsmedizin]. Dortmund: Bundesanstalt für Arbeitsschutz und Arbeitsmedizin.

Sust, Ch. A., Lorenz, D., Schleif, H.-D., Schubert, P., Utsch, A. (2002). Callcenter-Design – arbeitswissenschaftliche Planung und Gestaltung von Callcentern. Schriftenreihe der BAuA. Bremerhaven: Wirtschaftsverlag NW.

Theorell, T. (1986). Stress at work and myocardial infarction. Postgraduate Medical Journal, 62, 791–795.

Tielsch, R., Hoffmann, A. & Häcker, H. (1993). FEMA – Fragebogen zur Erfassung mentaler Arbeitsbelastungen. Erste Ergebnisse einer Validierungsstudie im industriellen Bereich. Zeitschrift für Arbeits- und Organisationspsychologie, 37, 86–93.

Udris, I. (1982). Psychische Belastung und Beanspruchung. In L. Zimmermann (Hrsg.), Humane Arbeit – Leitfaden für Arbeitnehmer. Band 5: Belastungen und Stress bei der Arbeit (S. 110–165). Reinbek: Rowohlt.

Udris, I. & Alioth, A. (1980). Fragebogen zur Subjektiven Arbeitsanalyse (SAA). In E. Martin, I. Udris, U. Ackermann & K. Oegerli (Hrsg.), Monotonie in der Industrie (S. 61–68). Bern: Huber.

Udris, I. & Frese, M. (1988). Belastung, Stress, Beanspruchung und ihre Folgen. In D. Frey, C. Graf Hoyos & D. Stahlberg (Hrsg.), Angewandte Psychologie – Ein Lehrbuch (S. 427–447). Weinheim: PVU.

Udris, I. & Frese, M. (1999). Belastung und Beanspruchung. In C. Graf Hoyos & D. Frey (Hrsg.), Arbeits- und Organisationspsychologie. Ein Lehrbuch. (S. 429–445). Weinheim: Beltz/PVU.

Ulich, E. (2011). Arbeitspsychologie (7. Aufl.). Stuttgart: Schäffer-Poeschel.

Voigt, C. (2006). Arbeitssucht. Persönlichkeitsmerkmale von Arbeitssüchtigen und prägende Rollenmodelle. Saarbrücken: VDM Verlag Dr. Müller.

Volpert, W., Oesterreich, R., Gablenz-Kolakovic, S., Krogoll, T. & Resch, M. (1983). Verfahren zur Ermittlung von Regulationserfordernissen in der Arbeitstätigkeit (VERA). Analyse von Planungs- und Denkprozessen in der industriellen Produktion. Köln: Verlag TÜV Rheinland.

Weinert, A. B. (2004). Organisations- und Personalpsychologie (5., vollst. überarb. Aufl.). Weinheim: Beltz/PVU.

Weltgesundheitsorganisation (2001). Weltgesundheitsbericht 2001. Genf: WHO.

Westermayer, G. & Bähr, B. (Hrsg.) (1994). Betriebliche Gesundheitszirkel. Göttingen: Hogrefe.

Wieland-Eckelmann, R. (1992). Kognition, Emotion und psychische Beanspruchung. Göttingen: Hogrefe.

Wilmers, J. (2007). Sicherheits Certificat Contractoren– SCC. In F. Ecker & T. Kohstall (Hrsg.), Arbeitsschutz besser managen [Loseblattsammlung, 25. Akt./Erg.-Lieferung Februar 2007, Kapitel 05610, Seite 1–26]. Köln: TÜV Media GmbH.

Windel, A., Salewski-Renner, M., Hilgers S. & Zimolong, B. (1997). SIGMA: Screening-Instrument zur Bewertung und Gestaltung menschengerechter Arbeitstätigkeiten. Ruhr-Universität: Bochum.

Windholz, C. (1997). Arbeitssucht - Theoretische Analyse und empirisch-psychologische Untersuchung unter besonderer Berücksichtigung von Selbstkonzept und Sozialer Erwünschtheit. Unveröffentlichte Diplomarbeit, Universität Tübingen.

Wolf, S. & Meins, S. (2003). Betriebliche Konsequenzen der Arbeitssucht (Arbeitspapier 72). Düsseldorf: Hans Böckler-Stiftung.

Wolf, S. & Meins, S. (2004). Stress und Arbeitssucht – Erste Einblicke in die betriebliche Realität aus der Region Bremen. In H. Heide & R. Washner (Hrsg.) Forschungsberichte Nr. 1. Bremen: SEARI Institut für sozialökonomische Handlungsforschung.

Zapf, D. (1997). Organizational, work group related and personal causes of mobbing at work. Beitrag zum 8. Europäischen Kongress für Arbeits- und Organisationspsychologie. Verona/Italien.

Zapf, D. (1999). Mobbing in Organisationen – Überblick zum Stand der Forschung. Zeitschrift für Arbeits- und Organisationspsychologie, 43, 1–25.

Zapf, D. & Kuhl, M. (2000). Mobbing am Arbeitsplatz: Ursachen und Auswirkungen. In B. Badura, M. Litsch & C. Vetter (Hrsg.), Fehlzeitenreport 1999. Psychische Belastungen am Arbeitsplatz (S. 89–97). Heidelberg: Springer.

Zuschlag, B. (2001). Mobbing – Schikane am Arbeitsplatz (3., überarb. Aufl.). Göttingen: Hogrefe.

Stichwortverzeichnis

(nach Randziffern)